세상은 여전히 불평등하다

COUNTRY OF FIRST BOYS

세상은
여전히
불평등
하 다

아마르티아 센 지음 | 정미나 옮김

21세기북스

학교 선생님들과 의료계 종사자들께 이 책을 바칩니다.

지성계의 민주주의자 아마르티아 센

새해가 다가오고 있음을 새삼 절감케 하는 풍경 한 가지는 바로 쏟아지는 달력들이다. 연말이 되면 어김없이 별의별 형태의 달력들이 대거 쏟아진다. 이렇게 나온 달력들 중 '벽걸이형'은 둘둘 말려 있던 상태에서 풀려난 뒤 벽에 붙박이로 걸려 하루하루를 견디다 해가 바뀌면 다시 둘둘 말린다. 또 어떤 '탁상형' 달력은 멋들어진 사진에 날짜와 요일이 거의 가려진 채로, 그 달력이 광고하는 브랜드의 가구 위에 불만스레 얹혀 있다. 날짜를 하나의 곁치레로 걸친 광고에 불과한 땅딸막한 간행물이라고 표현해도 될 법한 이런 달력들은 공간과 시간의 낭비다. 날짜별로 길한 시간과 그렇지 않은 시간 따위 등 별 쓸데없는 것들을 군이 알려주려 드는 달력이라면 특히 더 낭비다.

나는 굵고 선명한 글씨로 날짜와 요일을 알려줄 뿐, 본연의 기능 외에 그 어떤 용도도 없는 달력만 쓴다. 다른 달력들은 다른 사람들에게 나누어 준다. 그렇더라도 들어오는 달력들은 모두 기꺼이 받는다.

왜냐고? 그 답은 아마르티아 센에게 직접 들어보자.

분명히 아마르티아 센은 글의 주제로서 보다 의미 있는 문제들을 알고 있다. 그는 하버드 대학에서 경제학과 철학을 가르치는 교수답게 중요한 문제들을 고르는 데 일가견이 있다. 달력도 그가 고른 그런 중요한 문제들 중 하나다. 특히 이 책에 실린 그의 에세이 「달력을 통해 본 인도의 역사」를 읽으면서 나는 다음의 두 문장에서 깊은 인상을 받았다.

> "인류는 현대 훨씬 이전부터 달력의 필요성을 절실히 느꼈을 뿐 아니라 계속 그 필요성을 인정해왔다."
> "달력을 통해 인도를 바라보려는 다양한 방식이 시도되면서 즉, 완전히 힌두교 중심의 관점에서부터 극도로 비종교적인 해석에 이르기까지의 여러 가지 시도가 이뤄지면서 서로 사람들의 주목을 더 끌려는 경쟁이 한창이다."

누구나 위의 두 문장만 읽어도 혹은 해당 에세이를 더 읽어보면서, 인도의 칼리유가력Kaliyuga, 붓다 니르바나력Buddha Nirvana, 마하비라 니르바나력Mahavira Nirvana, 비크람 삼바트력Vikram Samvat, 사카력Saka, 베당가 지오티샤력Vedanga Jyotisha, 이슬람력Islamic Hijri, 파르시력Parsee, 벵갈리 산력Bengali San 등의 달력을 비롯해, 콜람력Kolam에서부터 기독교적 날짜 체계에 이르기까지, 그리고 '인도 달력 개혁의 선도자' 메그나드 사하Meghnad Saha 박사의 운동까지 다방면에 걸친 달력의 내력과 근원을 더 자세히 알고 싶은 마음을 억누르기 힘들 것이다.

실제로 달력을 주제로 다룬 이 에세이를 통해 우리는 인도의 문화적 배경 및 형세 등 여러 측면에 두루 접근해볼 수 있으며, 특히 천 년에 걸친 인도의 천문학 탐구에서부터 시작되는 흥미로운 이야기도 접해볼 수 있다. 한편 여러 달력들이 측정 기준으로 채택한 '제로 포인트 zero point(시발점)'와 관련된 센의 설명을 따라가다 보면 인도의 과거에 대한 색다른 실증적 통찰력도 얻을 수 있다. 이 부분을 읽고 나면 인도의 역사 이야기가 더 듣고 싶어 앙코르를 외치고 싶어질 것이다. 특히 다음의 대목은 자못 흥미롭다. "사람들은 흔히 생각하길 '인도는 이슬람교가 들어오기 전까지는 힌두교의 나라였다'고 여기는데 이런 생각은 완전한 착각이며, 그 점은 인도 역사의 다른 부문에서 밝혀진 사실로도 뒷받침되고 있다."

누군가는 이런 이야기가 비종교 입장에서 처음 제기되었다고 말할 수도 있다. 하지만 센은 뱅골의 양력이 음력인 이슬람력 날짜 수치에 맞춰 '조정'되었던 시기, 과정, 이유를 알려준 후에 다음과 같이 일상생활과 관련된 얘기를 덧붙였다. "뱅골의 힌두교도들은 현지 달력에 따라 종교의식을 치르면서도 잘 모르고 있을 테지만, 사실 그 달력에 표시된 힌두교 관례상의 기념일들은 원래 메카에서 메디나에 이르기까지의 마호메트의 여정을 기리기 위해 조정된 날짜다."

내가 직접 읽어보며 느낀 바이지만 이 책에 실린 센의 글들은 에세이의 모범이 될 만큼 훌륭하다. 미진한 부분 없이 지식을 한껏 채워주는 동시에 갈증이 남지 않는 명쾌한 설명이 담겨 있다. 한마디 더 덧붙이자면, 나 개인적으론 그냥 즐기기 위해 가볍게 읽었다가 재미와 더불어 통찰력까지도 덤으로 얻었다. 그의 글은 음식에 비유하자면 맛도 좋은데 영양분까지 풍부한 음식이다.

몇몇 곳에서 종종 들어왔고, 특히 콜카타Kolkata(옛 이름은 캘커타_옮긴이)에서 인상 깊게 들었던 평들에 따르자면, 아마르티아 센의 사고 영역은 복지경제학과 사회선택이론과 관련된 그의 글들을 읽어보면 확실해진다고 한다. 엄밀히 따지길 좋아하는 논평가들은 그의 글 속 함축성까지 상세히 짚으며 나에게 비밀을 전해주기라도 하듯 귀띔해주길, 사실 이 위인의 지성적 측면이 경제학자로서보다 계량경제학자로서 더 뛰어나다는 식으로 말했다. 나는 그 부분에 대해서는 의혹을 품은 적도 없거니와 부정적 견해는 더더욱 품은 적이 없다. 내가 어떻게 그러겠는가? 그런 주제에 관한 한 센의 글만큼 폭넓고 대담하며 날카롭고 함축적으로 다룬 글을 읽어본 적이 없으니 말이다. 하지만 나로선 어쩐지 그런 식의 따지기 좋아하는 논쟁과는 다른 식으로 그의 글을 평하고 싶다.

인도의 고전음악 가수는 자신의 특정 라가raga(인도 음악의 음계_옮긴이)를 세심히 조정하여 충실한 알라프alap(라가의 도입부_옮긴이)를 들려줄 수도 있지만 다양한 탈라tala(인도 음악의 리듬_옮긴이)에 맞춰진 여러 가지 라가를 엮어 라가말리카ragamalika라는 변주곡을 창작할 수도 있어서, 그 결과 충실한 연주와 창작이 어우러져 듣기 좋으면서도 노련함이 배어나는 갖가지의 양식과 분위기를 갖춘 곡이 탄생된다. '지면paper' 장르의 전문가가 쓴 에세이들도 그런 곡들과 같다. 무겁지 않되 경박하지 않고, 격식적이지 않되 가볍지 않으며, 어떤 이론이나 사고 경향을 입증하려기를 쓰거나 확증하려 하지 않는다.

아마르티아 센이 이런 '측면 사고'를 들려주는 스타일은 큰 도로 옆으로 뻗어 있는 자전거 길을 달리는 행위에 비유될 만하다. 하지만 그로 인해 그 특유의 글솜씨와 몰입도가 조금도 흐트러지지는 않는다. 그 증거로 그의 글쓰기에 담긴 내면적 스타일을 제시하고 싶다. 센의 글 중, 임의적으로 쓴 글들이 아닌 아주 공식적인 글들을 살펴보면 알게 되겠지만, 그런 글에서조차 그는 구두점, 즉 엠 대시(긴 줄표, ─)를 정다움이 느껴지게 하거나, 다양한 사고의 폭을 전해주거나, 단조로운 형식을 깨뜨려주거나, 대화를 나누는 듯한 인상을 주는 스타일로 잘 사용하면서, 사고의 본류에서 사고 과정을 잠깐 끊거나, 강조점에 변화를 주거나, 연관 짓는 동시에 개별적인 아이디어를 삽입한다. 앞에서 내가 '달력'과 관련해서 인용한 두 인용문에도 센 특유의 그 엠 대시가 들어가 있다('엠 대시'는 그 길이가 글자 M의 폭과 같다는 의미에서 붙여진 이름으로, 길이가 더 짧아 N의 폭과 같은 '엔 대시'나, 그보다도 더 짧은 '하프엔half N' 대시나 하이픈과는 다르다).

센은 엠 대시를 거의 강박적일 만큼 자주 사용하는 데 이는 무의식적 습관이라고 여겨진다. 미루어 짐작건대 센 본인도 자신이 이렇게 엠 대시를 자주 사용한다는 얘기는 처음 듣는 것이리라. 무의식적 습관이라 해도 문제가 되진 않는다. 훈련으로 갈고닦은 것이 아니라 거의 무의식적으로 엠 대시를 이처럼 개성적으로 구두점 원칙에 어긋나지 않게 활용한다는 점에서 오히려 인상적이고 매력적이다. 이런 엠 대시의 사용은 그의 책략과 잔꾀라기보다는 그 특유의 문체이며 습관이다.

- 전형적인 사용 예: "예를 들어, 수많은 국가들이 겪어온 – 그리고 현재도 여전히 겪고 있는 – 경제 빈곤과 정치 갈등의 공존이 여기에 해당된다."

- 고전적 사용 예: "시장경제를 활용할지 말지는 여기에서의 중요한 문제가 아니다 – 중요한 문제가 되어서도 안 된다."

- 깊은 인상을 더해주는 사용 예: "독재 및 착취, 극심한 불공정에 맞서기 위한 시도에서 놀이가 사람들에게 – 심지어 약자들에게조차 – 부여해줄 수 있는 목소리의 중요성을 인정해야 한다."

- 주의 환기를 위한 사용 예: "우리 인도의 아이들 다수가 – 아니 대다수가 – 처해 있는 이런 상황만큼 오늘날 인도의 빈곤을 명백히 드러내 보여주는 것도 없다."

(이 책에 실린 글은 아니지만) 기억에 남는 부연 설명 사용 예로 인도의 언론과 오보를 주제로 다룬 다음 글도 있다.

> ……그러나 인도 언론에 대한 찬사는 이 정도에서 그칠 뿐이다 – 더는 (칭찬해줄 구석이라곤) 없다…… 인도의 한 신문 독자로서 나는 신문을 펼쳤을 때 실려 있는 글이 – A가 B라고 말했다는 식의 인용 글이 – 정말로 믿을 만한 정확한 기사라는 확신을 갖고 싶다…… 다음은 내가 읽은 신문 기사에서 가장 마음에 들었던 글이다. '미스터 센은 입 다물고 잠자코 있어야 한다' – 하지도 않은 말이 인용되는 지속적 오보가 불러올 위험성을 감안하면 차라리 나에겐 새겨들을 만한 조언이었다……

센이 엠 대시를 집요하게 자주 사용하는 데에는 어떤 의의가 있을까? 조심스럽게 내 개인적 견해를 밝히자면 특정 의의가 있다고 보며 그 이유는 다음과 같다.

명제나 가설 또는 단순한 관점의 전개는 고압적으로 펼쳐나갈 수도, 대화를 나누듯 펼쳐나갈 수도 있다. 고압적 전개는 강압적 격언식의 내용으로 그치는 반면, 대화식의 전개는 협상과 비슷하게 펼쳐져서 발의자로서의 지적 확신과 더불어 토론자로서의 겸허한 태도가 한데 어우러져 내용이 제시된다. 즉, 논제를 강조, 역설, 예증, 부분 수정, 접목, 본론 이탈, 해체; 결합 등의 방식으로 이끌어나가며 요점을 '기정사실'로 여기기보다는 사고의 융합 과정으로 여기는 식이 된다. 또한 대화식의 전개에는 주장이나 제안에 대해 반박, 이의 제기, 예증을 제기하면서 서술을 쌓아가는 과정도 수반된다. 발의자 자신의 '노선'이 '협상적' 전개를 거치면서 논증의 수단 못지않게 설득의 수단이 되기도 한다.

예를 들어, 역사, 철학, 사회학, 정치 이론, 언어학 등 아마르티아 센이 점점 그 흥미의 폭을 넓히고 있는 여러 분야에서는 일반화가 위험하며, 훈계하거나 단정하는 규정 역시 치명적이다. 이 분야의 주제들은 지나치게 복잡하고, 주의해야 할 부분이나 추가적으로 분명히 짚고 넘어가야 할 부분도 너무 많아서, 단정적이고 고정적인 명료한 글로 전개되기가 불가능하다. 더군다나 워낙에 공정 의식이 남다른지라, 엠 대시를 활용하며 자신의 문장을 하나의 포대로 삼을 수밖에 없다. 그는 이 문장들 안에 덜 여물고 별개인 사례들을 품어 유추를 통한 확고한 뒷받침으로 요지를 확증하거나, 예외의 경우를 들어 그 요지의 한계를 보여준다.

이는 센을 이른바 지성계의 민주주의자로 칭할 만한 연결점이 되기도 한다. 말하자면 그는 개별적이고 일관성 없는 듯한 생각의 파편들을 한 문장 내에서 파편적이지 않으면서 똑같은 '핵심 요소'로 자리 잡도록 배치하려 한다. 그 과정에서 그의 사고와 확신에는 품격이 느껴진다. 또 이런 식의 사고 전개는 그 주제를 약화시키기는커녕 보다 강하고 탄력적으로 만들어준다.

이런 사고 전개의 예술(그야말로 예술에 못지않은 기술이므로)에서 장인의 경지에 이른 한 인물로는 조지 오웰이 꼽힌다. 오웰은 「성직자의 특권Benefit of Clergy」이라는 제목의 유명한 에세이에서 살바도르 달리 대해 평하면서, 이 거장을 '훌륭한 데생 화가이자 혐오스러운 인간'이었다고 썼다. 만약에 오웰이 엠 대시를 채택했다면 다음과 같이 쓰지 않았을까? '달리, 훌륭한 데생 화가였고 – 하지만 타락한 인간이었던 – 기타 등등 ……'. 하지만 오웰은 이 글에서 평가를, 그것도 적어도 내 견해상으론 아주 공정한 평가를 표명하고 있던 터라 널리 인정받고 있는 견해를 바꾸려는 협상은 시도하지 않아, 센과는 그 입장이 달랐다.

센은 독자들에게 뭔가를 알려주려는 것이 아니라 독자들을 납득시키려 시도하려는 입장인 만큼, 엠 대시를 유연하게 활용하고 있다.

이 책에 실린, 보물과도 같은 센의 글들은 그의 사색이 미치는 범위, 모호한 부분을 수용하는 사고력, 후광이 번득일 정도의 뛰어난 사고의 중심축을 그대로 보여준다. 한마디로 그의 글들은 '프라스노파니샤드Prasnopanishad'의 정신을 상징한다. 즉, 대답만이 아니라 질문을 통해서도, 또 희미한 의혹을 물리치는 방식만이 아니라 모호함을 수용하는 방식을 통해서도 정신 탐구에 답을 해주는 그런 '프라스노파니샤드' 정신이 담겨 있다. 절대적 확신이 아니라, 사실을 성실히 모색하려 하는 이의 말을 듣고 읽을 기회를 얻는다는 것은 소음을 이기는 목소리를 듣는 것이나 다름없다.

센은 에세이 「놀이와 목소리: 침묵을 깨는 힘」에서 이렇게 말하고 있다. "목소리는 구제를 요구할 때, 강력한 주장을 펼칠 때, 상대를 멋들어지게 모욕할 때, 의견을 나누고 일을 도모하고 이의를 제기할 때 등등 여러 가지 경우에 중요한 역할을 한다. 상호 작용에서는 대체로 목소리가 매우 중요하며 그것은 민주주의를 유용하게 활용하는 측면에서도 마찬가지다." 또 그 특유의 엠 대시를 활용하여 다음과 같이 덧붙인다. "그리고 특히 무엇보다도, 놀이를 통한 목소리는 – 그것이 일방적으로 만들어낸 놀이라 해도 – 약자들에게 다른 식으로는 누릴 수 없을 만한 기회를 마련해주기도 한다."

『리틀 매거진』 측에서는 센이 '내고 있는' 목소리만큼이나 진지한 '놀이'의 마당을 펼쳐주었고, 덕분에 우리는 이런 기회가 아니면 접하기 아주 힘들었을 음질, 가락, 음색으로 전해지는 일련의 사고를 감상할 수 있게 되었다.

고팔 크리슈나 간디*

* 인도 서벵골 주(州) 주지사를 지낸 정치인으로, 마하트마 간디의 손자이기도 하다.

가능성의 정원에 대한 통찰

이 책은 15년의 세월을 저속 촬영해 정상 속도보다 빨리 돌려 담아낸 사진과도 같다. 여기에 실린 에세이들은 문화, 사회, 정책이라는 광범위한 분야의 주제를 연대순으로 소개하고 있으며, 그중 대부분은 21세기에 들어선 첫 10년 동안 『리틀 매거진』(이하 「TLM」으로 약칭함)에 첫 게재된 글로서 테러와 정체성 등 당시에 인도와 세계의 정치를 지배했고, 현 시대의 풍조를 확립시킨 문제에 대한 관심이 담겨 있다. 또한 정의를 가리키는 산스크리트어인 '니티niti'와 '니야야nyaya'라는 개념 사이의 흥미로운 이분법 등 아마르티아 센이 그 이후에 확장시킨 통찰력도 담겨 있다.

여기에 실린 에세이 몇 편은 『TLM』 특별호 게재용으로 쓰인 글이다. 한 예로, 「기아: 해묵은 고통과 새로운 실책들」이라는 에세이는 기아를 주제로 삼은 특별호 게재용으로 쓰였던 원고다(이 에세이에서 센은 일부러 시간을 내서 우리 잡지사에 들어온 에세이들을 읽어보기까지 하면서 자신의 글에

이 에세이들과 관련된 의견을 엮어 넣기 위한 열정을 보여주기도 했다). 한편 몇 몇 에세이는 원래 인도 의회에서의 히렌 무케르지 기념 강연Hiren Mukherjee Memorial Lecture에서 발표된 강연, 위트워터스랜드 대학과 케이프타운 대학에서 발표된 강연 등 기록물로 보관된 자료를 지면으로 옮긴 경우다. 따라서 그 내용을 새롭게 수정하는 과정은 기록물을 수정하는 셈이었다. 일부 에세이는 또 다른 종류의 기록물들이다. 특히 그중에서도 날란다 대학을 주제로 다룬 에세이는 이 대학의 상세한 출생증명서나 다름없다. 이 에세이를 통해 센은 시간적 공간과 지적 공간상에 날란다 대학이 걸어온 길을 지도처럼 표시하면서 세계 최고最古 대학인 이 대학의 새로운 부활에 대한 견해를 풀어놓는 한편, 새롭게 거듭난 이 가능성의 정원에 자신의 희망을 심어놓았다. 학문적 독립 쟁취를 위한 첫 번째 투쟁을 극복하고, 이제 막 새롭게 태어난 이 대학이 언젠가 원숙한 경지에 도달하길 기대하며 앞으로 학부모들의 희망과 소망을 얼마나 실현해줄지 지켜보는 일도 흥미로울 듯하다.

13편의 에세이 가운데 두 편, 「타고르가 세상과 우리에게 남긴 것」과 「나의 일곱 가지 소원」은 『TLM』에 게재되지 않은 글이다. 다시 말해 이 책에 처음 실리는 글로서, 수년 전이나 지금이나 아마르티아 센의 견해에 여전히 평등, 정의, 역량강화의 점진적 추구에 대한 의지가 담겨 있음을 보여주는 글의 완결판이라 할 수 있다. 안타깝게도 이런 한결같은 견해는 교육과 보건 등 인도의 특정 분야에서 의미 있는 진전이 없었음을 반증해준다. 아직도 이런 분야에서는 수십 년 묵은 우려가 여전히 잔존하고 있음이 그대로 드러난다. 하지만 이 글들은 인도의 사회나 문화의 발자취를, 타임스탬프가 찍힌 사진들을 쭉 진열해놓은 것처럼 생생히 펼쳐 보여주기도 한다. 센이 이 에세이들을 통해 제기해온 우려와 관심사들은 앞으로 몇 년 후에도, 그 느껴지는 시급성의 정도에만 차이가 있을 뿐 여전히 흥미로울 것이다.

『TLM』과 옥스퍼드 대학 출판부 합동 기획 시리즈의 제1호격인 이 책은 미니 크리슈난과 옥스퍼드 대학 출판부 편집팀의 지칠 줄 모르는 열정과 격려가 없었다면 이 세상에 나오지 못했을 것이다. 원고 준비에 도움을 준 A. S. 패니어셀밴과 파노스 사우스 아시아에 감사를 전한다. 예리한 의견과 조언을 보태준 엠마 로스차일드에게도 각별한 감사의 마음을 전하고 싶다. 색인과 교정 작업에서부터 원고 및 기타 필수 내용물의 출력에 이르기까지 여러 가지로 큰 도움을 준 잉가 헐드 마칸, 체 르, 남라타 나라인, 앙웨샤 라나, 언제나 든직한 샤일라야 고팔란에게 감사 인사를 전한다. 그리고 당연한 얘기지만 이 책은 누구보다 뛰어난 공헌자 아마르티아 센에게 가장 큰 빚을 지고 있다. 센은 지난 15년 동안 숨 막히도록 빠듯한 원고 마감 일정 속에서 공무까지 활발히 펼치면서 짬을 내어 의뢰 원고를 써주었고, 단 한 번도 마감일을 넘긴 적이 없었다.

안타라 데브 센
프라티크 칸질랄

차 례

개인적이고도 사회적인 이야기

이 책에 수록된 글들은 15년에 걸쳐 쓰인 것으로 다양한 주제를 다루고 있다.[1] 그 다양한 주제에도 불구하고 공통된 접근법이라고 칭할 만한 사실은 바로 다음과 같다. 모든 에세이가 인도에서의 관심 사안을 비당파적 관점에서 바라보면서 사회, 정치, 경제, 문화, 지성 등 인간의 삶과 관련된 여러 분야에서의 평등과 정의에 대한 관심을 반영하고 있다는 것.

우선 이 책의 제목에 대해 짚고 넘어가자면, 책의 제목은 여기에 수록된 한 에세이의 제목에서 따온 것이다. 인도에서는 현대적 뿌리 못지않게 역사적 뿌리 역시 불공정의 주요 온상으로 작용하고 있다. 한 가지 편견(예를 들어 카스트나 계층에 따른 편견 등)에 더해 (성별 같은) 또 다른 불평등의 근원까지 겹쳐지면 (가난하고 낮은 카스트 출신의 여성들 같은) 피해 집단은 무지막지하고 가혹한 억압에 시달리게 되기 쉽다. '장남의 나라' 인도에서는 좋은 배경 출신의 남자들이 특별한 기회를 누리는데, 이는 불우한 집안 출신의 여자들에게 주어지는 빈약한 기회와 확연한 대조를 이룬다. 실제로 '막내딸'들은 경제적 어려움, 사회적 박탈, 정치적 무력감을 겪을 뿐만 아니라 지적 잠재력을 누리거나 인도 및 세계의 풍부한 지적 유산을 누려볼 기회마저 빈약하게 주어진다.

이 책에 실린 글들은 (대체로 『리틀 매거진』상에서의) 최초 발표일 기준으로 대략 연대순으로 배치되어 있으며, 그 내용이 대체적으로 문화와 사회, 정책과 관련된 세 가지 범주로 구분된다. 구체적인 예를 들면, 몇몇 에세이에서는 인도의 문화와 사상의 역사(인도의 다양한 달력, 인도의 다양한 놀이와 게임, 세계에서 가장 오래된 날란다 대학의 이야기 등)를 주제로 다룬다. 또한, 인도 사회의 뿌리 깊은 불평등에 대해 분석하면서 그런 불평등으로 인한 불공정(계층, 카스트, 성, 지역사회를 비롯해 인도의 집단별 영양상태, 건강, 교육에 아주 다양한 결과를 초래하는 그 외의 장벽들과 관련된 불공정한 부분)을 극복하기 위해 요구되는 과제를 제기한 평론도 있고, 정치, 경제, 사회적 논증을 아우르는 정책 문제를 다룬 글도 있다.

오랜 벗이자 공경해마지않는 지식인 고팔 간디가 다양한 주제들을 다룬 내 글들에 대해 아주 친절하면서도 상당히 계몽적인 서문을 써주어서 정말 행운이다. 친절하고 좋은 벗인 고팔 간디는 이 책의 글에서 내가 유독 집착하는 여러 면에 대해 견해를 밝히며 내 지적 유별남을 방증해주었는데, 이 유별남이 다소 자기본위적으로 비춰질 위험을 감수하며 이야기의 출발점으로 내 기억의 순간이동을 감행하려 한다 – 무려 학창 시절까지 거슬러 올라가는 오래전으로.

산스크리트어와
수학

학창 시절에 나는 산스크리트어(인도아리아어 계통으로 고대 인도의 표준 문장어_옮긴이)에 몰입했고 또 한편으론 수학적, 분석적 논증에 푹 빠져 있었다. 나는 산스크리트어의 매력에 사로잡혀 산스크리트어라는 언어의 복잡성과 그 언어로 쓰인 매혹적 문학에 심취하였다. 실제로 수년에 걸쳐 나에게는 산스크리트어가 벵골어에 이어 제2의 언어였다. 그렇게 된 주된 이유는 나의 영어 실력이 아주 더디게 향상되었기 때문이었다. 영어에 유창하지 못했어도 벵골의 중학교(산티니케탄Santiniketan 소재의 파타 바반Patha Bhavan)에 들어간 이후로는 그다지 불편하지도 않았다.

소홀했던 영어와는 달리 산스크리트어는 실력이 뒤처지려야 뒤처질 기회도 없었다. 집에서 할아버지 푼디트 크시티 모한 센Pundit Kshiti Mohan Sen(뛰어난 산스크리트어 학자)으로부터 산스크리트어 실력을 더 키우지 않을 수 없도록 끊임없는 압박을 받았기 때문이다. 하지만 내가 산스크리트어 문학에 사로잡혀 있었던 덕분에 할아버지는 나를 억지로 다그칠 필요가 없었다(내가 주로 빠져들었던 문학은 고전 산스크리트어 문학이었는데 나는 할아버지에게 조금씩 도움을 얻어가며 그 작품들을 무난히 읽을 수 있었고, 종종 베다 산스크리트어나 팔리어 문학, 고대 서사시 문학도 읽었다). 나는 어느 순간부터 산스크리트어의 언어 규칙에도 홀딱 반하게 되었다. 파니니Panini(기원전 4세기경 인도의 문법가_옮긴이)의 문법서를 읽었던 일은 내 생애에서 감행했던 그 어느 모험 못지않게 흥미로웠고, 지적 훈련의 기본적 요건을 배우는 계기가 되었다.

　요즘 들어 인도의 학교에서는 산스크리트어 수업의 부활을 지지하는 분위기가 뜨겁게 형성되고 있다. 나 자신이 산스크리트어로부터 얻은 것이 아주 많은 만큼 나로선 이와 같은 수업 부활의 요구에 동조하지 않을 수 없다. 보다 보편적 관점에서 말하자면, 나는 학교에서의 고전어 수업을 옹호하는 주장이 설득력이 높다고 믿으며 그 고전어가 꼭 산스크리트어가 아니라 라틴어, 그리스어, 아라비아어, 히브리어, 고대 중국어, 타밀 고어가 될 수도 있다고 본다. 그런데 산스크리트어를 옹호하는 이들은 대체로 산스크리트어를 성직자의 언어로 바라보는 사람들이다. 물론 그것도 틀리지 않은 견해이지만, 산스크리트어는 성직자의 언어라는 것 외에 다른 주목할 부분도 아주 많다 – 정말로 아주 많다. 산스크리트어 서사시는 본래 종교가 주제가 아니다. 힌두교 경전 『바가바드기타Bhagavadgita』조차 대서사시 「마하바라타Mahabharata」의 일부에 불과하며, 「마하바라타」가 『바가바드기타』 자체를 훌쩍 뛰어넘는 통찰을 제시한다(「마하바라타」에서 정의롭게 승리한 정의의 전쟁이 끝난 후 장례의 장작불이 타오르고 여인들이 죽은 이들을 생각하며 슬피 우는 장면은, 논란의 여지는 있으나 어쨌든 크리슈나(힌두교에서 최고신이자 비슈누 신의 여덟 번째 화신_옮긴이)보다는 전설적 영웅 아르주나Arjuna가 미리 내다봤던 통찰에 가깝다). 게다가 칼리다사Kalidasa, 슈드라카Shudraka, 바나Bana 등의 극작품들은 내 세계관에 큰 영향을 주었던 견해와 쟁점을 다시 생각해보는 계기가 되었다.

　종교 얘기가 나온 김에 다음의 사실도 짚고 넘어갈 만하다. 산스크리트어로 쓰인 글에는 전 세계의 그 어떤 고전 언어보다도 불가지론적이고 무신론적 경향이 뚜렷한 문학작품이 많다는 사실이다(특히 로카야타 lokayata 학파와 차르바카Charvaka 학파의 작품들 사이에서 더 두드러진다).

여기에서는 확실한 불가지론자 석가모니와 그 가르침에 대한 얘기도 빼놓을 수 없다. 종종 나 자신도 그 이유가 궁금해지지만, 나는 석가모니의 사상을 처음 접한 그 순간부터 석가모니에게 크게 감동받았다. 내가 처음 석가모니의 사상을 접하게 된 계기는 할아버지가 읽어보라고 건네준, 석가모니에 대한 간략한 이야기가 담긴 책을 통해서였다. 기억을 더듬어보면, 내 나이가 열한 살이나 열두 살이었던 그때 당시의 나에게는 석가모니가 내세우는 논리의 명확성과 더불어 누구나 – 그것도 아난다Ananda, 수보리Subhuti 등 자신의 제자들만이 아니라 도처의 모든 이가 – 쉽게 접근할 수 있을 만한 친밀성이 충격적이도록 인상 깊게 다가왔다. 나에게 석가모니는 강력한 힘을 지닌 남녀 신들과는 달리, 우리 인간의 일상적 고민을 똑같이 가진 인간으로 느껴지기도 했다. 석가모니는 젊은 시절 깨달음을 얻기 위해 히말라야 산맥 기슭의 궁전을 떠나던 무렵 죽음을 면할 수 없는 인간의 운명, 병에 걸리고 늙어 무력해지는 모습을 보면서 특히 감화를 받았다. 그가 번민했던 이런 고민들은 지금도 우리가 떠안고 살아가는 고민들과 다르지 않았다.

나는 산스크리트어가 열어준 세계로 점점 더 깊이 인도되던 그 시기에 수학적 분석에도 흥미를 느껴 그쪽으로도 차츰 빠져들었다. 공리, 정리, 증명의 활용을 처음 접하게 되었던 그 당시의 흥분은 지금도 기억이 생생하다. 하나의 이해에서 출발해 다른 여러 가지 이해가 도출되는 그 과정이 몹시 흥미진진했다. 그 흥미로운 분석적 논증의 명쾌함과 적용 범위는 평생토록 나를 매료시키면서 아직까지도 나를 열광시키고 있다. 사실 나는 학업에 매진하던 시절, 수학적 논증에 흥미가 쏠리면서도 특히 사회선택이론과 의사결정 분석 분야에서 결론을 입증하기 위한 시도에 많은 시간을 할애했다.[2]

다행히 나는 얼마 지나지 않아 내 흥미를 끄는 산스크리트어와 내 마음을 사로잡은 수학 사이에 강한 상보성(相補性)이 있음을 깨닫게 되었다. 덕분에 산스크리트어와의 연애를 포기하지 않고도, 내가 특히 좋아하던 문학작품들에 속한 칼리다사의 『메그하두탐Meghadootam』과 슈드라카의 『므리치치하카티카Mrichchhakatika』에서 아르야바타Aryabhata(고대 인도의 천문학자로 지구 자전설을 주장한 사람_옮긴이), 브라마굽타Brahmagupta(7세기 인도의 수학자, 천문학자_옮긴이), 바스카라Bhaskara(인도의 수학자, 천문학자_옮긴이)의 수학과 인식론으로 무난히 옮겨 다닐 수 있어서 정말 좋았다.

이론과 관찰

이런 이중성, 즉 서로 별개이면서도 궁극적으로는 양립 가능한 산스크리트어와 수학에 대한 흥미가 내 학창시절의 공부에 틀을 결정지어 주었던 여러 요인 중 하나였다면, 또 다른 이중적 관심이 나를 자극하기도 했다. 즉, 한편으로는 추상적 사고에 빠져들고 또 한편으로는 주변의 실제 세계에 대한 왕성한 호기심이 일었다. 81세가 된 지금에 와서, 그동안 내가 살아오면서 펼쳐왔던 미천한 연구를 대략적으로 분류해보면 꽤 추상적인 논증(예를 들어 공리, 정리, 증명을 통해 정의의 개

념을 추적하고 사회선택이론의 여러 가지 갈림길을 탐구하는 일)과 다소 실질적
문제(기근, 굶주림, 경제적 박탈, 계층·성·카스트별 불평등 등)로 나뉜다.

내가 그 모든 연구들을 본의 아니게 반추해보게 되었던 계기는, 노벨
재단이 스톡홀름을 시작으로 노벨 박물관 순회 전시회를 열 예정이라
며 내 연구와 밀접한 관계가 있는 두 가지 물건을 장기 대여 형태로 그
곳에 전시하게 해달라고 요청해 오면서였다. 스웨덴 학술원에서는 나
의 노벨 경제학상 수상을 발표할 당시에 내 연구를 후하게 인용하면서,
특히 사회선택이론에서 분석적 연구의 방향에 크게 무게를 두어 관련
된 글의 여러 장章과 구절들(사실, 정리와 증명들)을 인용했는데 마지막 부
분에서 기근, 불평등, 성차별과 관련된 연구에도 짤막하게 언급한 바 있
었다. 나는 노벨 재단 측의 요청에 따라 고심하며 한동안 어떤 물건을
선택해야 할지 몰라 갈피를 못 잡다가, 내가 크나큰 도움을 얻었던 아
리아바타Aryabhata의 『아리아바티야Aryabhatiya』(서기 499년에 산스크리트어로
쓰인 뛰어난 고대 수학서) 한 부와 학창시절부터 나와 함께 했던 낡은 자전
거를 노벨 박물관 측에 보냈다.

그 자전거는 벵골 지역의 1943년 기근을 연구하기 위해 임금과 물가
에 대한 자료를 수집하러 오래된 농장 헛간과 창고 같은 교통이 아주
불편한 곳들을 찾아다닐 때뿐만 아니라, 5세까지의 남녀 아이들의 체중
을 재며 성차별과 여아들의 상대적 박탈 정도를 조사하기 위해 산티니
케탄 지역의 이웃 마을을 돌아다닐 때도 타고 다녔다.[3] 스톡홀름을 시
작으로 노벨 박물관의 전 세계 순회 전시회가 진행되는 동안 나는 아리
아바타의 수학과 자전거가 서로 무슨 관계가 있느냐는 질문을 자주 받

왔다. 그때마다 나는 그 대답을 하려면 "긴 얘기가 될 것"이라며 말문을 열었다.

인도의 어쩔 수 없는 축소판

나의 학창시절 초반에 나에게 비춰진 인도는 굉장히 흥미로운 위대함을 가지고 있었다. 공부를 계속할수록 그 거대한 전통이 - 자야데바Jayadeva와 마다바차리아Madhavacharya에서부터 카비르Kabir와 아불 파즐Abul Faz'l에 이르는 - 후기 사상가들의 논증과 사색을 통해 보완되고 더욱 넓어지는 것을 느끼면서 나는 그야말로 전율했다. 인도 전통의 위대함이 나를 사로잡았던 반면, 인도의 문화를 좁고 편협한 관점에서 재정의하려는 시도들은 굉장한 괴로움을 안겨줬다. 내 학창시절이 끝나갈 무렵에는 그런 시도가 빈번히 일어나면서 인도는 갑자기 서로 각축을 벌이는 이런저런 편협함으로 뒤덮여갔고, 그에 따라 불관용, 지역 간 적개심, 유혈 참사가 넘쳐나기에 이르렀다.

나는 인간의 정체성이 반드시 단 하나의 틀에 갇힐 필요가 없다는 깨달음을 고전문학들을 통해 아주 강렬히 느끼게 되었다. 4세기 작품인 슈드라카의 『므리치차하카티카』에 등장하는 여주인공 바산타세나를 생각해보자. 그녀는 대단한 미인에 돈 많은 고급 창부이며 핍박받는 차루다타의 헌신적인 연인이자 동지로 등장해서 사회 개혁가와 정치 혁명가의 면모를 보이는가 하면, 나중엔 자신의 동지 차루다타의 결정을 지지해 두 사람 모두의 목숨을 노렸던 살인 미수범을 놓아주기로 하면서 너 그러운 재판관의 면모까지 보인다. 그녀는 차루다타의 동지로서 보복이 아닌, 훗날 국민들의 최대 관심사가 될 도덕적 – 그리고 정치적 – 개혁에 초점을 맞춘 그의 선견지명이 있는 결정을 망설임 없이 성원해준다. "악한을 은혜 베풀기로 '죽이는' 것이 사회의 의무"라는 차루다타의 판단에 (아마도 바산타세나를 제외한) 모두가 놀라워하는 순간(이런 혁신적 처벌을 뜻하는 아름다운 산스크리트어 읍카라타스타카르타비아upkarhatastakartavya는 그에게 그렇듯 그녀의 인품에도 잘 어울리는 단어다), 그것은 새로운 법학 이론이 탄생하는 것 이상의 순간이다. 바산타세나는 이 극작품 초반부에서 불공평한 힘의 부당함과 부자들의 부패에 대해 아주 호소력 짙고 감동적인 말을 했던 사람답게, 복수를 거부하며 악한들을 교정시키고 사회가 갈등과 폭력의 역사에서 벗어나 성장하도록 돕자는 차루다타의 판단에 동참한다. 바산타세나 – 그리고 차루다타 역시 – 인간의 행복에 초점을 맞추면서 1,500년도 더 지난 오늘날까지도 많은 교훈을 주는 슈드라카의 혁신적 극작품 속에서 여러 가지 정체성을 갖는다.

그 사람이 소속된 하나의 집단만을 기준으로 어떤 사람의 정체성을 규정하려는 것은 고지식한 인식이다. 바산타세나를 미모의 고급 창부로만 보는 것처럼 말이다. (내가 프랑스 대학에서 했던 강연의 줄거리를 기본 바탕으로 삼은) 「편협함이 우리를 억누를 때」라는 평론에서도 주장했다시피, 이런 인식상의 실수는 윤리적 실책으로, 그리고 어쩌면 정치적 참사로까지 이어질 소지가 있다. 실제로 국적이나 종교, 인종이나 카스트에 따른 단일 정체성의 만연은 세계 여러 지역에서 대대적 유혈사태와 같은 극심한 폭력 사태의 불씨가 되어왔다.

인도는 과거의 그 어느 때보다도 바로 지금, 단일 정체성의 만연에 뒤따르는 위기를 냉철한 정신으로 이해해야 할 시점에 있다. 우리는 인도에서 이루어진 그 모든 위대한 업적들을, 그 업적의 주역이 힌두교도, 무슬림(이슬람교도), 기독교도, 불교도, 자이나교도, 시크교도, 파르시교도, 유대교도, 불가지론자, 무신론자든 가릴 것 없이 자랑스러워해야 한다. 이와 관련해서는 한 가지를 더 인정해야 한다. 문화는─그 종교적 부산물이 (만약 있다면) 무엇이든 상관없이─종교 외의 다른 수많은 노력과 이상을 수반하기 마련이라는 점이다. 인도의 풍성한 달력의 역사나 새롭고 흥미로운 게임 개발에서 인도가 세운 주된 공헌(현재 전 세계적 게임이 된 체스가 가장 유명한 사례일 것이다)은 종교적 측면만이 아니라 인도의 특성과 문화를 이해하기 위한 측면에서도 관심과 탐구의 대상이 되어야 한다.

지금부터 그 예를 들어 구체적으로 설명하겠다. 고대 『베다』(고대 인도의 브라만교 성전의 총칭_옮긴이)는 정치적으로 종교적 파벌을 지지하는 수많은 이들로부터 옹호를 받고 있다. 나 역시 『베다』의 고상한 견해에는 동감한다. 이것은 내가 가져왔을 만한 그 어떤 신앙심의 토대로서의 동감이 아니다. 『베다』 안에서 정교한 수학을 발견할 수 있기 때문에 공감하는 것도 아니다(『아타르바베다Atharva Veda』에서 아주 매력적인 수학적 수수께끼가 발견될 만한 여지가 있다거나, 심지어 인도의 몇몇 대학에서 최근에 대학원생 교육에 이른바 '『베다』 수학'이라는 학과를 신설했다는 사실에도 불구하고 말이다).

우리가 『베다』를 소중히 여겨야 할 이유는 따로 있다. 『베다』가 멋진 구절들, 다시 말해 사려 깊고, 대담하고, 격조 있고, 감동적인 구절들로 가득하다는 사실 때문이다. 구절들 다수가 굉장히 종교적이지만 『리그 베다Rig Veda』의 10만다라 129편의 이른바 '창세가Song of Creation'에는 아주 분명하게 불가지론을 옹호하는 내용이 있기도 하다.

> 그렇다면 그 존재가 처음에 어디에서 나왔는지는 아무도 모른다.
> 이 창조의 첫 번째 유래인 그가
> 이 모든 것을 만들었을 수도 있고 아닐 수도 있다.
> 높디높은 하늘에서 내려다보며 이 세계를 다스리는
> 그는 정말로 답을 알 수도 있고 모를 수도 있다.

어린 시절에 처음 이 구절을 읽었을 때 나는 불신자로서 나름의 확신이 뿌리를 내리고 있던 터라 3,500년 전의 이런 불가지론의 지지에 전율을 느꼈다.

인도의 지적 역사에는 여러 가지 종교적 사상 못지않게 놀이와 무신론적 요소들도 포함되어 있다. 다수파인 힌두교도 관점이든, 그 어떤 다종교적 결합물의 관점이든 그 모두가 거대한 국가 인도의 어쩔 수 없는 축소판이다.

민주주의와
사회적 책임

　　　　　　이번에는 초점을 문화적 문제에서 사회, 정치, 경제적 쟁점으로 옮겨서 살펴보자. 인도가 민주주의 통치 제도를 갖춘 독립국가가 되자 영국이 인도를 지배하던 장기간 동안 전형적 특징이던 대기근 현상이 갑자기 종식되었다. 이제 신생 민주국가 인도에서는 기근이 일어날 여지가 사라졌고, 이는 자유 언론과 정기적 선거 덕택이자, 특히 다른 무엇보다도 기근의 원인과 예방법을 널리 알리고 인식시키는 데 큰 역할을 한 매스컴 덕분이었다.

　이런 일이 어떻게 가능했을까? 민주주의에서는 공적 논증이 제 역할을 하려면 사회적 인식이 높아져야만 한다. 어떤 경우든 기근에 영향을 받거나 위협을 받는 인구의 비율은 낮아서, 10퍼센트를 넘는 경우가 드물고 대체로 5퍼센트 이하의 수준이다. 따라서 이런 의문이 제기될 만하다. 다수결주의인 민주주의가 어떻게 얼마 안 되는 소수의 인구에게 영향을 미치는 기근을 근절시키는 데 그토록 헌신적이고도 효과적으로 작동할 수 있을까?

　민주주의에서의 기근 근절을 정치적으로 강요하는 힘은, 기근의 피해자가 아닌 이들이 기근 근절의 필요성을 '자신들의 사회적 책임'으로 받아들이는 공적 논증에 크게 의존한다. 민주주의 제도는 여러 집단들이 다른 집단에 일어나는 현상을 충분히 인식해야만, 또 정치적 과정을 통해 박탈에 대한 깊은 사회적 인식이 보다 널리 확산돼야만 효과를 발휘할 수 있다.

지금껏 인도의 민주주의에 관한 대화에서는 기근 예방을 사회적 책임으로 받아들여 오긴 했으나 일상적 굶주림과 상시적 영양부족, 지속적 문맹, 기초적 보건 시설의 턱없는 부족과 관련해서는 이런 책임 인식이 논의된 적이 없었다. 따라서 상대적으로 풍족한 이들의 관심 너머로까지 공적 논증과 사회적 책무의 범위를 넓히는 방법과 수단이 인도의 미래를 위해 절실한 실정이다. 사실 그런 방법과 수단의 마련이 바로 민주주의 통치의 핵심이며, 제대로 된 민주주의 통치를 위해서는 정기적 선거제 실시뿐만이 아니라 그 이상의 역할도 요구된다.

　수많은 인도 국민들이 처해 있는 갖가지 박탈은 이와 같은 불리한 상태에 진지한 정치적 관심을 기울여야만 해소 가능하다. 확실히 인도는 - 굶주리는 아이들을 비롯해 - 기아에 시달리는 국민이 세계 어떤 나라보다도 많지만, 정말 어찌된 노릇인지 놀라울 만큼 이런 현상에 지나치게 관심을 기울이지 않았다. 게다가 비교적 부유한 (또 비교적 유력한) 집단층이 빈곤층의 불리한 여건 해소에 자원을 할애하는 데 굉장한 거부감을 보여 왔다.

　인도의 취약 계층 상당수가 예나 지금이나 변함없이 제대로 된 초등교육과 기본적인 보건 혜택을 누리지 못하고 있는 상황 역시 마찬가지다. 민주주의에서는 이러한 취약 계층에 지대한 정치적 관심을 쏟아야 마땅하다. 매스컴은 이와 관련해서 그 역할이 막대하다. 신문이나 방송 매체에서 이와 같은 심각한 박탈 상황을 등한시한다면 인도의 민주주의는 그 탄탄한 제도적 바탕에도 불구하고 제대로 작동할 수 없다. 인도에는 뿌리 깊은 사회적 불평등이 만연되어 있으며 이러한 상황을 근본적으로 변화시킬 수 있을지는 공적 논증의 범위와 그 영향력을 대폭 확장시킬 수 있느냐 없느냐에 따라 결정적으로 좌우된다.

매스컴과
사회적 분리

매스컴 자체도 뉴스의 보도와 분석의 편견 문제에 큰 책임이 있긴 하지만, 정보 제공 태만의 근본적 문제는 인도 사회에 퍼져 있는 사회적 분리의 경직성에 있다. 비교적 특권층에 속하는 집단은 (정치 선전에서 툭하면 들먹이는 허울뿐인 공약임에도 불구하고) 불평등과 박탈의 문제에 심각할 정도로 관심이 부족하며, 매스컴은 광고주만이 아니라 고정 구독자(시청자)들에게 영합해야 할 필요성에 따라 크게 좌지우지되는 경향을 보인다. 이런 매스컴의 편향과 관련해서 특히 주목할 부분은, 그 목소리와 관심사가 공적 논의를 지배하는 계층에게는 극심한 불균형의 상황이 거의 눈에 들어오지 않는다는 점이다. 상대적으로 특권층에 속하는 비교적 소수의 그룹은 자신들만의 사회적 세계를 만들어낸 것 같다.[4]

인도의 특권층에는 기업가와 전문직 계층뿐만 아니라 지식층을 포함하는 상대적 부유층이 해당된다. 아쇼크 루드라Ashok Rudra가 「인도에서의 지배계층으로서 지식인의 부상」이라는 논리 정연하고 설득력 있는 논평[5]에서 주장한 바에 따르면, 수십 년 전에 인도의 지식층은 사회적 불평등을 통해 얻게 되는 이득에 관심을 공유하면서 정책 논의를 지배하는 '유력자 연합'을 형성했고, 그 결과로 현재 인도의 정세에 막대한 영향을 미치고 있기도 하다. 넓은 의미에서 보면 이런 '상대적 특권층'은 전체 인구의 4분의 1이나 5분의 1을 차지하는 것으로 추산되며, 그 내부 한편도 거물급에서부터 그다지 부유하지는 않지만 다수의 사회적 약자들과는 차원이 다른 수준의 삶을 누리는 교육 수준 높은 서민에 이르기까지 다양한 계층을 형성하고 있다.

특권층과 그 나머지 계층 사이의 철저한 계층 분리는, 매스컴과 공적 논의로부터 훨씬 더 많은 관심을 받으며 살아가는 사람들, 그리고 박탈과 좌절이 매스컴과 공적 논의의 영역에서 대체로 주목받지 못하는 그 나머지 사람들 간에 대조를 유발시키는 배경으로 작용한다. 안 그래도 심한 특권층과 비특권층 사이의 격차는, 비특권층 내부에도 나름의 격차가 존재함에도 불구하고, 계층별 논의와 관심의 불평등으로 더욱 심화되고 있다.

하지만 우리가 노력하면 상황은 바뀔 수 있다. 지금은 매스컴도, 지식층도 사회적 분리 구조가 부여한 역할에서 벗어나지 못하는 포로나 다름없다. 바라티야 자나타 당Bharatiya Janata Party(BJP)과 그 연립당이 작년에 선거에서 승리한 이후 공적 논의의 초점이 힌두트바Hindutva(인도는 힌두교만의 나라여야 한다는 정치 이데올로기_옮긴이) 운동의 의제로 다소 옮겨졌을 뿐, 여전히 매스컴 보도에서의 계층별 편향성과 계층에 따른 관심 편향의 문제에는 별 변화가 없다.

인도 매스컴은 편향성을 띨 뿐만 아니라 아주 부정확한 내용의 보도도 비일비재하다. 황당할 정도의 오보가 너무 빈번하다 보니 솔직히 말해서 나는 이제 신문에서 내가 국민회의당Congress Party의 충실한 지지자라는 내용이나, 내가 이전의 통일진보연맹United Progressive Alliance(UPA) 정권의 경제정책들, 그것도 내가 여러 글을 통해 드러내놓고 비난했던 그런 정책들의 설계자였다는 내용을 읽어도 별로 놀랍지 않다.[6] 사실 이전 정부(그리고 그 이전의 정부들) 하에서의 보건 및 교육 부문 태만이나, 내가 오래 전부터 지적해왔던 그 뿌리 깊은 불평등 문제의 해결에 대한 소극성을 문제 삼은 여러 비난들(이런 비난은 진 드레즈와 공동 집필한 『불확실한 영광: 인도와 그 모순들』에서도 확실하게 두드러진다)은 현재의 국민민주연합National Democratic Alliance(NDA) 정부에도 그대로 적용된다. 정치적 이슈화가 어느 정도 바뀌었다고는 하나 진정한 변화가 일어나기 위해서는 공적 논증에서 보다 강한 사회급진론이 – 그것도 현재나 이전이나 더 이전의 인도에서 행해진 표준 수준보다 훨씬 더 강한 사회급진론이 – 필요할 것이다.

하지만 뉴스 보도의 정확성이 대폭 높아지고 편향성이 개선되는 일은 가능한 일일 뿐만 아니라 굉장히 절실한 일이다. 정치적 변화에서 인도 좌파는, 그럭저럭 넘기는 식의 – 그리고 심각한 지경의 사회적 분리 현상보다는 주변의 문제에 집중해오는 식의 – 정책이 낳은 결과보다 훨씬 더 큰 기여를 할 기회가 있었다(이 문제는 이 책에 수록된 두 편의 평론 「우리는 왜 밤에도 깨어 있어야 하는가」와 「나의 일곱 가지 소원」에서 구체적으로 다루었다).

경제성장과
인적 재능

　　오보의 대다수는 크게 문제되지 않을 만한 사소한 것들이다. 하지만 더러는 그냥 넘길 수 없는 심각한 오보도 있다. 이런 오보와 관련된 한 가지 사례가 바로 부유층 대상 보조금이다. 비교적 부유한 이들에게 지급되는 - 전기, 디젤, 조리용 가스 등등의 부문에 대한 - 보조금 만연 문제는 앞에서 언급했던 바로 그 정치적 힘의 분리에 따른 결과이며, 나는 기회가 있을 때마다 이 점을 일관되게 비난해왔다. 「나의 일곱 가지 소원」에서도 짚었듯 상대적 부유층에 대한 소비 보조금 지출액이, 많은 비난이 쏠리고 있는 식품 보조금과 고용 보장 보조금을 합한 지출 액수보다 몇 배나 높다. 힘 있는 목소리를 가진 이들로부터 나오는 공적 비난이 식품 보조금과 고용 보조금에만 쏠리고 있고 소비 보조금은 별로 문제 삼지 않는다면 이는 이의를 제기하며 목소리를 높일 만한 합당한 근거가 된다. 바로 이런 이의 제기가 지금껏 내가 해온 일이다. 그렇다고 해서 내가 '보조금 지지자'라거나, 지속적으로 펼쳐온 주장, 즉 부유층 대상의 보조금을 전면 폐지하고 식품 보조금과 고용 보조금 역시 훨씬 효율적으로 운영해야 한다는 주장을 부인하는 것은 아니다(사실 더 효율적인 조직 운영과 부패의 척결은 빈곤층에게 이롭다).

　　수많은 시사평론가들이 식품 보조금과 고용 보조금의 잘못된 운영에 대해서는 떠들어대면서도 정작 이미 잘 사는 이들에게 혜택을 주는 보조금에 대해 침묵하는 행태는 어느 모로 보나 문제로 볼 수 있는 계층 편향이다. 인도에서는 이런 계층 편향이 너무 심해서 2012년 7월에 예상치 못한 뜻밖의 정전 사고가 발생했던 당시에 신문들은 6억 명의 인도 국민이 "암흑 속에 갇혔다"고 보도하면서 사실 그 6억 명 가운데 2억 명은 어차피 전기 시설의 혜택을 전혀 못 누리는 형편이라 '새로운' 암흑 속에 갇힐 수도 없는 처지였다는 사실을 간과했다.

모든 사람에게 양질의 교육 환경과 효율적인 공공 보건, 전력망, 안전한 식수를 제공하기 위해 공적 자금이 쓰여야 한다는 주장을 놓고 '보조금' 경제의 지지로 간주한다면 그것은 억지일 수 있다. 그런 억지대로라면 일본, 중국, 한국에서부터 영국, 프랑스, 독일에 이르는 국가들을 '보조금' 제국으로 간주하는 격이 된다. 모든 거주민에게 무료 의료 서비스를 제공하는 영국의 국민건강보험 제도를 상대적으로 부유한 인도인들에게 지급하는 조리용 가스 및 전기 사용 보조금과 비교하는 것은 부적절하다. 집 안에 그런 시설을 이용할 설비를 갖출 만큼 여유가 되는 특권층을 위한 보조금 지급이므로 비교 자체가 불가하다.

두 번째 문제는 경제성장과 인적 재능 증진 사이의 상호 보완 관계와 연관된 것인데, 나는 이 두 부문에 대한 지지를 강하게 주장해왔다. 그런 까닭에 자주 있는 일이지만, 내가 경제성장에 '반대'하고 오히려 '재분배'를 원하는 사람이라는 식의 보도를 읽을 때면 어리둥절해진다. 1960년에 『기술의 선택Choice of Techniques』이라는 책으로 출간되기도 한 내 박사 논문을 굳이 거론하지 않더라도, 분명 나는 기술의 선택에서는 더 높은 경제성장 유도를 감안해야 한다는 견해를 가지고 있는 사람이다. 게다가 내 두 번째 책 『성장 경제학Growth Economics』(1970년)을 거론할 필요도 없이 나는 경제성장의 중요성에 고무되어 있는 사람이다. 이 문제에서의 핵심 쟁점은 소득의 재분배가 아니라 (법과 질서 부문에서만이 아닌 다른 부문에까지) 적절하고 효율적인 공공 서비스를 제공하는 것이며, 특히 교육, 보건, 영양 지원, 환경 보호와 연관된 부문의 공공 서비스 제공이 중요하다.

내 신념과 주장의 와전 문제와는 별개로, 이런 시사 비평의 문제점은 또 있다. 성장과 인적 재능육성 사이의 상호 보완성을 간파하지 못하는 점이다.

성장은 국민의 복지와 자유 향상을 위한 수단으로서 중요하다. 하지만 성장 지상주의가 국민의 삶 개선을 위한 기회 제공의 측면보다는 성장 자체를 중요시하는 태도를 취할 경우엔 그다지 유익하지 못하다. 성장은 경제성장의 결실이 어떤 식으로 이용되느냐의 측면에서 판단되어야 한다. 인도의 고성장기 동안 UPA 정부 하에서나 NDA 정부 하에서나 모두 성장의 과실 중 국민의 삶 개선에 투입된 비율은 미미한 수준에 머물렀다. 심지어 경제성장 속도의 측면에서 인도와 경쟁 관계에 있는 중국과 인도네시아 같은 여러 국가들과 비교해서도 훨씬 미미했다.

하지만 (일부 경제학자들의 견해처럼) 경제성장을 인도의 보건 및 학교 교육 향상과 상충 관계에 있는 급선무 사항으로 바라보는 관점의 주된 문제점은, 교육 수준이 높고 건강한 인구의 양성이 안정적이고 지속 가능한 경제성장의 일등 공신이 될 수도 있다는 사실을 간과하는 데 있다. 한편으로 교육과 보건 사이에는 상호 보완성이 있으며, 또 다른 한편으로 경제성장은 일본과 한국에서부터 대만, 싱가포르, 태국, 중국 등에 이르는 동아시아 국가의 고속 성장에 토대가 되었다. 지금껏 인도는 이런 기초적 지혜를 제대로 이용하지 못했다. 경제성장의 인과관계를 제대로 이해 못하는 이런 실수를 바로잡고 싶은 바람은 결코 '반성장 (anti-growth)' 주의가 아니다.

국가별 비교에 입각한 수많은 실질적 증거들이 증명하다시피, 배우지 못하고 건강하지 못한 노동인구의 양산은 인간의 행복에만 피해를 초래하는 선에서 그치지 않고, 안정적이고 지속 가능한 경제성장에도 지장을 준다.

하지만 이쯤에서 이런 의문이 들지도 모른다. 과연 빈국에서 보편적 보건을 실행할 여력이 되겠는가? 여기에 부정적 견해를 가진 이들은 몇 가지 중요한 사실을 간과하고 있다. 그중에서 첫 번째로 어쩌면 가장 주목해야 할지도 모르는 사실은 다음과 같다. 즉, 기본적 수준에서의 보건은 아주 노동 집약적인 활동인 데다 빈국은 비교적 임금이 낮은 편이라는 것이다. 빈국은 보건에 지출되는 비용을 낮출 수 있을 뿐만 아니라 노동 집약적인 서비스의 제공에 들어가는 비용도 낮춰야 한다(더 부유하고 임금이 높은 편인 경제에서 지불해야 할 수준보다 훨씬 더 낮게 낮춰야 한다). 이처럼 부유한 국가와 빈국 사이의 큰 폭의 임금격차가 의미하는 바를 고려하지 못하고 간과할 경우엔 저임금 경제가 지닌 보건과 교육 등 노동 집약적 활동의 여력에 대한 논의가 크게 왜곡되고 만다.

두 번째로 중요한 사실은, 누구에게나 제공되는 보편적 복지 수준은 그 국가의 경제적 수단에 따라 좌우될 수도 있다는 점이다. 하지만 한 국가의 경제적 수단 내에서의 여력이 어느 정도이든 간에 보편적 적용을 실시한다면 복지가 보다 효율적이고 보다 공평하게 제공될 수 있다.

세 번째로 중요한 사실은, 수많은 의료 및 보건 서비스들이 개인별로 각각 독점적으로 이용되기보다는 공공으로 이용되고 있다는 점이다. 예를 들어, 역학조사는 한 번에 한 사람씩만 대상으로 하는 것이 아니라 같은 동네에 거주하는 수많은 사람들을 대상으로 한다. 즉, 보건은 경제학 용어상의 '집합재'로서의 성격이 강하므로, 폴 새뮤얼슨Paul Samuelson을 위시한 다수의 경제학자들 사이에서 널리 논의되어 왔다시피 순전한 시장 체제에 맡기면 아주 비효율적으로 배치되기 쉽다. 한꺼번에 더 많은 사람을 대상으로 할 경우 더 적은 인원을 한 명씩 대상으로 하는 경우보다 비용이 줄어들 수도 있다.

네 번째로 중요한 사실은, 많은 질병이 전염성을 띠고 있다는 점이다. 보건의 보편적 적용은 병의 확산을 막는 한편 더 효율적인 역학적 감독을 통해 비용도 절감시킨다. 이 점은 그동안 개별 지역들에 적용되면서, 아주 오래 전부터 인정되어 왔다. 사실 전염병의 정복은 그 확산 지역에서 단 한 사람도 방치하지 않고 살피는 방식을 통해 이뤄져 왔다. 이 지역에서 저 지역은 물론 이 국가에서 저 국가로까지 병이 전파됨에 따라 최근 몇 년 사이에 이런 주장에 더 큰 힘이 실리고 있다.

비대칭 정보와
보건

보편적 공공 보건 제도가 체계적으로 갖춰지지 않을 경우엔 많은 사람들이 과도한 비용에 효율성은 떨어지는 개인적 건강관리의 짐을 짊어지게 마련이며, 이것이 바로 인도에 만연한 현상이다. 케네스 애로Kenneth Arrow를 필두로 다수의 경제학자들이 분석해온 바처럼, 의료 분야에서는 경제 용어로 말하자면 '비대칭 정보' 때문에, 정보가 잘 제공된 상태에서 경쟁을 하는 시장균형이 존재할 수가 없다. 이는 건강보험 시장에도 해당한다. 보험사들은 환자의 건강 상태를 낱낱이 알 수 없기 때문이다. 이에 따라 민간 건강보험 시장은 어쩔 수 없이 시장 할당(market allocation, 경쟁자들이 시장을 분할하고 특정 고객들 또는 특정 지역들에 대해서 경쟁하지 않기로 합의하는 것_옮긴이)이라는 좁은 논리의 측면에서조차도 비효율적이다. 게다가 민간 보험사가 규정과 감독에 따라 통제되지 않을 경우 '고위험군'으로 간주되는 환자들을 제외하는 등 수익에만 관심을 갖게 되어 그로 인해 보편적 보건의 목적이 무너져버리는, 훨씬 더 심각한 문제도 있다. 따라서 보편적 복지가 가능하도록 정부가 이런저런 식의 적극적 역할을 펼쳐야 한다.

비대칭 정보는 의료 서비스의 제공 자체에서도 나타난다. 환자들은 자신의 질환에 필요한 치료가 뭔지, 어떤 약이 잘 듣는지, 심지어 의사가 어떤 치료를 해줄지를 잘 모르기 마련이다. 셔츠나 우산 같은 수많은 종류의 상품 시장에서와는 달리, 의료의 구매자는 판매자, 즉 의사보다 지식이 훨씬 적으며 이는 시장 경쟁의 효율성을 무너뜨린다. 시장 경쟁이 아주 활성화된 경우조차 결과적으로 상대적 무지자가 착취당할 가능성이 다분하다. 한편 의료진이 불충분해서 경쟁마저 별로 없으면 의료 구매자는 더더욱 궁지에 몰리기 쉽다. 게다가 (인도의 여러 지역에서 흔히 벌어지는 일처럼) 보건 제공자들이 제대로 훈련받지 않으면 상황은 더욱 꼬인다. 그 결과 체계가 잘 잡힌 보편적 보건 제도가 부재할 경우 수많은 환자들은 어쩔 수 없이 사기꾼 기질과 엉터리 치료에 능한 돌팔이 의사들에게 이용당하기 십상이다.

인도의 여러 주에서는 민간 부문과 공공 부문이 나란히 운영되고 있다. 그런데 기초보건의 경우 민간 의료에 대한 의존도가 엄청나게 높은 반면, 공공 보건은 직업규범이 부족한 데다 의료진의 무단결근과 부패가 만연되어 있어서 제구실을 못하는 경우가 수두룩하다.[7] 하지만 공공 의료 서비스는 제대로만 운영되면, 특히 비대칭 정보 때문에 민간 의료 서비스가 제공하지 못하는 치료를 제공할 수 있다. 실제로 몇 십 년 전에 포괄적인 공공 보건 서비스를 통해 인도에서 보편적 보건을 실현해낸 케랄라 주는 공공 서비스를 통해 모든 주민에게 아주 신뢰할 만한 기초보건을 제공한다. 케랄라는 – 어느 정도는 보편적 보건과 보편화에 가까운 문해 능력(비문맹) 덕분에 – 주민들이 점점 풍족해지면서 이제 대다수 사람들이 민간 의료에도 더 많은 비용을 지출하게 되었고, 의료 서비스의 혜택을 더 후하게 누리고 있다. 이러한 민간 의료 서비스는 주에서 제공하는 서비스와 경쟁을 벌여야 하는 데다 주민들의 교육 수준이 비교적 높아짐에 따라 의학 상식과 의학적 기회가 일반화된 지역의 수준에 맞춰 비용의 타당성을 입증하기 위해 훨씬 더 좋은 의료 서비스를 제공해야만 한다. 따라서 민간 의료 서비스의 질 역시 공교육의 수준이 낮고 공공 의료 서비스와 경쟁을 벌일 일이 없는 지역에 비해 더 뛰어난 편이다. 반면에 마디아프라데시Madhya Pradesh나 우타르프라데시Uttar Pradesh 같은 주들은 주민 대다수가 수요가 과도하게 많고 비효율적인 보건 환경에 놓인 사례들로 넘쳐난다. 놀라운 얘기도 아니겠지만 케랄라의 주민들은 마디아프라데시나 우타르프라데시 같은 주의 주민들보다 수명이 훨씬 길고 예방할 수 있는 질병에 걸리는 비율도 훨씬 낮다.

보편적 보건 제도의 또 한 가지 이점은, 아주 긴요한-하지만 대체로 등한시되는-기초 치료뿐만 아니라 질병의 조기 발견을 통한 비교적 저렴한 비용의 외래 치료 체계 구축에도 주의를 기울이게 해준다는 점이다. 체계적인 보편적 보건 제도가 부재하면 병을 키우게 되어 수술 같은 입원 치료가 빈번히 동반되는 등 질병의 치료에 더 값비싼 비용을 치르게 된다. 최근에 보편적 보건이 도입된 태국에는 보다 광범위한 예방 치료와 초기 개입을 통해 비교적 값비싼 치료가 요구되는 비율이 대폭 떨어지는 현상이 뚜렷하게 나타났다. 훌륭한 보건에는 제도적인-그리고 포괄적인-관심이 요구되며 만인을 위한 적절한 보건이 부재하면 질병은 치료가 훨씬 더 어려워질 뿐만 아니라 그 치료 비용도 크게 뛴다. 잘 조직된 보편적 보건은 그 보상으로 공평성의 증진뿐만 아니라 효율성의 증진까지도 선사해준다.

오랜 시간에 걸친
실험

경제성장과 교육 및 보건의 증진이 상호 보완적이고 상호 지원적인 관계에 있다는 점은 인도 내 여러 주들의 실제 사례를 비교해보면 명확히 드러난다. 어느새 50년이 다 되어가는 일이지만, 나는 예전에 보편적 문해 능력 보급과 전 주민 대상의 주州 지원 보건을 펼치기 위한 케랄라의 노력에 지지 발언을 했다가 강경한 질타를 받은 적이 있었다. 케랄라가 당시에 인도에서 가장 가난한 주에 속하는 지역이라는 이유를 들며 이런 전략이 실패할 것이라는 단호한 반론에도 직면했다. 하지만 여력이 없다는 논리는 (그 이유를 앞서 설명했듯) 잘못된 주장이었고 케랄라는 빈곤한 여건을 딛고 기어코 보편적 기본 교육 제공과 보편적 보건의 효율적 제도 운영을 이뤄냈고, 여기에 크게 힘입어 건강과 관련된 여러 성과를 거두어 특히 인도에서 가장 긴 기대수명과 가장 낮은 영유아 사망률을 기록하며 다른 지역과 큰 격차를 벌이게 되었다.

케랄라는 당시의 초창기부터 이와 같은 소위 '사회적 성과' 외에 - 내가 상호 보완성의 이론에 반박했던 이들로부터 들었던 비난에도 불구하고 - 경제적 측면에서도 비교적 높은 교육 수준과 건강한 노동력 덕분에 더 빠른 성장이 가능하기도 했다. 어쨌든 건강, 교육, 기술 연마만큼 노동생산성을 끌어올리는 데 영향력이 강한 요소도 없으며, 현대 경제학의 아버지 애덤 스미스도 이런 요소들과 노동생산성의 기본적 연관성에 아주 큰 관심을 기울인 바 있었다.

한때 가난한 주였던 케랄라가 보편적 보건과 교육에 힘입어 인도의 모든 주를 통틀어 1인당 소득이 '가장 높은' 지역으로 올라선 만큼, 경제성장과 인적 재능 향상이 상호 보완적 관계라는 이론에서 (특히 보건, 교육, 성 평등의 향상이라는 형태를 통해) 그 실질적 실체가 드러나고 있다.

이런 이론의 핵심은 경제성장을 촉진시키는 부문의 사회적 인프라의 중대성이다. 그리고 케랄라는 바로 이와 같은 이해를 근본으로 삼아 경제적 측면에서 급속히 성장할 수 있었다. 그것도 (경제적인 측면과 사회적인 측면의 상호 보완적 관계를 기초적으로 다져놓음으로써 훨씬 더 이득을 얻기 위해) 개선이 가능하고, 또 개선되어야 했던 다른 부문에서 정책의 실책을 저질렀음에도 불구하고 말이다.

인도는 그동안 정책 결정에서 물질적, 사회적 인프라의 역할을 등한시해왔다. 하지만 최근 물질적 인프라(도로, 전력 등)에 큰 관심이 쏠리고 있으며, 이 부분에서 구자라트Gujarat 주의 성공 사례가 그 주된 계기로 작용하고 있다. 이런 관심은 확실히 바람직한 현상이며, 물질적 인프라의 중요성 인식은 정말로 필요한 일이다. 하지만 (구자라트의 경우처럼) 어느 한 주가 인도의 다른 주들보다 더 잘 해내면서 1인당 소득과 지출이라는 성적표에서 7위를 차지하게 된 경험을 통해 분별력 있는 지혜를 얻는다면, (현재의 케랄라 주의 경우처럼) 인도의 최빈곤 지역에서 최부유 지역으로 올라선 또 다른 주의 경험을 통해서도 지혜를 얻어야 마땅하지 않을까?

맺음말

현재의 인도 상황을 들여다보면 나쁜 소식들이 감지되고 있지만 좋은 소식이 들려올 가능성도 잠재되어 있다. 독립적이고 민주주의적인 국가는 자국의 문제점을 해결해낼 줄 알아야 한다. 하지만 인도가 지금까지 잘못해온 부분에 대해 더 명확한 분석을 하지 않는다면 별 진전을 이루지 못할 것이다. 정치, 경제, 사회적 실책, 그리고 이세 분야에 못지않게 중요한 문화적 실책을 명확히 짚어봐야 한다. 이 책에 실린 글들은 미력하나마 인도가 현재 직면한 여러 가지 문제들을 다루는 데 도움을 주려는 시도다. 여러 가지 면에서 볼 때 우리에게는 행동 못지않게 상황의 이해도 필요하다.

이 책의 끝에서 두 번째에 실린 에세이 「나의 일곱 가지 소원」은 내가 2014년 1월에 자이푸르 문학 페스티벌에서 영광스럽게도 개막 연설을 맡으면서 했던 연설문을 옮겨놓은 것이다. 나는 이 에세이에서, 오랫동안 이어져온 인도의 전통에 따라 내 요점을 명백히 밝히기 위해 우화적 형식에 상상적 이야기를 풀어놓았다. 그런데 우연히도 그 요점들은 이 책의 주요 주제들 상당수와 연관되어 있다. 바라건대, 그 요점들이 우화가 가물가물 잊힌 이후에도 여전히 독자들의 뇌리에 남았으면 좋겠다.

마지막으로 내가 앞에서 몇 번 거론했던 『베다』에서 나온, 오래된 이야기를 들려주려 한다. 바로 『리그베다』에 나오는 '노름꾼의 탄식' 중한 대목으로, 신심 깊은 이들은 『베다』를 읽으면서 대수롭지 않게 넘기겠지만, 여기에는 많은 시사점이 담겨 있다. 이 대목은 한 노름꾼이 노름에 빠지지 말고 땅을 일구는 등의 뭔가 쓸모 있는 일을 했어야 한다고 뉘우치는 내용인데, 노름을 하지 말자는 이런 합리적 판단에도 불구하고 그는 번번이 노름판에 끼면서 삶을 허비한다. 이 대목은 교훈적이면서도 지적 끌림마저 있다. 적어도 내 생각엔, 이 구절이 현재는 흔한 철학적 문제인 '의지의 나약함'을 세계 최초로 다룬 담론이라고 여겨지며, (고대 그리스인들이 '아크라시아akrasia(자제력 결핍)'라는 명칭으로 다각적으로 고찰했을 법한 문제인) 이 문제는 현대의 철학에서도 아주 중요한 주제다.

학창 시절에 이 대목을 처음 읽었을 때 또 다른 재미를 느끼기도 했다. 현대에서 우스갯소리로 등장하는 장모에 대한 불만을 토로하는 장면 때문이었다. 『리그베다』 속에서 그 노름꾼은 장모에 대한 한탄의 말을 이렇게 내뱉는다. "장모님이 날 싫어하니까 여편네도 나를 옆에도 못 오게 해."

인도인들이 그동안 흔히 보여왔던 결의와 행동 사이의 격차를 감안하면 확실히 이 대목에는 배울 점이 있다. 인도를 병들게 하는 원인을 처음으로 냉철하게 이해해봐야 하며 인도 특유의 병을 근절시키기 위해 극복해야 할 장애물을 인식해야 한다. 그 다음엔 그만큼 중요한 할 일이 또 있다. 바로 행동이다. 올바르게 판단한 결의를 행동에 옮기면서 『리그베다』의 노름꾼처럼 다른 엉뚱한 결론에 이르지 말아야 한다. 그러면 아주 무서워 죽을 것 같은 장모조차도 우리를 어떤 식으로든 예뻐하게 되어 있다.

아마르티아 센

달력을 통해 본
인도의 역사

"달력은 현대 문명에 없어서는 안 될 중요한 도구다." 저명한 과학자이자 인도에서 달력 개혁에 앞장서고 있는 메그나드 사하_{Meghnad Saha}의 말이다. 하지만 달력은 현대만의 필수품이 아니었다. 인류는 현대 훨씬 이전부터 달력의 필요성을 절실히 느꼈을 뿐 아니라 계속 그 필요성을 인정해왔다. 실제로 아주 오래 전부터 이런저런 형태의 달력이 문명 생활의 필수 도구로 자리매김해왔다. 대다수 달력들이 그토록 역사가 깊은 사실이나, 대다수 문명에서 예로부터 고유의 달력을 한 종류 이상 고안해 사용했던 사실은 모두 달력의 이런 위상을 뒷받침해주는 근거다. 한 국가나 한 문화권 내에서도 여러 종류의 달력이 존재했는데, 이런 다양성은 대체로 한 국가 안에 공존하는 여러 집단 간의 서로 다른 중점 사항과 관심사에 따른 것이었다.

달력, 사회와 문화를
이해하는 실마리

달력과 달력의 역사, 용도, 사회적 연관성을 연구하는 것은, 한 국가와 그 국가의 문화에 얽힌 여러 가지 중요한 측면들을 이해하는 데 유용하다. 예를 들어 달력은 대체로 종교적 역할을 하는 만큼 때때로 지역 종교가 현지의 달력과 떼려야 뗄 수 없는 관계로 얽혀 있기도 하다. 사실 전 세계에서 보편적으로 사용되는 국제 달력들조차 '기독교' 달력, '이슬람' 달력, '불교' 달력 등 여러 종류로 분류되어 사용되는 경우가 흔하다. 하지만 달력과 문화 사이의 연관성은 이런 단순한 차원에서 그치지 않는다. 달력을 만들기 위해서는 천문학뿐만 아니라 수학도 활용해야 하며, 달력을 제대로 사용하기 위해서는 문화적 상식과 교양이 필요하다. 따라서 달력의 발달사를 짚어가다 보면 그 사회를 이해하는 데 유용한 실마리를 풍성하게 만나게 마련이다.

한편 한 국가 안에서도 지역별로 현지 시간이 다르다는 점을 감안하면, 공통의 시간 체계와 달력 체계를 사용하기 위해서는 기준 위치(영국의 경우 그리니치)와 기준 자오선(영국의 경우 그리니치를 지나는 그리니치 자오선. 이 그리니치 자오선을 기준으로 한 표준 시간이 그리니치 표준시, 즉 GMT 다)을 정해야 한다. 이런 기준 위치와 기준 자오선의 결정은, 그것이 암묵적 차원이라 해도 정치와 연관되어 있으며 국민의 통합적 관점이 요구된다. (1880년의 확실한 법령 제정을 통해) 19세기 말에 영국에서 GMT를 국가 표준으로 시행했을 당시에 이 결정이 아무런 논쟁 없이 받아들여졌던 것은 아니다. 왕실천문관을 비롯해 자신들 나름의 독자적 지역 시간의 '정확성'을 중시했던 자부심 강한 몇몇 단체들이 반발했다. 옥스퍼드의 크라이스트 처치 칼리지에서는 한동안 건물의 대형 시계에 시곗바늘을 하나 더 설치해 GMT와 지역 시간(GMT보다 5분 늦은 시간)을 동시에 표시했고, "약속 시간에서 5분쯤 늦는 것은 늦는 것이 아니다. 옥스퍼드에서는 그리니치 표준시만이 아니라 태양시 상으로도 늦어야 정말 늦는 것이다."[1]라는 식의 시간개념이 바로 이 크라이스트 처치 칼리지 전통에서 유래되었다. 1884년에 워싱턴에서 개최된 국제자오선회의에서는 그리니치를 기준으로 삼은 자오선이 '모든 국가의 본초자오선'으로 등극했는데(이 결정에 따라 GMT 또한 공식적인 국제적 지위를 얻게됨), 이는 확실히 세계정세에 대한 영국의 지배적 지위가 정치적으로 중요한 역할을 한 결과였다.

이와 같은 연관성 덕분에 특정 사회의 달력의 특성, 형태, 용도를 파헤쳐보면 그 사회의 과학과 수학뿐만 아니라 정치, 문화, 종교에 대해서까지 많은 실마리가 발견된다. 이는 인도 같은 다양성이 높은 국가도 예외가 아니며, 그런 의미에서 지금부터는 달력을 통해 인도를 이해하는 시간을 가져보자.

새천년 축하와 악바르의 관심사

사실 지금은 이런 식의 과제를 풀기에 특히 적절한 순간이다. 지금은 인도에서도 널리 활용되고 있는 그레고리력으로 두 번째 천 년이 마무리되는 시점이니 말이다. 한편에서는 엄밀히 날짜 계산을 하면 그레고리력의 두 번째 천 년은 2000년 12월 31일부로 막을 내린다고 지적하지만, 1999년 12월 31일에 치러진 그 화려한 축하 의식들을 토대로 미뤄보건대 2000년 1월 1일에 이미 세 번째 천 년으로 돌입했다는 식의 또 다른 견해가 적어도 재미를 사랑하는 세계인들 사이에서는 열렬한 지지를 받고 있는 셈이다.

어떤 달력이든 그 특유의 시간 분할은 상당히 자의적이고 완전히 관습에 따라 좌우되는 것이지만, 그럼에도 불구하고 사회적으로 착안된 기념일들은 더러 우리가 살아가는 세계의 특성을 검토하는 데 적절한 근거가 돼준다. 앞서 언급했듯이 지금의 시점은 인도라는 국가의 특성을 이해하기 위해 인도의 달력을 다시 살펴보기에 특히 적기인데, 그 이유는 달력 자체가 현재 인도 내에서 활발히 논의되고 있는 주제이기 때문이다. 달력을 통해 인도를 바라보려는 다양한 방식이 시도되면서 — 즉, 완전히 힌두교 중심의 관점에서부터 극도로 비종교적인 해석에 이르기까지의 여러 가지 시도가 이루어지면서 — 서로 사람들의 주목을 더 끌려는 경쟁이 한창이다.

이 대목에서 짚고 갈 부분이 있다. 400여 년 전에 이슬람력상의 첫 번째 천 년이 완료되었을 때(이슬람력의 그 천 번째 해는 서기 1591년 10월 9일부터 1592년 9월 27일까지에 해당되는 시기였다) 악바르Akbar 황제는 이슬람교가 지배적이긴 하지만 상당히 다종교적이던 인도에서 위와 비슷하면서도 훨씬 더 야심찬 시도에 매진했다. 악바르가 종교적 관용을 옹호했던 일은 알 만한 사람은 다 아는 사실이며, 그가 인도의 세속주의(정교분리)에서 중요한 기본 원칙 한 가지를 마련했다는 점은 마땅히 인정받을 만하다. 하지만 악바르의 행동과 정책은 그런 면 외에도 그 자신이 펼쳤던 인도에 대한 탐구와 해석과도 밀접히 연관되어 있는데, 바로 그런 탐구와 해석에서 달력의 체계가 중요한 자리를 차지했다.

실제로 악바르는 인도에서 신봉되고 있는 여러 종교를 연구하려는 노력과 더불어, 인도인들 사이에서 널리 알려져 사용되고 있는 여러 가지 달력을 이해하려는 노력도 펼쳤다. 그는 노력을 이어가던 천 년의 마지막 십 년 동안(사실 이슬람력으로 992년으로, 서기 1584년에 해당하는 시기)에 인도 전역의 통합 달력 '타리크 일라히Tarikh-Ilahi'를 제안했는데, 이는 그가 인도에서 신봉되는 여러 종교에 바탕을 둔 통합 종교 '딘 일라히Din-Ilahi'를 제안한 것과도 같은 맥락이었다. 두 가지 혁신 모두 명맥을 유지하지는 못했지만, 서로 상호 관계에 있던 이 두 혁신의 동기는 수백 년 동안 꾸준히 주목을 받으면서 오늘날까지도 여전히 큰 의의를 띠고 있다.

오늘날까지 이어지는 의의에 대해서는 이 에세이의 마지막 부분에서 더 이야기해보기로 하고, 우선 인도인들의 삶을 지배해온 주요 달력들부터 살펴보면서 그 정보를 바탕 삼아 인도를 이해해보도록 하자. 이런 관점을 통해서 들여다보면 인도의 문화와 관습은 물론 과학과 사회에 대해서까지 여러 가지 측면을 들여다보는 데 유용한 단서를 얻을 수 있다.

인도의 달력들

인도는 달력 체계가 굉장히 다양하며 저마다 수천 년에 이르는 역사를 지니고 있다. (인도 독립 직후인) 1952년에 설립되어 메그나드 사하가 직접 회장을 맡게 된 공식적인 달력개혁위원회가 조사한 바에 따르면 인도에서 체계적으로 사용 중인 정밀한 달력은 30종이 넘는다.[2] 이 각각의 달력들은 인도에 공존해온 다양하면서도 상호 연관된 지역, 전통, 종교 등의 역사와 결부되어 있다. 그런 점에서 인도에 널리 퍼진 다원론을 볼 때 인도의 달력들이 그 좋은 증거가 될 수 있다.

한편 권위 있는 『휘터커 연감Whitaker's Almanac』에서는 이런 수많은 달력들을 7개의 주요 '인도 연대'로 선별해놓았다. 또한 그레고리력 2000년을 이렇게 선별된 주요 달력의 시기로 환산해놓기도 했다. 하지만 각 달력별로 한 해가 시작되는 시기와 계절이 저마다 다르므로(예를 들어 가장 널리 사용되는 인도의 고유 달력 사카력은 4월 중순인 봄부터 시작된다) 이런 환산치는 꼭 들어맞기보다는 대략적으로 겹치는 시기라고 봐야 한다. 『휘터커 연감』에 따르면 그레고리력으로 서기 2000년은 각각 다음의 시기에 해당한다.

- 칼리유가력의 6001년
- 붓다 니르바나력의 2544년
- 비크람 삼바트력의 2057년
- 사카력의 1922년
- 베당가 지오티샤력의 (5년 윤달 주기 기준으로) 1921년

- 벵갈리 산력의 1407년
- 콜람력의 1176년

물론 인도에서 광범위하게 사용되는 주요 달력은 위에서 열거된 달력들 외에도 더 있다. 자이나교와 연계되어 있으며 (그 사용 기간이 붓다 니르바나력만큼이나 오래된) 유서 깊은 마하비라 니르바나력을 비롯해, 그 이후에 등장한 이슬람력, 파르시력, 기독교적 날짜 체계의 여러 변형, 그리고 이와 더불어 예루살렘 멸망 직후 인도에 유대교가 들어온 이후부터 케랄라 지역에서 사용된 유대교 달력 등이 더 있다.

고대 인도와
그 시대의 달력들

『휘터커 연감』에 나온 인도 달력 도표를 보면 칼리유가력은 지금까지 현존하는 다른 고대 달력들과 비교해 역사가 훨씬 더 긴 것으로 확실시되며, 다른 고대 달력과 일치하는 부분이 별로 없다. 그런가 하면 세계 역사에 대한 종교적 해설과의 연계성이 (굉장히 난해하지만) 수학적으로 정밀하게 묘사되어 있어서 다소 독보적 위상을 지니고 있다(칼리유가는 유가yuga(힌두교 우주관에 따라 세계를 4기로 나눈 것 중 한 시대_옮긴이) 중 가장 마지막이자 가장 짧은 시대로 43만 2,000년 간 지속되었으며, 그에 앞선 다른 3기 유가들은 지속 기간이 그 역순으로 각각 두 배, 세 배, 네 배나 더 길어 전부 합하면 총 432만 년에 이른다). 물론 비크람 삼바트력과 사카력 역시 종종 '힌두력'으로 불리며 『옥스퍼드 연감The Oxford Companion to the Year』 등에서는 거의 예외 없이 '힌두력'이라는 표제 아래에 포함되어 있다. 하지만 두 달력은 어쩌다 힌두교를 믿던 사람들이 그 고안자였고, 종교적인 목적이 특히 두드러지긴 하지만 다목적 용도를 위해 만들어졌으며, 대체로 비종교적인 달력 체계를 띠고 있다. 반면에 칼리유가력은 그 유래부터 정통적인 종교적 취지를 띠고 있다. 힌두교가 유구한 역사를 지니고 있다는 사실에는 의심의 여지가 없는데, 대체로 고대 인도가 주로 힌두교의 나라로 간주되는 만큼 더 오래된 칼리유가력의 위상은 그 자체로 정치적 의의를 지님으로써 한 국가나 한 문명으로서의 인도를 이해하는 데 요긴한 요소로 작용한다.

『휘터커 연감』에 따르면 정말 신기하게도, 지금은 칼리유가력에서도 그레고리력과 마찬가지로 천 년이 - 그것도 무려 여섯 번째 천 년이 - 마감되는 시점에 와 있다. 서로 '천 년기가 겹치다니' 이는 흥미로운 일이다(이런 우연의 일치는 그렇게 자주 있는 일이 아니다). 게다가 인도인들로선 달력 햇수로는 애송이에 불과한 유럽인들이 겨우 두 번째 천 년의 마감을 즐기는 바로 그때, 벌써 여섯 번째 천 년의 마감을 축하하며 저렴한 비용으로 애국심을 과시할 만한 적기를 맞은 셈이기도 하다.

『휘터커 연감』에서 추정하는 칼리유가력의 날짜는 얼마나 신뢰할 만할까? 『휘터커 연감』상의 칼리유가력의 공식적 날짜는 상당히 정확한 편이다. 실제로 이 연감에 실린 추정 날짜는 아주 널리 활용되고 있으며 달력개혁위원회조차 똑같은 추정 기준에 따라 발표한 바 있다(달력개혁위원회에 따르면 서기 1954년은 칼리유가력으로 5055년이었으며, 이 추정치

대로라면 서기 2000년은 정확히 칼리유가력 6001년에 해당). 하지만 이런 방식의 추정 기준에는 따져볼 만한 의문점이 두 가지 있다. 첫째, 칼리유가력이 공식적으로 시작된 날짜(6,001년 전)는 칼리유가력의 분석 체계상 '제로 포인트(시발점)'에 상응하는가? 둘째, 칼리유가력의 그 제로 포인트가 실제 역사적 '시대'를 반영한 것인가?

좀 꺼려지긴 하지만 두 의문 모두 김빠지는 답으로 흥을 깨야 할 것 같다. 첫째, 칼리유가력의 제로 포인트는 6,001년 전이 아니라 5,101년 전(기원전 3101~3102년)이다. 둘째, 이 제로 포인트(5,101년 전)는 이 달력의 사실상의 유래일이 아닐 가능성이 다분하다.

첫 번째 의문에 대한 답변에는 어떤 식으로든 논의의 여지가 없으며 칼리유가력의 우월성을 옹호하는 이들도 제로 포인트가 기원전 3102년이라는 점에는 좀처럼 이의를 제기하지 않는다. 이 제로 포인트는 5세기에 태어난 인도의 위대한 수학자이자 천문학자인 아리아바타 Aryabhata가 남긴 글에서도 쉽게 그 근거를 찾아볼 수 있다. 아리아바타로 말하자면 천문학과 수학, 특히 삼각법 분야에서 기초를 다지는 데 공헌했고, 지구의 일주日周 운동 이론을 제시했던 인물이다(뿐만 아니라 지구가 움직일 때 물체들이 이리저리 요동치지 않는 이유를 설명하기 위해 일주 운동 이론에 상응하는 중력 이론도 함께 제시했으며, 훗날의 6세기에 수학자 브라마굽타가 바로 이 이론을 바탕으로 중력 이론을 더 구체적으로 발전시켰다). 이런 천재적인 인물인 아리아바타가 스물세 살이 되던 해(『아리아바티야』라는 권위 있는 수학서를 저술한 해)에 칼리유가력의 3600년이 마감되었다고 밝힌 바 있다.[3] 이 시기는 사카력으로 421년이며, 사카력 421년은 서기 499

년에 해당한다. 이를 바탕으로 추산하면 서기 2000년이 칼리유가력의 5101년에 해당한다는 결과가 쉽게 도출된다. 이는 인도의 달력개혁위원회가 종합된 모든 증거를 바탕으로 삼아 인정한 결과와도 일치한다. 이 결과에 따르면 천 년기가 겹치는 경사, 다시 말해 그레고리력으로 두 번째 천 년과 칼리유가력으로 여섯 번째 천 년이 겹치는 경사를 축하할 기회를 앗아가 버리지만 그럼에도 칼리유가력이 그레고리력보다 더 유서가 깊다는 위상에는 여전히 별 영향을 미치지 않는다. 어쨌든 5101년은 (적어도 국수주의적 목적상으로는) 상당히 긴 햇수이니 말이다.

곧잘 간과되는 부분인 달력의 실제 역사적 시초와 측정 기준으로서의 제로 포인트 사이의 차이에 대해서도 주목해봐야 한다. 그 차이를 보여주는 한 예로서, 기독교력의 제로 포인트가 예수 그리스도의 탄생 시점이 아니라 그 후에 지정된 것이 명백하다는 사실을 들 수 있다. 칼리유가력 역시 제로 포인트는 아주 명백하지만 그 제로 포인트 자체가 제로 포인트를 비롯한 달력 체계가 채택된 정확한 시점을 그대로 알려주는 것은 아니다.

일각에서는 칼리유가력의 시초(즉, 제로 포인트)가 기원전 3102년에 인도에서 실제로 이뤄졌던 천문학 관찰에 따라 정해진 것이라는 주장을 제기해왔다. 이 주장은 인도의 전통주의자들만이 제기했던 것이 아니라, 18세기에 다른 사람도 아닌 핼리혜성의 궤도를 계산했던 프랑스의 저명한 천문학자 바로 장 실뱅 바이Jean Sylvain Bailly로부터 지지와 호응을 얻기까지 했다. 하지만 위대한 과학자이자 수학자였던 라플라스가 증명해냈듯 이 가설은 정확하지 않을 가능성이 다분하다. (제로 포인트로 전해지는 시기의) 그 주장상의 천문학적 관찰 모습과 기원전 3102년에 하늘에서 펼쳐졌을 법한 모습 사이에는 명백한 불일치가 나타난다. 당대 천문학의 혜택을 입은 라플라스는 이런 계산을 아주 정확히 해볼 수 있었다. 그런 라플라스는 이 고대의 달력은 그 오래된 역사에 대해서는 의심할 바가 없지만 실제의 천문학 관찰을 기념하는 유물로서 받아들이기에는 무리라며, 다음과 같이 주장했다.

> 인도의 달력표는 비교적 아주 정교한 천문학의 증거이지만 모든 점을 종합해보면 아주 까마득한 옛날에 기원한 것이 아님이 드러난다…… 인도의 달력표에는 두 가지 중요한 시대가 있는데, 기원전 3102년으로 거슬러가는 시대와 기원전 1491년으로 거슬러가는 시대로 기독교력 기원 이전의 시대다…… 그(장 실뱅 바이)가 지극히 어려운 주제에 어떤 식의 관심을 부여해야 할지 잘 알았던 사람으로서 제시한 주장임에도 불구하고 내 생각에는 변함이 없다. 이 시대(기원전 3102년부터 기원전 1491년까지의 시대)가 12궁 천체의 움직임과 일치하는 유래를 맞추기 위한 목적으로 부여된 시기라는 생각은 여전히 그대로다.[4]

이 대목에서 잠깐, 일반적으로 관심을 가질 만한 두 가지 쟁점을 짚고 넘어가보자. 첫째, 인용된 글에서 라플라스는 기원전 3102년에 실제로 관찰된 바가 무엇인가에 대해 자주 제기되던 천문학적 주장에 반론을 펴고 있다. 따라서 이 반론은 (칼리유가력의) 역사는 물론이요 (언제, 무엇이 관찰되었는가에 대한) 응용천문학 문제를 두루 살펴본 후의 결론이다. 둘째, 라플라스는 기원전 3102년이라는 날짜를 순전히 독단적으로 다루고 있지 않다. 즉, 그는 이 날짜를 천문학적 차원에서뿐만 아니라 분석적·수학적 차원에서도 균형 있게 다루었다. 이전으로 시간을 거슬러 올라가는 추론은 역사를 해석하는 데 부정확할 수도 있지만 그 자체는 분석적으로 접근해볼 여지가 있다.

사실, 라플라스의 인용 글은 고대 인도의 지성인들이 대체로 최대 관심사로 삼았던 분야가 관찰 과학보다는 수학이라는 견해에 설득력을 더해주는 글로 볼 수도 있다. 이런 견해를 뒷받침해주는 증거는 더 있다. 『아타르바베다Atharvaveda』의 산술적 난문과 서사시에서 느껴지는 숫자적 매력에서부터 파니니의 문법표와 바츠야야나Vatsyayana(남녀 간의 성애를 논한 책 중 가장 오래되고 중요한 『카마수트라』의 저자_옮긴이)의 성교 체위의 숫자 매기기에 이르기까지, 고대의 인도에는 셈과 계산에 집착하는 특징이 두드러진다. 과도할 만큼 많은 인도의 달력들과 상상 속 역사에 대한 분석적 해석 역시 인도의 지적 전통이 담긴 이런 저서들과 특징이 잘 부합된다.

다시 칼리유가력의 얘기로 되돌아가서 한 가지 주목할 만한 부분이 또 있다. 그 기원이 대체로 기원전 두 번째 천 년으로 거슬러 올라가는 『베다』에서 칼리유가력을 사용했다고 확신할 수 있는 증거가 전무하다는 점이다. 사실 『베다』는 달력과 관련해서 논쟁이 분분하며, 다만 확실하게 밝혀진 점은 매해가 30일씩의 12개월로 짜여 있고 5년마다 13월의 윤달을 둔 체계라는 정도다. 가장 오래된 『베다』인 『리그베다』는 태양년(지구가 태양을 일주하는 시간의 길이, 365일 5시간 48분 46초_옮긴이)을 대체로 여러 달과 계절(각각 90일씩으로 이루어진 4계절)로 분류하고 있지만 윤달을 포함하고 있는 보다 정확한 태양년 계산은 『아타르바베다』에서 찾아볼 수 있다.[5] 하지만 칼리유가력에서 활용된 정확한 계산 체계는 『베다』를 통틀어 어디에서도 발견되지 않았다. 적어도 지금까지 우리에게 전해진 양식의 『베다』에 한해서는 그렇다. 대서사시 『라마야나 Ramayana』나 「마하바라타」에서도 노골적이든 은연중이든 칼리유가력에 대한 언급이 전혀 없다. 메그나드 사하와 달력개혁위원회의 동료 위원들조차 이런 증거를 비롯해 또 다른 증거에 근거하여 칼리유가력이 현재와 같은 형식을 갖추게 된 정확한 시기가 아리아바타의 시대인 서기 499년이 아닐까 하는 추정을 내놓았다.

이 추정은 맞을 수도, 틀릴 수도 있지만 칼리유가력이 다른 인도의 고대 달력보다 그 유래가 – 설령 더 길다고 치더라도 – 그다지 많이 길지는 않다는 결론을 피하기는 어렵다. 인도 북부와 구자라트(인도 서부의 주)에서 아주 널리 사용되는 비크람 삼바트력은 유래가 비크라마디티아Vikramaditya 왕의 통치기까지 거슬러 올라가서, 그 제로 포인트가 기원전 57년이다. 하지만 위대한 비크라마디티아에 대한 이야기의 대다수가 신비에 둘러싸여 있는 탓에 비크람 삼바트력의 초기 활용에 대한 증거가 희박해서 비크람 삼바트력의 정확한 역사는 확실한 추정이 어렵다. 하지만 반면에 확실한 사실도 있다. 사카력은 (그것이 역사적 유래라고는 할 수 없지만 아무튼) 제로 포인트가 서기 78년으로 서기 499년 무렵 유용하게 사용되었다는 것이다. 실제로 아리아바타가 칼리유가력 연대를 사카력 연대로 환산했던 점으로 미뤄볼 때, 그 무렵 사카력 연대가 사람들 사이에 잘 알려져서 유용하게 사용되었을 것으로 짐작된다. 사카력(또는 그 외의 고대 달력)의 활용과 관련해서는 현존하는 문헌 증거는 아주 드물지만, 바다미Badami에서 발견된 사카력 465년, 즉 서기 543년으로 거슬러 올라가는 비문碑文이 사카력 연대의 활용을 확실히 입증해 주고 있다(사카력 465년이라면 아리아바타의 글이 쓰인 사카력 421번째 해, 즉 서기 499년 이후로 그리 오래 지나지 않은 시점이다).

『휘터커 연감』의 도표에 나타난 것과 달리, 칼리유가력은 그 밖의 현존하는 달력들을 통틀어서 단독 선두 주자가 아니라는 결론에 다다른다. 사실 현존 달력 가운데 붓다 니르바나력(제로 포인트 기원전 544년)이 사실상 칼리유가력보다 유래 시기가 크게 앞설 가능성도 있다. 붓다 니르바나력 외에 자이나교의 마하비라 니르바나력(제로 포인트 기원전 527년) 역시 그럴 가능성이 다분하다. 이런 달력들의 최초 사용 시기를 가려내기는 힘든 일이지만 기원전 1세기에 스리랑카에서 붓다 니르바나력이 사용되었음을 입증하는 명백한 증거가 있으며, 그 시기는 칼리유가력을 사용한 사실이 확실히 입증된 그 어떤 시점보다 앞선다.

내가 칼리유가력이 인도의 고대 달력으로서 다른 달력보다 그 유래가 앞선다는 주장에 대해 아주 비판적 태도를 취해온 만큼, 이쯤에서 오해를 막는 차원에서 두 가지 견해를 명백하게 설명하고 넘어가야 마땅할 듯하다. 첫째, 내 목적은 칼리유가력의 뿌리 깊은 기원 자체를 부정하려는 것이 아니다. 『베다』에서 언급된 부분을 비롯해 칼리유가력이 인도의 더 오래된 달력들에 의거했다는 증거가 많다. 한편 인도의 고대 유산인 『베다』에는 붓다 니르바나력 및 마하비라 니르바나력과 관련된 증거들이 담겨 있다. 고대 인도가 힌두교만의 인도가 아니라, 인도에서 나름의 유래와 번창을 맞았던 다른 여러 종교들을 가진 선조들의 땅이기도 했다는 사실을 명심해야 한다. 사람들은 흔히 생각하길 인도가 "이슬람교가 들어오기 전까지 힌두교의 나라였다"고 여기는데 이런 생각은 완전한 착각이며, 그 점은 인도 역사의 다른 부문에서 밝혀진 사실을 통해서도 뒷받침되고 있다.

둘째, 인도의 국수주의자들에게는 그레고리력의 두 번째 천 년의 마감과 비교하여 인도의 여섯 번째 천 년의 마감을 축하하는 쾌감을 앗아가는 말이 될지 모르겠지만, 기독교가 유래되던 무렵에 이 아대륙에서는 아직 여러 종류의 달력이 서로 주목을 받기 위해 경쟁을 벌이고 있었다. 물론 현재 기독교력으로 통용되는 달력은 한참 후에 그 형태를 갖추게 되지만 (그레고리력을 포함한) 기독교력이 의거하고 있는 로마력조차 기원전 첫 번째 천 년에 걸쳐 아직 형성되어 가는 과정이었고, 바로 그 시기에 인도 고대 달력들의 체계가 잡혀가고 있었다. 이러한 과정에서 이 시기 동안에는 비교적 고대의 문명끼리 서로 많은 영향을 주고받았고, 그에 따라 이 아대륙 문명에서는 - 또는 그 외의 다른 곳 역시도 - 고유 과정으로 유래된 부분과 한 문화가 다른 문화를 통해 전수받은 부분을 가려내기 힘들다.

증거가 보여주듯 로마인들과 마찬가지로 인도인들도 그리스인들로부터 많은 아이디어를 얻었으나(일종의 천문학 논문 『싯단타스Siddhantas』에서조차 몇 가지 측면에서 그 점을 아주 분명히 인정하고 있다) 그 당시는 그리스인들 역시 인도의 저작들로부터 많은 아이디어를 얻었던 사실을 인정했다. 시리아의 주교 세베루스 세보크트Severus Sebokht가 서기 662년에 (다른 나라에서, 다른 식의 문맥으로) 밝혔듯 '다른 사람들에게도 뭔가 배울 것이 있다.' 칼리유가력이 철저한 검증을 통해 우월성을 잃는다면 애국적 국수주의의 발동은 더욱 어리석은 행위로 전락하는 셈이다(힌두교적 국수주의의 발동이라면 더더욱 그렇다).

변형과 통합

인도에 체계적인 달력들이 아주 다양하다는 사실은 특히 인도의 문화적, 종교적 다양성면에서 중요하다. 하지만 단지 이런 면만으로는 인도를 논할 수 없다. 그 다양성이 아무리 풍부하다 해도, 역사를 거치며 명맥을 지켜온 한 집단으로서의 인도라는 개념이 있기 때문이다. 확실히 곧잘 거론되는 그 주장, 즉 인도가 중소형 단위로 분열되어 있다가 나중에 영국 지배라는 접합으로 거대 영토로 통합된 국가에 불과하다는 식의 주장에서 부정하고 있는 부분이 바로 이런 개념의 존재 자체다.

흔히 영국인들은 자신들이 인도를 '만들어냈다'고 여기는데 이런 식의 몽상적 창시론은 인도를 통합력 면에서 적도 지역보다 조금도 나을 바가 없는 곳으로 여겼던 윈스턴 처칠의 신념과도 일맥상통한다. 하지만 영국 개입 이전에 인도가 하나로 통합된 적이 없다고 판단하는 사람들조차 인도인에게서 한 민족으로서의 일반적 특징을 발견하는 데는 별 어려움을 느끼지 못한다(처칠도 인도인이 "세계에서 독일인 다음으로 가장 끔찍한 민족"이라는 일반화적 견해를 분명히 밝히지 않을 수 없었다). 인도인에 대한 일반화는 (초창기의 '인도 전문가'인) 알렉산드로스 대왕과 아폴로니오스(기원전 3세기 후반의 그리스 수학자_옮긴이)의 고대 시대부터 (인도와 인도 사람들에 대해 아주 많은 글을 남긴) 아라비아인과 이란인 방문자들의 '중세' 시대를 거쳐 헤르더Herder(독일의 철학자이자 문학자_옮긴이), 슐레겔Schlegel(독일의 철학자, 시인, 역사가_옮긴이), 쇼펜하우어의 근세 시대에 이르기까지 꾸준히 이어져왔다. 한편 찬드라굽타나, 아소카, 알라우딘Alauddin, 악바르를 가릴 것 없이 야심만만했던 황제들은 인도의 대부분을 지배하에 두어야 비로소 제국이 완성된다고 여겼던 경향이 있다. 확실히 역사적으로 볼 때 앞으로도 우리는 기존의 '인도인의 나라'가 갑자기 민족국가가 되길 애타게 기다리는 그런 상황이 일어나지는 않겠지만, 한 민족의 근거가 될 만한 사회적, 문화적 유대나 정체성은 웬만해선 잃지 않을 것이다.

그런데 이 대목에서 왜 이 논쟁 분분한 쟁점을 제기했는지 의문이 들 것 같다. 대체 이 쟁점과 달력을 통한 관점이 무슨 상관이 있을까? 사실 종교별로만 다른 것이 아니라 지역별로도 다른 달력의 다양성은 인도의 통합이라는 견해에서 보면 아주 적대적 요소로 보인다. 하지만 여기에서 주목해야 할 부분은 이런 다양한 달력들 대다수가 달月의 측면에서나 해年가 시작되는 측면에서 상당한 유사성을 띠고 있다는 사실이다. 예를 들어, 칼리유가력, 비크람 삼바트력, 사카력, 벵갈리 산력을 비롯한 그 외의 여러 달력들은 1년의 시작이 4월 중순 무렵인 점에서 아주 비슷하다. 증거들이 뒷받침하듯이, 각각의 달력은 대체로 1년의 시작이 똑같이 춘분점으로 고정되어 있다가 2,000년이라는 아주 긴 시간이 흐르면서 바뀌었고, (역시 각각의 달력이 대체로 비슷하게) 그 기간 동안 하루 단위로 1년의 길이에 대한 완전한 값을 얻기 위한 '수정'은 약간씩 불충분했다.

물론 1년은 365일이라는 값이 근사치일 뿐이라는 사실은 달력을 만들었던 인도의 수학자들도 잘 알고 있었다. 인도의 대다수 달력에서는 이로 인한 오차를 메우기 위한 주기적 조정법으로 정해진 계산 규칙에 따라 – 일명 '말마 마사mala masa'라는 – 윤달을 넣는 방식을 취하고 있다. 하지만 이런 수정의 적정성을 판가름하는 관건은 1년의 길이를 정확히 알아내는 일이었고, 이는 각각의 달력들이 갓 고안되었거나 개량 과정에 있던 그 당시의 기구와 지식으로는 힘든 일이었다. 실제로 6세기의 수학자 바라하미히라Varahamihira는 1년의 정확한 측정값으로 365.25875일을 제시했는데 이는 아주 근사한 수치였으나 여전히 살짝 틀린 수치였다. 항성년(지구가 항성을 기준으로 하여 태양의 둘레를 1공전하는 시간_옮긴이)의 길이는 365.25636일이고 태양년(태양이 춘분점을 지나서 다시 돌아오기까지 걸리는 시간으로 회귀년이라고도 함_옮긴이)은 365.24220일이기 때문이다. 인도 북부 지방의 여러 달력들은 이 오차로 인해 춘분점 같은 기준 고정점에서 멀어졌고 그 오차 경향이 서로 상당히 일치했다.

물론 약간씩 오차가 나는 경향의 일치에도 예외는 있다. 인도 남부 지역의 달력들(콜람력 등)과 태음력이나 태음태양력(붓다 니르바나력 등)은 다른 규칙을 따르고 있기 때문이다. 사실, 인도 내에서 달력상의 – 아니, 사실상 문화상의 – 여러 다양성 간에는 두드러지는 일치성(통합성)

을 기대하기 힘든 편이며, 이 부분에서 주목해야 할 부분은 따로 있다. 저마다 별개의 달력을 활용하는 다른 이용자들이 대체적으로 서로의 관행에 보이는 관심이다. 뒷부분에서도 이야기하겠지만, 이런 상호 관심은 인도에 이슬람이 들어온 이후 인도의 무슬림이 이용하는 달력들에까지도 닿는다.

달력의 측면에서 일치하는 관점이 존재하는지 알아보기 위한 한 방법은, 앞에서 얘기한 기준 자오선과 (영국의 그리니치 같은) 기준 위치의 확인이다. 그런데 놀랍게도, 인도의 몇몇 힌두교 왕국들의 수도였던 (게다가 서기의 첫 번째 천 년 내내 풍성한 문학 및 문화 활동의 본거지였던) 고대 도시 우자이니(현재의 우자인)가 인도의 주요 달력들 중 상당수 달력의 기준으로서 위상을 대단히 오랫동안 이어왔다. 그것도 비크람 삼바트력(제로 포인트 기원전 57년)은 이 고대 도시에서 기원된 것이 확실시되니 그렇다 치더라도, 사카력(제로 포인트 서기 78년) 외의 인도의 아주 많은 달력들까지도 우자인을 기준 위치로 삼고 있다. 사실 현재까지도 우자인의 위치는 인도의 시간 기준점으로 활용되고 있다(이런 점에서 보자면 우자인은 인도의 그리니치인 셈이다). 인도인의 삶을 지배하고 있는 인도 표준시는 여전히 우자이니 시간과 근접해서, GMT보다 5시간 30분 앞선다.

현대의 방문객이 아주 수수하고 느긋한 이 도시를 찾는다면 거의 2,000년 전에 아주 유명한 천문학서 『파울리사 시단타Paulisa Siddhanta』가 권위 있는 『아리아바티야』가 나오기도 전에 세계의 세 지점인 우자인, 베나레스, 알렉산드리아의 경도에 관심을 가졌던 사실을 알고 흥미로워할 수도 있다. 우자이니는 인도 문학 속에서 경이로운 모습으로 등장하기도 하며, 특히 산스크리트어 고전 문학계를 통틀어 가장 위대한 시인이자 극작가로 꼽힐 만한 5세기의 인물 칼리다사의 작품에서 더 인상 깊게 묘사되어 있다.

칼리다사 작품 속에 담긴 우자이니의 운치와 멋은 1914년에 E. M. 포스터를 여행길에 오르도록 자극하기도 했다. 포스터는 우자이니를 찾아 칼리다사가 그토록 애틋하게 묘사했던 그 시절의 우자인의 모습을 재현해보고 싶었다. 그는 칼리다사의 작품 속 구절들을 떠올리며 "바늘 하나로도 가를 수 있을 만한 어둠" 속으로 "여인들이 몰래 연인을 만나러 가는" 흥분을 자극하는 밤의 묘사를 머릿속으로 되뇌어보기도 했다. 하지만 그곳의 오래된 유적에서 그는 별 감흥을 얻을 수가 없었고, 지역 주민들은 그의 역사적, 문학적 탐구에 손톱만큼도 관심을 가지지 않았다. 칼리다사가 너무도 낭만적으로 묘사했던 시프라 강의 발목 깊이의 물가에서 포스터는 탐구를 포기하면서 '오래된 건물은 그저 건물이고, 유적은 그저 유적이다'라는 격언에 공감했다.[6] 이제 정치적 힘이나 문학적, 문화적 우월성의 중심은 이미 오래 전에 우자인에서 다른 곳으로 옮겨 갔지만 그럼에도 불구하고 인도의 시간 측정 분야에서 우자인이 여전히 권위를 이어가고 있다는 사실은 확실히 아주 인상적이다. 전통은 결속의 훌륭한 동지가 되어준다는 점에서 말이다.

상호 작용과
융합

　　　　　　　인도의 여러 달력들의 차이점 한 가지는 각각의 종교적 유대성 면에서 나타난다. 앞에서도 이야기했다시피, 이는 다문화주의의 시조인 악바르가 특히 관심을 기울였던 문제였다. 그는 무슬림으로서 여러 가지의 다양한 신앙을 가진 나라를 다스리는 것에 각별히 관심을 기울였다. 이 관심에 대한 이야기는 잠시 후에 다시 이어가기로 하고, 그 전에 우선 확실히 짚고 넘어갈 부분이 있는데, 인도는 이슬람교가 들어오기 전에도 본질적으로 다문화적이고 다종교적인 나라였다는 점이다. 실제로 무슬림에 정복되기 훨씬 전부터 세계의 주요 종교의 거의 전부(힌두교, 기독교, 불교, 자이나교, 유대교)가 인도에 보급되어 있었다. 인도 문명은 불교와 자이나교를 비롯해, 그 이후에 시크교까지도 탄생시켰다. 여기에 더해 인도는 유럽보다 유대교의 역사가 훨씬 길다는 축복을 입었고, 영국보다 2세기나 앞서 기독교를 믿었으며, 이란에서 종교 박해가 시작되었을 때부터 파르시교도(회교도의 박해로 8세기에 인도로 피신한 조로아스터 교도의 자손들_옮긴이)에게 보금자리가 되어주기도 했다. 사실 유대교도는 예루살렘의 멸망 직후 곧바로 인도로 들어왔고, 기독교도는 적어도 4세기 무렵의 이른 시기에 등장했으며, 파르시교도는 8세기 무렵부터 들어오기 시작했다. 무슬림이 북부 지역을 정복하면서 이슬람력의 영향력이 퍼질 당시, 이런 종교들(불교, 자이나교, 유대교, 기독교, 파르시교)과 연관된 다양한 달력들이 이미 힌두교 달력과 더불어 인도에서 번성하고 있었다. 따라서 이슬람교의 전파는 인도 종교의 (그리고 달력의) 폭넓은 다양성이라는 그림을 완성시키는 한 조각에 불과했다.

악바르는 다문화주의 개척 활동을 펼치면서 이런 종교 집단 각각의 종교와 문화에 관심을 기울였다. 아불 파즐이 기록한 바에 따르면, '이바다트 카나Ibadat Khana(참배의 집)'라는 기도 의식에는 다양한 종교의 사람들이 초대되어 주류 종교인 힌두교와 이슬람교의 (그것도 여러 종파의) 학자들뿐만 아니라 기독교도, 유대교도, 파르시교도, 자이나교도, 심지어 무신론의 차르바카Charvaka 학파까지 참석했다고 한다.

악바르가 통합 달력을 도입시키려던 시도는 통합 종교 딘 일라히를 포교하려던 노력과 일맥상통했다. 악바르는 달력의 문제에서 여러 가지 달력(힌두교력, 파르시교력, 자이나교력, 기독교력 등)의 다양성에 주목하는 것만으로 그치지 않고, 새로운 통합 달력을 고안하려는 과감한 조치를 이어서 취했다. 이슬람력상으로 천 년을 얼마 안 남겨둔 이슬람력 992년(그레고리력 서기 1584년)에 그는 '타리크 일라히', 즉 '신의 달력'이라는 뜻의 새로운 달력을 공포했다. 타리크 일라히의 원년은 서기 1556년(악바르가 왕에 즉위한 해)에 해당하지만 이 해가 이 달력의 유래 연도는 아니다. 또한, 이 달력은 이 지역의 힌두교나 이란/파르시교도 달력과 마찬가지로 태양력으로 고안되었으나 이슬람력의 몇 가지 특징도 가지고 있었으며, 기독교력, 자이나교력 등 악바르 치하의 인도에서 사용 중인 현지 달력의 다양성을 잘 아는 사람의 자취가 담겨 있기도 했다. 타리크 일라히가 공식 달력으로 등극한 이후로 인도의 무굴 제국 황제 칙령(파르만farman)에는 통합 달력 타리크 일라히와 이슬람력의 날짜가 병기되었고, 더러는 타리크 일라히만 표기되기도 했다.[7]

타리크 일라히는 원대한 이상에 따라 도입되었으나 무굴 제국의 궁정 외부에서는 적극적으로 수용되지 않은 채 인도 아대륙에서는 여전히 그 이전의 인도 달력들뿐만 아니라 이슬람력이 사용되었다. 악바르가 추진한 이 건설적인 달력은 그가 숨을 거둔 후 오래지 않아 명맥이 끊어졌으나 그의 여러 가지 통합 시도는 인도의 역사에 길이 영향을 미쳤다. 하지만 악바르가 달력에 담았던 그 통합의 열의는 자취도 없이 사라지고 만 것일까?

그렇지 않다. 타리크 일라히의 영향을 받은 흔적이 역력한 벵갈리 산력이 그 열의의 명맥을 이어오고 있으며, 인도의 문화 및 전통을 둘러보면 벵갈리 산력 외에도 (음악, 그림, 건축 등등) 여러 분야에서 이와 같은 통합 노력의 증거가 깃들어 있다. 벵갈리 산력은 현재 기준으로 1407년이 되었다. 혹시 이 1407년에 어떤 의미가 담겨 있는지 아는가? 벵갈리 산력은 악바르의 타리크 일라히로부터 통합적 영향을 받아 16세기 말에 그 연도의 햇수가 '조정'되었다. 다시 말해, 타리크 일라히의 원년인 서기 1556년(이슬람력으로 963년에 해당)을 사용하는 이 벵골의 태양력은, 태양력인 사카력 체계와 아주 유사한 계산법을 채택하고 있는 동시에 태음력인 이슬람력의 날짜 세기 체계가 아닌 날짜 수치 체계에 맞춰 '조정'이 되기도 했다. 즉, 벵갈리 산력에서는 달력의 '시계'가 사카력 1478년에서 이슬람력 963년으로 되돌려졌다는 얘기다. 하지만 벵갈리 산력은 (사카력처럼) 여전히 태양력 체계 그대로였기 때문에 (1년의 평균 길이가 354일 8시간 48분인) 음력 체계의 이슬람력이 벵갈리 산력보다 날짜가 앞서나가면서, 벵갈리 산력은 이슬람력보다 연도가 늦어져 이제

막 1407년이 된 것이다.

끝내 좌절되고 만 타리크 일라히와 마찬가지로, 보다 성공을 거둔 벵갈리 산력 역시 통합을 위한 과감한 시도가 낳은 결과물이며, 그 유래는 타리크 일라히의 통합 실험과 확실히 맞닿아 있다(간접적으로는 악바르의 다문화주의와도 이어져 있다). 벵골의 힌두교도들은 현지 달력에 따라 종교 의식을 치르면서도 잘 모르고 있을 테지만, 사실 그 달력상에 표시된 힌두교 관례상의 기념일들은 원래 메카에서 메디나에 이르기까지의 마호메트의 여정을 기리기 위해 조정된 것이다.

인도의 다문화주의 전통은 인도 역사상 바로 지금 현재의 순간에 특히 되새겨볼 만하다. 지금은 인도의 세속주의가 새롭게 떠오른 무관용 세력이나 정치적으로 양산된 이런저런 식의 광신적 행위에 때때로 도전받고 있는 시기이기 때문이다. 현재 세속주의와 관련해서 공격이 가해지는 초점은 그 개념만이 아니다. 계몽운동 이후 유럽에서 태어나고 길러진 세속주의 개념이나, 본질적으로 따져서 영국이 인도로 가지고 들어온 '서구적' 세속주의 사상만이 아니라, 서로 다른 문화들에 자리를 내어줄 줄 아는 오랜 전통, 그러니까 인도의 과거 속에 그 수많은 사례가 명확히 담겨 있는, 인도 달력의 역사를 통해서도 어느 정도 예증되고 있는 그런 전통 역시 공격을 받고 있다.

맺음말

　　결론이라고 해서 지금까지의 이야기를 모두 간추릴 생각은 없지만, 이 글에서 관심 있게 다루었던 주요 내용 몇 가지를 다시 한번 강조하는 것이 좋겠다. 첫째, 인도에는 정교한 체계의 아주 다양한 달력이 있다. 이런 다양한 달력들은 인도의 문화 및 사회의 특정 측면을 이해하는 데 유용한 길잡이가 되어준다. 나는 인도의 주요 달력들을 살펴보는 것에서 그치지 않고, 그 달력들이 사용되는 나라를 이해하기 위한 시도로서 이런 달력들의 특징, 유래, 역사에 대해서도 짚어보았다. 그중 일부분은 결론이 아주 확실했다. 예를 들어, 고대 시대의 달력으로 주장되는 칼리유가력이 그 발달 형식상 사카력(또는 비크람 삼바트력)이나 붓다 니르바나력이나 마하비라 니르바나력 같은 일부 비힌두교 달력보다도 역사가 길지 않으며, 어쩌면 훨씬 짧을 수도 있다는 점이다. 한편 달력을 토대로 끌어낸 결론 중에는 비교적 불확실한 것들도 있었다. 인도의 전통 문화가 관찰 과학보다는 수학과 분석적 논증에 훨씬 더 강하게 집착해왔다는 추론이 그 예였다. 이 추론은 임시적 가설에 불과해서 기껏해야 어떤 식으로든 확실한 답을 주기보다는 문화적 측면에서 초보적 의문을 던질 뿐이다. 이쯤에서 밝혀 두지만, 누구든 최근에 인도가 컴퓨터 소프트웨어의 강국으로 부상 중인 현상을 일종의 코베리나 갠지스 강변 천 년 역사의 자연선택(natural selection, 환경에 적응한 개체가 자연적으로 선택되어 살아남고 그 형질이 후대에 유전된다는 것_옮긴이)과 연결시키고자 한다면 나는 불만스레 이의를 제기할 것이다! 하지만 유전적 경향이 아닌 문화적 경향은 여전히 흥미로운 탐구 영역이다.

둘째, 인도의 다양한 달력들은 인도가 (이슬람교가 들어오기 훨씬 전부터) 수천 년 동안 상당히 다원론적이었음을 암시한다. 그런가 하면 달력의 체계들은 통합 경향에 대한 예증이기도 한데, 특히 서로 일치하는 기준 자오선을 사용한 것이 그 좋은 예로서 우자인은 현재와 마찬가지로 2,000년 전부터 인도 표준시 형태로서 인도 시간의 기준 위치로 사용되어 왔다.

셋째, 이슬람교의 등장과 무슬림의 지배는 지난 천 년 동안 인도에 지대한 영향을 미쳤다. 하지만 통합적 경향은 계속 이어졌고 무굴 황제, 악바르의 행적에서 그런 경향이 특히 두드러졌다. 종교 체계와 달력 체계에서 (각각 딘 일라히와 타리크 일라히를 통해) 병행하여 행해졌던 그의 통합 시도는 결과적으로 수포로 끝나고 말았으나 딘 일라히와 타리크 일라히로 상징되었던 그 이상은 수많은 통합의 결실을 낳았다. 물론 이런 결실의 뚜렷한 예는 인도의 음악, 시, 그림을 비롯한 여러 문화 분야에서 풍성하게 깃들어 있고, 이 모두는 악바르가 자신의 다문화주의 원칙의 일환으로 펼쳤던 달력 통합 시도와 간접적으로 맞닿아 있다. 사실, 달력 통합조차 어느 정도는 벵갈리 산력의 달력 형식을 통해 여전히 그 명맥이 이어지고 있어서, 벵갈리 산력은 악바르가 처음 시도했던 통합 시도의 유산이나 다름없다.

현재 인도는 인도의 문명과 사회를 해석하려는 서로 상반된 시도에 휘말려 있기는 하지만, 나는 믿는다. 달력을 통한 관점이 그와 연관성 있으면서 유용한 통찰력을 제시해주고 있다고. 사실, 달력에는 단지 달月이나 해年만이 아닌 그 이상의 많은 의미가 담겨 있다.

놀이와 목소리:
침묵을 깨는 힘

불공정, 불평등, 빈곤, 기아, 독재, 무지, 배척, 착취 등의 수많은 질병이 현대 세계를 유린하고 있다. 우리는 단호하고 결연히 이런 질병들에 맞서 싸워야 한다. 힘겨운 장벽들을 극복해야 하는 만큼 그 싸움은 여러 면에서 다소 암울한 싸움이 될 수밖에 없다. 대개는 이런 견딜 수 없는 폐단을 근절시키기 위해 필요한 변화에 극렬히 반대하는 세력들과 싸워야 한다는 사실에서 그 암울함이 더해진다.

하지만 불공정에 저항할 수 있는 방법에는 여러 가지가 있다. 암울한 싸움이라고 해서 반드시 험악한 방식을 취할 필요는 없다. 가령 놀이도 저항의 수단이 될 수 있다. 독재나 착취, 극심한 불공정에 맞서기 위한 시도에서 놀이가 사람들에게 – 심지어 약자들에게조차 – 부여해줄 수 있는 목소리의 중요성을 인정해야 한다.

물론 누구나 다 알겠지만 놀이는 그 외의 장점들도 많다. 오락과 게임은 기분을 전환시켜주고, 건강 유지에 도움을 주며, 상상력을 자극시켜주는가 하면, 아이디어와 비전을 떠올리게 한다. 또 최근의 의학적 조사를 통해서도 밝혀진 바이지만 놀이를 자주 즐기는 사람들이 급성 심장마비에 걸릴 위험이 낮은 편으로 나타났다(급성 심장마비의 위험성을 낮추는 것을 주된 이유로 삼아 놀이를 찾는다면 그것은 다소 슬픈 일이 되겠지만). G. K. 체스터턴G. K. Chesterton은 이렇게 말했다. "모든 인간 삶의 참된 목표는 놀이다. 지상은 일을 해야 하는 정원이고, 천국은 놀이터다." 정말 맞는 말이지만 놀이의 유익함은 개인의 삶의 질을 높여주는 것만으로 그치지 않는다. 우리는 놀이를 즐기는 모습을 보여주기도 하는데, 이는 이 주장을 정말 효과적으로 뒷받침하는 한 방법이다.

사실, 놀이를 통한 목소리의 활용은 불공정에 저항하는 측면에서만 유용한 것이 아니다. 인간에 대한 더 종합적인 그림을 그리게 해주기도 한다. 즉, 종교적이든 정치적이든 그 어떤 면으로든 인간 특성의 일차원적 면만을 보려는 편협함을 넘어서게 해준다. 예를 들어, ('『베다』의 유산과 깊게 결부된 시대로 거슬러 올라가는) 고대 인도의 '망토' 빼앗기 놀이를 통해 당대 사람들이 『베다』 찬가의 찬송에만 빠져 지낸 것이 아니라 그 외의 다른 활동도 했음을 짐작할 수 있다. 놀이가 전하는 메시지는 고대 인도의 상황에 더 종합적인 이미지를 부여해주곤 한다. 로마의 시인 오비디우스도 "그 사람이 즐기는 놀이가 그 사람을 말해준다"고 말했다. 놀이도 하나의 언어로서 역할을 할 수 있다.

놀이의 목소리는 이처럼 중요한 요소인데도 그 중요성에 비해 충분한 주목을 받지 못하고 있다. 그런 의미에서 놀이가 목소리로서 지니는 아주 다양한 측면 가운데 몇 가지를 간략히 이야기하고자 한다. 먼저 억압과 불공정에 대한 저항 측면에서 살펴보자.

조롱이라는
무기

　　　　　미 상원 의원 조지프 매카시의 주도하에 결성되었던 미국의 반미활동조사위원회에 대해 생각해보자. 이 마녀사냥식 위원회는 공산주의자들을 색출한다는 미명하에 미국의 민주주의와 정치적 자유를 쇠퇴시키는 데 막대한 역할을 했다. 유력 집단들이 (심지어 어느 단계에서는 미 육군조차도) 점차 여기에 반감을 나타냈음에도 반미활동조사위원회는 매카시 의원의 위신 추락 이후에도 활동을 이어갔으며, 중간에 이름이 변경되긴 했으나 1975년 폐지 직전까지 명맥을 지켰다. 새로운 명칭의 이 위원회는 새로운 역할을 맡았다. 1960년대와 1970년대의 미국의 베트남전 반전운동을 빌미로 권위주의적 압박을 가하는 일이었다.

　반미활동위원회가 가혹한 압박을 펼치던 이 기간 중 가장 흥미진진하고도 결정적인 순간을 꼽자면 별난 옷차림으로 출석해 그 위엄 있는 위원회의 무게감을 깎아내렸던 제리 루빈Jerry Rubin과 '동료 공모자들'의 등장이었다. 이들의 옷은 발칙하고 또 재미있었다. 그런 식으로 위원회의 위신이 추락하자 그 뒤부터 이 침울한 분위기의 위원회는 우스꽝스러운 이미지를 피하기 어려워졌다. 루빈은 그날그날 다른 옷차림으로 위원회에 출석했다. 어떤 때는 (장난감 M16 소총까지 둘러매고) 베트콩 군인의 옷을 입고 나오는가 하면, 또 어떤 때는 산타클로스 차림으로 출석했고, 한 번은 미국 독립혁명의 영웅 폴 리비어Paul Revere처럼 입고 나오기도 했다. 루빈을 비롯해 고발당한 또 다른 '공모자들'은 일명 이 '시카고 7인'의 재판을 일종의 무대로 바꿔놓았고 대중은 일일 드라마를 보듯 전개를 궁금해 하며 흥미롭게 지켜보았다.

이 흥미진진한 자작自作 놀이를 통해 루빈과 (애비 호프먼Abbie Hoffman 등의) '공모자들'은 독재적 위원회가 애초에 부여해줄 의도도 없었던 목소리를 얻어냈다. 한편 루빈과 그 동료들은 뉴욕 증권거래소의 발코니에서 지폐를 던지는 방식으로, 남들과 다른 - 하지만 의미 있기도 한 - 주장을 펼치기도 했다. 이들은 증권 중개인들이 불로소득으로 돈을 벌어들이려 모든 거래를 보류하고 있을 때 킬킬 웃으며 모욕감이라는 상처를 입히면서 희열을 느꼈다. 말하자면 놀이를 통한 크고 분명한 목소리로, 다른 식의 공격으론 끄떡없었을 상업 문화에 일침을 가했다.

제 가치를 인정받지 못하고 있긴 하지만 사실, 놀이는 사람들에게 - 심지어 약자들에게도 - 목소리를 부여하며 그 목소리는 어떤 식으로 얻은 것이든 사회적 재고再考를 위해 중요한 역할을 할 수 있다. 누군가와 놀 수 있다는 것은 잠재적 목소리를 갖는 것이며, 이는 그 목소리가 소리 없는 말의 형태를 취하더라도 마찬가지다. 루빈과 그의 동료들은 그 점을 잘 알았고, 청문회를 일종의 게임 무대로 '재설정'하기로 결정함으로써, 이들 '공모자들'을 청문회에 강제로 출석시킨 이상 위원회로서도 틀어막을 수 없게 된 목소리를 거머쥐게 되었다.

위신을 살짝 실추시키는 일은 실제로 싸움의 효과적인 수단이 되기도 한다. 그 한 예로 오래 전인 1930년대에 이탈리아에서 있었던 일화를 들 수 있다. 파시즘에 대한 저항이 막강한 세력에 맞서서 지속되고 있던 때의 이야기이다(이 일화를 들려준 사람은 이제는 저 세상으로 떠난 아내에바 콜로르니Eva Colorni인데, 사실 아내의 아버지는 로마에서 「아반티Avanti」라는 사회주의 비밀 신문을 편집하고 있다가 파시스트 경찰의 총에 맞아 사망했다). 들은 바에 따르면 당시에 파시스트당의 정당 모집원이 시골의 어느 사회주의자를 파시스트당으로 끌어들이려고 설득을 벌였다. 그의 설득에 시골의 사회주의자는 이렇게 대꾸했다. "내가 어떻게 파시스트당에 들어가겠소? 아버지도 사회주의자였고 할아버지도 사회주의자였는데 말이오. 나는 절대로 파시스트당에는 못 들어갑니다." 파시스트 정당 모집원은 말이 안 통하는 답답한 입씨름에 지치고 정치 논리도 바닥이 나자 이렇게 물었다. "대체 그게 말이 되오? 그럼 당신 아버지가 살인을 저질렀고 당신 할아버지도 역시 살인자였다면 어떤 식으로 말할 거요? 한번 말해보시오." 그러자 시골의 사회주의자가 대답했다. "그랬다면, 당연히 파시스트당에 들어가겠지요."

이런 대답에 그 파시스트 정당 모집원이 허를 찔리거나 말문이 막히지 않았을지 모르겠지만, 이 이야기가 사람들 사이에 환호를 사며 입소문을 타고 퍼지면서 그 독재 정권의 권위에 가볍지만 확실한 손상을 입히는 데 한몫을 하기는 했을 것이다. 재미는 더러 싸움에서 강력한 수단이 되며, 독재의 저항에서 과감히 놀이를 채택할 경우 더러 그 몫을 톡톡히 하곤 한다.

이번엔 아프리카계 미국인 코미디언인 딕 그레고리가 언젠가 청중들 앞에서 펼쳤던 입담을 예로 살펴보자. 그는 길쭉한 고깔모자를 뒤집어쓰고 다니며 살인까지 저지르는 인종주의자 단체 KKK의 단원들에 대해 자신이 엄청난 비밀을 알고 있다며 이렇게 말했다. "이건 아는 사람이 별로 없는 이야기인데, 사실 그자들은 머리 생김새도 그 뒤집어쓰고 다니는 모자랑 똑같이 생겼습니다."(직접 확인해보길 좋아하는 인간의 속성 상) 누구든 이런 말을 들으면 그 가혹 행위를 저지르는 자들의 가려진 얼굴을 벗겨내 어떻게 생겨먹었는지 확인하고픈 흥미가 발동되기 마련이다. 이런 유머의 재미있는 발상은 인종차별주의자들을 무력화시키는데는 별 도움이 안 되더라도 그들의 위신을 실추시키는 쪽으로는 유용하다.

공상적인 코미디나 잘 짜인 정치 풍자만화가 약자들의 목소리를 강력하게 대변해줄 수 있는 이유 중 하나가 바로 이러한 유용성에 있다. 이런 코미디나 풍자 이야기에서는, 풍자 코미디의 대가로 인정받는 찰리 채플린을 빼놓고는 말할 수 없다. 특히 「모던 타임스Modern Times」에서 공장 생산 라인 노동자들의 좌절을 묘사한 장면은 하나의 호소력 있는 웅변이었고, 이 웅변이 전하는 파격적인 메시지를 더욱 부각시킨 것은 사람들이 그런 김빠지는 활동을 당연히 동경할 것이라고 생각한 어리석음과 불합리함이었다.

이와 같은 관점은 훨씬 폭넓은 활용이 요구되며 실제로 그와 관련된 예를 고대 인도의 놀이에서도 찾아볼 수 있는데도, 문학계에서 놀이는 조롱의 무기로서 아직까지도 합당한 주목을 받지 못하는 편이다. 아무튼 고대의 예에 해당되는 바사Bhasa의 『다리드라차루다타Daridracharudatta』나 슈드라카의 『므리치치하카티카』는 부유층과 권력층에 대한 의혹을 잘 묘사한, 찬사받아 마땅한 작품으로서 상당히 비판적일 뿐만 아니라 웃음이 나올 만한 조롱적인 묘사를 통해 부패와 권력의 남용이 그들의 높은 이상적 공언과 대비되어 점점 부조리하게 부각된다. 이런 놀이가 지니는 혁명적 의의는 사실상 주목을 받아오긴 했으나, 불만을 표출하는 전략으로서의 문학적 실험은 아직도 더 활발히 이루어질 여지가 있다.

게임과 놀이

이번엔 (극문학과 놀이보다는) 게임과 놀이의 측면으로 다시 돌아가서 얘기해보자. 사실 위신 깎아내리기 게임은 기획하기가 그리 쉬운 것은 아니다. 게다가 그런 게임을 착안하거나 채택할 경우 그로써 무엇을 이루려는지에 대해서도 확실히 따져봐야 한다. 가령 아프가니스탄 탈레반 정권의 막강한 지도자들이 여자들을 머리부터 발끝까지 가리게 단속하고, 이교도 남자들로부터 안전면도기를 몰수하며 다니기보다는 피통치자들과 함께 게임을 펼치게 한다면 어떨까? 혼합 복식 테니스 게임 같은 것을 기대하기에는 좀 무리일지 모르겠지만, 말없고 조신한 여자들에게도 꽤 할 만한 게임인 점잖은 체스 게임이라도 같이 펼치게 한다면 탈레반 지도자들의 영혼을 개선시키는 데 도움이 되지 않을까? 특히 찰스 두들리 워너Charles Dudley Warner가 한 말처럼 "체스에서 여자에게 지는 것처럼 남자에게 치욕을 안기는 일도 없다"고 하니 말이다. 이것은 확실히 기발한 치욕이며 더 나은 세상을 세우는 데 도움이 될 수도 있다.

앞에서도 얘기했다시피 놀이는 다른 여러 방면으로도 유용할 수 있다. 예를 들어, 놀이는 사람들을 단결시킨다. 게임의 이런 우호적인 목적에 대해서나 대립을 단합으로 전환시켜 주는 역할에 대해서는 그 인식이 점차 높아져왔다. 고대 그리스인들도 이런 역할을 아주 잘 의식했고, 원래 올림픽이 착안된 것은 운동선수의 탁월한 실력을 펼쳐 보이는 행사로서만이 아니라, 전쟁터에서의 전투와는 달리 서로 화기애애하고 더 정겹게 어울리기 위한 행사로서의 취지도 있었다. 현대 세계는 올림픽을 되살리는 식으로, 또 그 외의 다른 방식으로도 게임과 결부된 단합 행사를 확대시키면서 이와 같은 고대의 지혜를 어느 정도 인정해왔다. 말이 나온 김에 덧붙이자면 인도의 올림픽 게임 성적을 감안할 경우, 어쩌면 인도인들에겐 다른 대다수 국가들에 비해 올림픽의 '메달 획득' 측면보다 '단합' 측면을 강조할 만한 근거가 더 많아 보인다.

게임이 전해주는
인상

인도와 파키스탄, 이 두 국가 중 한 곳에서 국가 간 크리켓 경기를 재개하면 두 국가가 서로 지금과는 다른 대화를 나누는 데 확실히 도움이 될 것이다. 카슈미르(인도 북서부 지방으로, 1947년 이래 인도 · 파키스탄의 분쟁 지역_옮긴이), 핵폭탄 등이 아닌 다른 문제들을 놓고 서로 귀를 기울이면 서로에게 극렬한 태도를 누그러뜨리는 데 조금은 도움이 될 것이다. 특히 지금의 시점에서 이런 태도 완화는 그 자체만으로도 중요하다. 각 정부 사이에서 다툼의 불씨를 해소하거나, 핵 개발과 미사일 배치 같은 위기일발의 활동에서 관심을 거두게 하는 데는 별 도움이 안 된다 해도 말이다. 핵 모험을 흔히 '불장난(불놀이)'에 비유하는데 나는 이 비유를 단어의 괘씸한 오용이라고 본다. 이는 놀이라는 말에 대한 명예훼손이다.

물론 인도와 파키스탄은 여러 면에서 서로를 잘 알고 있기 때문에 두 나라의 관계는 아주 특이하다. 하지만 뜨겁게 논쟁을 벌이다 보면 그 아는 것을 잊어버리는 경향이 있는데 이는 아주 놀라울 정도다. 여러 가지 논쟁에 휘말려 있는 상황에서는 상호 무지와 불통이 서로에 대한 의심을 부추기기 십상이다. 게임은 서로의 국가나 그룹이 상대도 같은 인간임을 더 분명히 느끼게 한다.

게임은 국경 너머로 문화와 과학을 전파하는 데도 큰 영향을 미칠 수 있다. 사실 이와 같은 과학, 수학, 문화적 성과의 보급은 상대 문화에서 인간미와 호감을 느끼는 측면과 밀접히 결부되어 있다. 가령 조르주 이프라George Ifrah는 저서 『1에서부터 0까지From One to Zero』에서, 인도에서 유래된 십진법의 아라비아 세계로의 전파 (그리고 그 이후의 서방 세계로의 전파)에 대해 다루며 인도의 오락에 대한 아라비아인들의 흥미가 십진법의 전파에서 부차적 역할을 했음을 지적했다. 그러면서 한 예로 중세 아라비아 시대의 알 사브하디al-Sabhadi라는 바그다드 시인이 했던 다음 말을 인용했다. "인도라는 나라가 자부심을 갖는 것이 세 가지가 있는데, 바로 (십진법의) 계산법, 체스 게임, 『칼릴라 와 딤나Kalila wa Dimna』(전설 및 우화 모음집)다." 십진법 계산술이 전파됨과 동시에, 그 십진법과 연관된 사람들은 물론 그 사람들이 즐기고 자랑스러워하는 게임에 대한 관심 역시 확산되었다.

사람은 자기 자신이나 상대를 즐겁게 해주려는 경향이 있는데 이런 경향은 어떤 의미에서 보면 사람을 파괴적 삶의 방식보다는 건설적 삶의 방식에 더 몰두하게 해주어 더 인간미를 띠게 한다. 다른 땅, 다른 문화권에 사는 사람들에 대한 의심과 두려움은 대개 그 사람들에 대한 무지에서 비롯되며, 그 사람들에 대해 무엇이든 아는 것이 있다 해도 서로 폭력에 휘말릴 만한 몇 사람에 대해서만 아주 조금 아는 정도에 불과한 경우가 비일비재하다. 반면에 외국인들도 쉽게 낄 수 있는 (그리고 그들 자신도 즐기는) 게임을 알고 있으면 건설적 인식을 유도할 수 있다.

물론 우리가 함께 게임을 하면서 서로에게서 언제나 긍정적이고 호의적인 성격만 인식하게 되는 것은 아니다. 더러 사람들은 이기는 것에 과도하게 격앙된 나머지 냉정을 잃고 바르게 행동하지 못하며, 심지어 (승부 조작단의 도움을 통해서든 아니든 간에) 꼼수를 쓰기까지 한다. 하지만 한편으론 열정, 온정, 아량이, 또 한편에서는 경쟁심, 흥분, 게임상의 간교함이 서로 어우러지면서 사람들의 자연스러운 모습이 다채롭게 비춰지기도 한다. 현대 세계에서 폭력과 살인의 프리즘을 통해서 비춰지는 외국인 관련 뉴스 보도의 내용과는 다른 식의 모습을 보여준다. 그리고 그모습 속에서 불완전한 결점들이 비춰진다 해도 일반적 뉴스 보도에서 조장하는 듯한 그런 의혹과 불안을 조금은 희석시켜 주는 경향이 있다.

지타 메타Gita Mehta는 현대 인도의 단면을 체스처럼 인도에서 유래된 '뱀과 사다리 게임'에 비유한 바 있다.

인도의 전통 게임인 뱀과 사다리 게임은 아주 단순하다. 주사위를 굴려서 나온 수만큼 말을 움직여 칸을 이동하면서 100번째 칸에 도달하면 승리하는 게임이다. 우리가 어렸을 때 이 게임을 즐겼던 이유는 예측할 수 없는 짜릿함 때문이었다. 그만큼 이 게임은 주사위를 던져서 나오는 숫자에 따라 운이 결정되었다. 하지만 그게 다가 아니었다. 보드판에 딱딱 맞춰 배열된 사각형 칸들 위로 사다리와 턱을 쩍 벌린 뱀들이 비스듬하게 가로질러 놓여 있어서 곳곳에 위험 요소가 도사리고 있기도 했다. 사다리 밑에 도달하면 그 사다리를 타고 위로 이동할 수 있어서 어떤 때는 한번에 30칸을 이동하기도 했는데 그것이 바로 이 게임의 묘미였다. 반면 99번째 칸까지 갔다가 요란한 색으로 그려진 뱀을 만나는 경우도 있었다. 그러면 뱀의 꼬리 쪽으로 미끄러져 내려가게 되고 그러면 게임 상대들은 좋다고 신나하며 앞서나가곤 했다.[2]

개인적으로 나는 현대 인도의 삶에 대한 지타 메타의 이 비유가 아주 적절하다고 본다. 뿐만 아니라 이 비유는 놀이와 삶의 긴밀성, 즉 상대방이 어떤 게임을 즐기는지 알게 되면 그들이 어떤 식으로 살아가고 어떤 사람들인지를 더 친밀히 이해하는 데 유용하다는 점에 주목하게 한다.

어리석음의 힘

놀이와 게임을 통해 전해지는 상대의 목소리에서는 종종 선뜻 공감이 갈 만한 약점이 느껴지기도 한다. 사실, 어떤 사람의 약점을 확실히 이해하는 것은 그 사람을 진짜 인간으로서 느끼게 되는 데 아주 유용할 수 있다. 지금 현재, 인도에서 적극 장려되고 있는 힌두교 전통의 정치적 부흥에 힘입어 『베다』가 많은 숭배를 받고 있다(이런 숭배자들 중에는 산스크리트어를 한 줄도 읽어본 적이 없는 사람들도 많다). 물론 『베다』는 상당히 흥미로운 책이지만 오로지 『베다』 찬가와 종교적 추종에만 관심을 둔다면 『베다』의 작품에 등장하는 사람들에 대해서는 어떤 식으로든 이해해볼 길이 없다. 재미를 좇는 등장인물들이 처한 곤궁에도 관심을 기울여야 한다(이런 곤궁은 특히 『아타르바베다』에 많이 실려 있다). 'Veda'라는 단어가 'video'라는 현대적 오락의 어원과 똑같은 인도-유럽어의 뿌리를 가지고 있다는 사실을 상기시키기에 썩 유쾌하지 않더라도 말이다.

특히 관심을 가져볼 만한 부분은 이 등장인물들에게서 엿보이는 인간으로서의 약점이다. 이런 약점은 단순한 종교적 추종자로서의 평면적 모습을 넘어 인간미까지 느끼게 해준다. 네 권의 『베다』 가운데 첫 권인 『리그베다』는 도박 중독자가 등장한다. 이 도박꾼은 자신의 처지를 몹시 한탄한다. 다음이 바로 3,000년도 더 전에 이 남자가 털어놓은 하소연 가운데 한 구절이다. "장모님이 날 싫어하니까 여편네도 나를 옆에도 못 오게 해. 도박꾼은 도박에서 져도 동정받지 못해. 도박꾼은 누구에게도 인기가 없어. (나는) 팔려고 내놓은 늙은 말과 같은 신세야."

확실히 이 도박꾼은 도박벽을 걷어차는 데 상당히 애를 먹었다. 『리그베다』 속에서 그는 나름의 분별 있는 이유를 대며 이렇게 맹세한다. "앞으로는 도박을 하지 않겠어. 친구들에게 이런 식으로 멸시당하며 살 수는 없어." 하지만 그 후로도 여전히 유혹을 뿌리치지 못하고 도박판에 끼게 된다고 스스로 털어놓는다. "바람난 여자처럼 자꾸 그곳으로 발길이 향하게 돼." 그러다 도박꾼의 기질을 가진 이들에게 보내는 조언으로 말을 맺는다. "주사위를 가지고 놀지 말라. 자신의 밭을 갈고 얼마가 되었든 버는 돈을 많다고 여기며 만족하라."

이 모든 이야기에는 교훈이 담겨 있지만, 심한 도박벽으로 고생하는 이 인물에게는 호감이 가지 않는다. 그러나 이런 모습은 후대에나 다른 나라들에서도 흔히 나타나게 마련인 인간의 우둔함이기도 하다.

인간의 무분별함은 개별적 특징이 아니라 보편적 특징이므로 이런 이야기는 우리에게 『베다』의 인물들이 멀게 (심지어 이질적으로까지) 느껴지기보다는 정감이 느껴지게 해준다. 게다가 내 생각엔, 이 이야기는 쉽사리 사그라들지 않는 어리석음의 힘을 보여주는 증거이기도 하다. 『리그베다』에서의 이 반反도박적 시는 수 세기가 지나는 사이에 그 역할이 변하면서 주사위를 던져서 도박판을 벌이기 전에 다소 기도문 같은 시로 진전되어, 그 이후의 도박꾼들 사이에서 도박에서의 행운을 비는 의식으로 자주 암송되었다.[3] 처음엔 도박벽을 걷어차 버리라는 호소로 전해지던 시가 이제는 그 도박벽의 한 부분이 되고 만 셈이었다.

고대 인도 이야기 중에는 주사위와 관련된 유명한 이야기 한 편이 또 있다. 인도의 학생들도 다 아는 「마하바라타」 속 이야기, 즉 유디스티라가 무분별한 주사위 게임으로 자신의 왕국을 잃는 이야기다. 이는 유디스티라의 이미지를 실추시키긴 하지만, 모르는 것이 없고 지나치게 결점이 없는 대서사시 속 이 인물을 조금은 더 인간적으로 느끼게 하면서 더 선뜻 연민이 들게 한다.

에필로그가
필요 없는

목소리는 구제를 요구할 때, 강력한 주장을 펼칠 때, 상대를 멋들어지게 모욕할 때, 의견을 나누고 일을 도모하고 이의를 제기할 때 등등 여러 가지 상황에서 중요한 역할을 맡는다. 상호 작용에서는 대체로 목소리가 매우 중요하며, 그것은 민주주의를 유용하게 활용하는 측면에서도 마찬가지다. 이와 같은 목소리를 주제로 다룬 연구들은 대부분이 다소 엄격한 소재를 적용하는 편이지만, 놀이와 게임도 목소리를 부여해주며, 놀이와 게임을 통한 이런 목소리가 정말 중요한 역할을 펼치기도 한다. 셰익스피어의 희극 「뜻대로 하세요」에서 로잘린드가 말한 것처럼 "훌륭한 연극(놀이)에는 에필로그가 필요 없다."

놀이를 통한 목소리는 우리가 서로의 목소리에 귀 기울이게(정치적 침묵을 깨게) 하며, (완고한 이미지를 희석시켜 주어) 보다 틈이 있는, 다가가기 쉬운 모습으로 서로를 바라볼 수 있게 한다. 그리고 특히 무엇보다도 놀이를 통한 목소리는 - 그것이 일방적으로 만들어낸 놀이라 해도 - 약자들에게 다른 식으로는 누릴 수 없을 만한 기회를 마련해주기도 한다. 우리에게는 활동을 통한 목소리만큼이나 놀이를 통한 목소리도 필요하다.

세 번째
이야기

편협함이 우리를
억누를 때

"과거에는 내가 있었지만, 그 과거의 나를 마치 수술하듯 제거해버렸죠." 다채로우면서도 특색 있는 배역을 맡아 섬세한 연기를 보여주었던 영국의 배우 피터 셀러스Peter Sellers가 어느 유명한 인터뷰에서 자신의 연기관과 관련하여 털어놓았던 말이다. 있던 것을 제거한다는 것은 아주 과격한 도전이지만, 우리 자신을 새로 부여된 관점에 따르도록 몰아대는 다른 사람들로 인해 '진짜 나'를 수술하듯 덧붙이는 – 혹은 이식하는 – 것 역시 과격한 일이다. 어느 날 갑자기 우리 자신이 그동안 알고 있던 것과는 다른 인종에 속한다는 것을 인식하게 된다고 가정해보라. 유고슬라비아인이 아니라 사실상 (그토록 질색하는) 세르비아인들이라거나, 그냥 르완다인이 아니라 (투치족과 앙숙 사이인) 후투족이라거나, 아니면 나이가 많은 이들 중 일부가 1940년대부터 쭉 의식해온 것처럼 본질적으로 그냥 인도인들이 아니라 사실상 (서로 대립관계인) 힌두교도나 이슬람교도일 뿐이라고 인식하게 된다면 어떨까? 미국의 시인 오그던 내시Ogden Nash는 이렇게 밝힌 바 있다. "학교에 다니는 어린아이들은 바보처럼 사랑할 수 있다. 하지만 미워하기는 그야말로 하나의 예술이다."
이 미워하기 예술은 실력 있는 예술가와 선동가들에 의해 널리 실행에
옮겨지고 있으며, 그 특급 무기는 바로 정체성이다.

현대의 산적한 정치적, 사회적 쟁점들을 파고들면 그 중심에는 이질
적 정체성을 둘러싼 상충되는 주장들이 자리 잡고 있는데, 이는 '소속'
이라는 개념과 '정체성'이라는 개념이 우리 자신과 다른 사람들을 바라
보는 우리의 생각에 광범위한 영향을 미치기 때문이다.[1] 물론 정체성은
자부심과 안도의 원천이 되지만 분노, 적대감, 폭력의 바탕이 되기도 한
다. 따라서 정체성의 특성에 대해 본질적으로 따져볼 필요가 있다.

자아 개념에서는 다음이 중요하다. 우리의 정체성은 복수複數의 속성
을 띨 수밖에 없으며 정체성을 선택할 때는 논증과 면밀한 검토가 잠재
적으로 역할을 할 수 있다는 것. 이런 인식에서는 – 명시적이든, 은연중
이든 – 선택의 자유와 충돌하는 입장도 함께 대비해서 살펴볼 필요가
있다. 이는 명시적인 형태로 논의되는 법이 좀처럼 없다고는 해도 중대
한 논점이다. 이 논점은 궁극적으로 정체성 싸움에 해당하는 구체적 사
례를 통해 설명해볼 수 있다. 그러면 지금부터 내가 두 가지 예를 들어
보겠다. 첫 번째 예는 '공동체주의적' 관점에서 (공동체 중심의 정체성에 대
한 특권 부여와 더불어) 흔히 최우선시되는 사항들이며, 두 번째 예는 인간
을 '국적'의 관점에서만 바라보고 세계적 쟁점을 '국제적(국가 간)' 쟁점
이라는 더 좁은 관점에서 바라보는 것이다. 이런 예에서는 하나의 특별
한 신원을 다른 무엇보다 상위의 정체성으로 배치시키려는 시도가 행
해지며, 또 이와 같은 시도는 생각하는 존재로서의 우리 인간의 삶에서

중심 요소인 선택권을 배제하는 방향으로 이뤄진다.

우리의 다양한
다양성

(예를 들어 공동체 중심의 정체성 같은) 어느 특정 정체성의 중요성을 강조하는 이들은 공동체 중심의 다양성을 무시하면 실질적 윤리뿐만 아니라 사회 분석에 막대한 손실이 된다고 강조하는 경향이 있다. 정말로 그럴 수도 있겠지만 우리는 단순히 다양한 것이 아니라 여러 가지 방식으로 다양하다는 사실을 인식하는 측면으로 보다 시야를 넓혀야 한다. 공동체에는 계급, 성, 정치적 성향, 문학 전통, 직업 정체성, 사회적 가치, 그리고 그 외의 여러 가지 충돌 근원들이 존재한다. 다양성의 한 가지 특별한 근원을 중심으로 삼은 한 가지 특정 정체성의 배제가 (대체로 은연중에) 종종 당연하게 여겨지더라도, 그런 배제의 주장은 - 그것이 기정사실화된 사항이라는 주장이라 해도 - 전적으로 자의적이지 않을 수 없다.

우리는 모든 개개인이 각자 나름의 삶 속에서 이질적 관계를 이루는 여러 가지 정체성에 얽혀 있다. 똑같은 사람이 말레이시아 태생이면서 인도인의 피가 흐르고, 프랑스 시민이면서 미국 거주자이며, 기독교도이자 사회주의자이자 여자이자 시인이자 채식주의자이자 당뇨병 환자이자 인류학자이자 대학 교수이자 낙태 반대주의자이자 야생 조류 관찰자이자 점성가인 데다, 외계 생명체가 화려한 우주선을 타고 지구를 정기적으로 방문한다는 믿음에 푹 빠져 있는 사람일 수도 있다. 전부 다 이 사람의 속성에 해당되는 이 정체성 하나하나는 이 사람에게 하나의 특별한 정체성을 부여하며 상황에 따라 그 중요도가 달라질 수 있다. 또 정체성들이 서로 대립 관계를 이룰 때는 이 사람의 관심과 헌신을 끌기 위해 경쟁을 벌이기도 한다. 따라서 한 사람을 하나의 집단에만 배타적으로 '속하는' 것으로 단정 지을 수는 없다. 집단을 분류하는 범주는 전부 다 특정 상황에 따라 중요도가 달라지기 십상이다. 이런 다양한 다양성들 중에서 상대적으로 중요한 것을 결정할 때나 상황별로 달라지기 마련인 우선순위를 따질 때는 논증이 결정적 역할을 하기도 한다. 일부 공동체주의자들이 주장하듯 이를 수동적 '발견'의 문제로 정립시켜서는 안 된다.[2]

사회적 영향

분류는 여러 가지 범주를 취하지만 그런 범주들은 일관성을 띤다는 이유만으로 무조건 정체성의 그럴듯한 토대가 되는 것은 아니다. 현지 시간으로 아침 9~10시에 태어난 전 세계 사람들을 하나의 예로 생각해보자. 이 범주에 해당되는 사람들은 독자적 그룹이긴 하지만, 이들 중에 이런 그룹의 연대성이나 정체성 형성의 잠재성에 대해 흥분할 사람이 얼마나 되겠는가? 마찬가지로 신발 사이즈가 8 사이즈(270~275밀리미터)인 사람들이 신발 사이즈가 같다는 이유로 서로 강한 정체감으로 이어지는 경우는 대체로 없다. 분류와 정체성은 그 중요성이 서로 다르다.

사실 특정 분류가 정체감을 일으킬 만한지 아닌지는 사회 환경에 따라 결정된다. 예를 들어, 신발 사이즈 8이 어떤 복잡한 기술이나 사업상의 이유로 구하기 아주 어려운 사이즈가 된다면 이 사이즈의 신발이 필요한 이들이 똑같은 난처함을 공유하면서 (변화의 요구를 위해) 단결하고 (함께 행동하는 과정에서) 정체성이 싹트게 될 만도 하다. 마찬가지로, 아침 9~10시에 태어난 사람들이 아직까지 규명되지 않은 원인으로 인해 특정 질병에 잘 걸린다면 그와 같은 공통적 궁지 속에서 정체감이 생겨날 만도 하다. 이와 관련된 또 다른 변형적 예로서, 어떤 독재자가 이 시간대의 출생자들이 불충한 성향이 강하다는 미신에 따라(혹은 『맥베스』에 등장하는 그런 부류의 마녀들에게 9~10시에 태어난 누군가에게 자신이 죽임을 당하게 될 것이라는 예언을 듣고 나서) 이 특정 시간대에 출생한 사람들의 자유를 제한하려 한다면 그 경우에도 역시 박해 대상으로서 불운을 겪는 이들 사이에 단결과 정체성이 싹틀 만한 상황이 형성된다.

때때로 지성적으로 정당화하기 힘든 분류가 사회적 타협을 통해 중요성을 얻기도 한다. 피에르 부르디외Pierre Bourdieu는 다음과 같이 지적한 바 있다. 사회적 행위가 결과적으로 '없는 차이도 만들어' 내는가 하면 '사회적 마법이 그 속삭임으로 사람들을 다른 사람으로 변하게 만들기도 한다.' '그것이 바로 경쟁시험이 수행하는 역할이다(300번째 후보는 여전히 다소의 가치가 있으나 301번째 후보는 아무 가치가 없다). 다시 말해, 사회에서의 차이는 단지 규정상 사실에 따라 구분된 것에 불과하다.'[3]

분류가 자의적이거나 가변적인 경우라 해도 일단 그 분류가 구분선에 따라 명시되고 인정되면, 그 구분선에 의해 분류된 그룹들은 파생적 관련성을 얻는다(공무원 시험의 경우 그 구분선을 기준으로 좋은 직장을 가질 수도 있고 못 가질 수도 있게 된다). 그리고 이런 관련성은 그 구분선을 사이에 둔 양쪽 그룹에게 정체성의 그럴듯한 토대가 된다. 따라서 적절한 정체성 선택에서의 논증은 완전한 지성적 차원을 훌쩍 뛰어넘어 부수적인 사회적 의의의 차원에까지 범위가 미친다. 정체성 선택의 문제만이 아니라, 관련성의 근거에 대한 부수적인 사회적 분석의 문제에도 논증이 필요하다는 얘기다.

논증은 정체성의 활용에서나, 정체성별 상대적 중요성에서도 중요한 요소다. 우리에게는 서로 다른 여러 가지 관련성이나 정체성들에 부여할 중요성을 결정할 수 있는 기회가 있다. 한 사람이 이런저런 일을 해야 할 때는, 이를테면 국적, 주거지, 인종, 종교, 가족, 우정, 정치적 성향, 직업적 의무 중 무엇을 우선시할지 갈등할 수 있다. 우리는 이런 것들 중에서 선택하여 결정해야 하며, 반영되지 않은 선택은 반영된 선택의 대안으로 남게 된다.

| 공동체의 특권화

이번에는 공동체와 문화의 중요성에 대해 살펴보자. 공동체와 문화는 확실히 우리에게 아주 중요한 요소다. 하지만 공동체와 문화에 대한 기본적 인식을 공동체주의적 사고방식의 채택과는 별개로 보아야 한다. 물론 공동체의 다른 구성원들에 대한 책임감 양성 등 공동체주의적 사고에는 장점도 많다. 공동체주의 지지자들이 중요시하는 '온정'과 '상호 의존'에 대한 의식 역시 가치가 있는 부분이다.

이런 쟁점들은 아주 중대할 수 있다. V.S. 네이폴V.S. Naipaul은 호소력 있는 글을 통해 현재의 동질화된 질서로 인해 과거, 즉 역사적 정체성이 상실되어간다고 심각한 우려를 표한 바 있다. 그는 『남쪽에서의 선회A Turn in the South』에서 이런 상실감을 다음과 같은 구체적 예시로 풀어놓았다.

> 1961년에 첫 여행서를 쓰기 위해 카리브 해를 여행하던 중에 받았던 그 충격이 떠오른다. 마르티니크(서인도 제도 남동부의 프랑스령 섬_옮긴이)에서 인도인들을 보다 보니 어느샌가 그 사람들이 마르티니크에 압도당했다는 생각이 들었다. 역사가 어떤 시점에서는 나와 같았겠지만 이제는 인종적으로나 다른 식으로나 어딘가 달라진 이 사람들과는 세계관을 공유할 방법이 없겠다는 느낌이 들었다.[4]

이런 식의 우려는—위의 경우에는 공유된 역사와 추정상의 공동체 의식에 대한 우려는—현대 세계를 살아가는 사람들에게 무엇보다 강한 호소력을 전하는 견해 가운데 하나다.

하지만 공동체에 초점을 맞추는 것은 아주 제한적인 특성을 띠는 만큼 관점을 제한시킬 소지도 있다. 이것이 문제시되는 이유는 공동체가 여러 가지 다른 방식으로 정의될 수 있기 때문만이 아니라(네이폴의 우려는 가령 종교단체에 대한 우려 같은 공동체주의적 우려와는 크게 다르다) 공동체가 어떤 식으로 정의되든 간에 하나의 특정 정체성이 다른 정체성들보다 특권화되는 효과를 낳기 때문이기도 하다. 게다가 그 특정 정체성을 공유하지 않는 '다른 사람들'에 대해 무관심한 태도를 부추길 가능성마저 있다.[5] 공동체주의적 사고는 보편주의적 사고의 그럴듯한 근거가 될 수도 있지만 사실, 공동체주의적 사고는 공동체 '우선시'를 요구하는 강경한 주장에 밀려 다른 분석들이 제 목소리를 못 내는 경향을 보여왔다. 사실상 공동체주의적 관점의 옹호는 지구온난화의 심화와 오존층 파괴에 필적할 만한 가혹함을 띠어왔다.

공동체주의적 사고의 여러 가지 형태에는 – 명시적이든 은연중이든 – 다음과 같은 부분이 가정되어 있다. 즉, 어떤 사람의 소속 공동체에 대한 정체성은 그 사람이 갖고 있는 주되거나 지배적인 (심지어 유일하게 중요할지도 모를) 정체성이라는 가정이다. 이런 식의 결론은 – 서로 연관성이 있으면서도 개별적인 – 두 가지의 논증 경향과 연결된다. 그 하나는 어떤 공동체와 문화에 자리를 잡은 사람은 다른 식의 정체성 개념이나 다른 사고방식의 소속을 의식해서는 안 된다는 주장이다. 이런 주장에서는, 소속 구성원들에게 유익한 윤리와 합리성에 대한 논증과 개념은 소속 '공동체와 문화'에 탄탄한 기반을 두고 있는 사회적 배경에 따라 적절히 결정된다고 본다. 또 다른 경향의 주장은, 인지적 제약을 두지는 않지만 어쨌거나 정체성을 발견의 문제로 여기면서 공동체주의적 정체성이 가장 중요하게 인식되기 마련이라는 요지를 편다.

문화의 장벽

그러면 먼저 인지적 제약의 측면에 따른 주장부터 살펴보자. 이런 경향으로 비교적 극렬한 논조를 펴는 몇몇은 우리가 이성적 행동을 판단할 때는 그 사람이 소속된 공동체 안에서 성립되는 기준 이외에는 그 어떤 판단 기준도 있을 수 없다고 주장한다. 그러면서 그에 대해 합리성을 제기하면 이런 식으로 반박한다. "대체 '어떤' 합리성이요?" "'누구의' 합리성이요?" 한편 이 주장에서는, 어떤 사람의 도덕적 판단에 대한 '해명'은 공동체의 가치와 규범에 바탕을 두어야 할 뿐만 아니라 판단에 대한 평가 역시 그 해당 공동체의 가치와 규범 내에서만 이뤄질 수 있다는 견해를 펴기도 한다. 일부 인류학 학파로부터 영감을 얻은 이런 접근법은 행동과 제도에 대한 이異문화 간의 규범적 판단을 거부하면서 때때로 이문화 간 교류와 이해의 가능성까지 차단시키는 데까지 영향을 미쳐왔다. 어떤 면에서 보면 이런 주장은, 이 넓은 세상을 서로의 지성적 영역이나 규범적인 영역 안으로 다가가지 못하는 작은 섬들로 분열시키는 측면이 있다.[6]

사실, 이른바 '문화' 내에는 우리의 논증의 틀이 되어주는 일련의 태도와 신념이 '단 하나만으로' 규정되어야 할 필요가 없으며, 실제로 이런 '문화'들의 대다수는 내부적으로 아주 많은 다양성을 아우르고 있다. 폭 넓게 규정된 동일 문화 내에는 그만큼 서로 다른 태도와 신념들이 포용될 여지가 있다. 물론 공동체와 문화는 우리의 사고에 큰 영향을 미치지만, 기회가 주어진다면 '다르게' 생각할 수도 있는 우리의 능력까지 무력화시키지는 못한다. 그런 무력화가 가능한 일이었다면, 충성과 충절을 단속하는 조치 따위는 처음부터 필요 없지 않았을까? 근본주의자들에 의한 금서 지정에서부터 탈레반 정권의 수염과 두건 단속에 이르기까지 대체로 공동체주의적 행동주의에서 아주 적극적으로 나타나는 그런 조치를 애초에 취할 필요도 없지 않았을까? 우리의 논증에 영향을 미치는 요소는 여러 가지이며, 공동체와 그 문화 때문에 다른 식의 논증 방식을 고려해볼 수 있는 우리의 능력을 잃어버릴 필요는 없다.

어찌 보면 자유롭게 다른 식의 논증 방식을 고려해볼 수 있는 능력의 증대는, 소위 '발전'이라는 현상에서 없어서는 안 될 부분이다. 발전은 교육 기회의 확대에서부터 개방적 공개 토론회의 증대와 극빈층의 불이익 제거에 이르기까지 필수적인 정치, 경제, 사회적 변화를 필요로 한다. 특히 무엇보다도 다른 사회와 문화를 접하는 기회를 필요로 하며, 또 그와 동시에 자신의 환경을 제대로 이해하기 위한 (그와 더불어 해외에서 밀려드는 상업적 물결의 공세에 압도당하지 않기 위한) 적절한 정치, 경제, 사회적 기회 또한 요구된다.

문화적 분리주의자들은 어디에도 속하지 않은 상태에서는 논증도 불가능하다고 지적한다. 맞는 말이다. 하지만 그렇다고 해서 한 사람의 우선적 유대가 그것이 어떤 식의 유대이건 간에 절대로 도전도, 거부도 당하지 않으면서 영속되어야 한다는 의미는 아니다. 정체성에 대한 '발견'적 견해를 대신할 만한 대안은, 어떤 정체성에도 '얽매이지 않는' 입장에서의 정체성 선택이 아니라 어쩌다 어떤 정체성에 얽매이는 입장에 놓이더라도 여전히 정체성 선택이 존재하는 것이다. 정체성의 선택은 아무 데도 속하지 않았다가 갑자기 어딘가로 옮겨가야 하는 것이 아니라 어딘가에서 다른 어딘가로 옮길 가능성을 고려해야 하는 것이다.

정체성 갈등

이번엔 공동체주의적 정체성을 특권화시키는 두 번째 방법, 즉 (다른 경쟁 정체성들의 추정상의 주장들이 충분히 납득되는 상황에서조차) 무조건 공동체주의적 정체성을 우선시해야 한다는 주장에 대해 살펴보자. 하지만 무엇 때문에 그래야 하는 걸까? 한 공동체에 대한 소속감이 수많은 상황에서 아주 강하게 작용하는 경우라 해도 다른 유대, 소속, 의무를 무효화시키거나 억눌러야 할 필요는 없다. 우리는 정체성에 관한 한 (그것이 늘 명시적으로 드러나는 것은 아니라 해도) 끊임없는 선택 앞에 놓여 있다.

한 예로 데릭 월컷Derek Walcott의 시 「아프리카에서 들려오는 먼 외침A Far Cry from Africa」을 살펴보자. 이 시에서 그는 자신의 뿌리인 아프리카와의 연고(그의 조상들이 카리브해 출신이라는 유대감)에도 끌리고 (그로선 자신의 뿌리의 유대감만큼 강한 유대감이 느껴지는) 영어와 영문학 문화에 대한 애착에도 끌리는 교차된 마음을 다음과 같이 표현했다.

핏줄이 나뉜 나는 어느 쪽으로 돌아서야 하나?
영국령의 술 취한 관리들을
저주해온 나는, 이 아프리카어와
내가 사랑하는 영어 사이에서 어떤 선택을 해야 하는가?

그들 모두를 배반하든지 저버려야 할까?

그런 학살을 똑똑히 본 내가 어떻게 냉정할 수 있는가?

어떻게 내가 아프리카에 등 돌리고 살아갈 수 있겠는가?

월컷은 자신의 진정한 정체성을 '발견'하지 못했다. 그는 서로 다른 애착에 대해 자신의 삶의 공간을 어떻게, 그리고 어느 정도까지 내주어야 할지 몰라 갈등했다. 우리는 그것이 실제적이든 상상 속의 쟁점이든, 갈등의 쟁점을 해결해야 하며 서로 우선순위가 어긋나고 성향도 다른 것들에 대한 애착이 암시하는 바가 무엇인지를 자문해봐야 한다. 월컷이 품었던 아프리카에 대한 떼어낼 수 없는 애착과 영어와 영어의 사용에 대한 애정(사실 그의 멋지고 구조적인 영어 사용은 감탄할 만한 수준이었다) 사이의 갈등을 둘러싼 의문 자체는 삶에서의 이질적 끌림에 대한 더 폭넓은 의문을 던진다.[7]

이런 쟁점에서의 관건은 '그것이 무엇이든' 그 정체성의 선택 가능 여부가 아니다. 그보다는 다른 선택 가능한 정체성이나 정체성의 조합에 대해 선택권이 있느냐의 문제와 더불어, 어쩌면 보다 중요한 부분으로서 동시에 공존하기도 하는 여러 정체성들에 어떤 '우선순위'를 부여할지에 대한 폭넓은 자유가 있느냐는 문제가 관건이다. 한 사람의 정체성 선택은 자신이 이를테면 유대인이라는 인식에 따라 제약받을 수도 있지만 그 특정 정체성이 (예를 들자면 그 사람의 정치적 신념, 애국심, 인간애, 직업 정신 등과 관련된) 또 다른 정체성과 비교해서 얼마나 중요한가에 대한 결정은 여전히 그 사람 자신의 몫이다.

국가, 사람, 인간애

이번에는 마지막으로 국적의 특권화에 대해 살펴보자. 이 특권화 역시 공동체의 기정화된 우선순위만큼이나 제한적 특징을 띤다. 세계가 여러 국가로 '분할'되어 있다고는 하지만 그 어떤 사람도 다른 국가의 구성원을 서로 다른 국가의 국민으로서만 간주할 수 없다면, 사람 간의 관계는 국제적 관계로 아울러서 바라볼 만하다. 이런 관점은 세계 정의의 이해와도 밀접한 관계가 있는데, 사실 이 세계 정의라는 문제는 어느 정도는 세계경제 질서를 내세운 선동이나 이른바 '세계화'와 연관된 시위 때문에 최근 들어 큰 주목을 받고 있다. 그렇다면 이 거대한 문제와 정체성의 쟁점은 어떤 식으로 엮여 있을까?

여기에서 가장 먼저 구별 짓고 넘어가야 할 부분은, 거시적인 세계적 관점과 편협한 국제적 관점의 구분이다. 현대 세계에서 국적과 시민권의 중요성은 무시할 수 없지만, 서로 국경이 다른 사람들 간의 관계는 (국가와 정치적 단위에 따른 구분 '외의' 분류에 바탕을 둔 결속과 더불어) 국적과 시민권 외의 다른 정체성들로 서로 이어져 있다는 점에 주목해야 한다. 다시 말해 정치적 유대, 문화적 유대, 사회적 신념, (이를테면 계층이나 성별과 연관된) 공통적 박탈 등의 국민외적 연대를 통한 또 다른 정체성들로 서로 엮여 있다는 얘기다. 실제로 (가령 의사나 교육자로서) 직업적 정체성이 요구되는 것이나 그런 정체성이 유발시키는 의무에는 국경이 따로 없지 않은가? 이런 식의 관심사, 책임, 의무들은 경우에 따라 국가적 정체성과 국제적 관계에 의존할 수도 있고, 국제적 관계에 역행하는 방향으로 흐를 수도 있다. 한편 가장 거시적 정체성인 '인간'이라는 정체성조차 충분한 고려가 이뤄진다면 아주 넓은 관점에서 주목해볼 수 있다. 즉, 같은 인간으로서의 관점과 연결될 만한 의무라면 '국가'나 '국민' 같은 집단적 소속의 간섭을 받지 않아도 된다.

이는 절박하게 인식돼야 할 부분이다. 이런 인식의 중요성은 인도의 본거지, 즉 이 위험한 아대륙에 대입해보면 선뜻 수긍이 간다. 인도나 파키스탄 사람들은 자신들이 각자 국가의 국민일 뿐만 아니라 서로가 같은 인간이기도 하다는 사실을 이해해야 한다. 서로가 각자의 국가나 정부만을 매개로 삼아 상호 관계를 가져야 할 의무는 없다. (우리 아대륙만이 아니라 또 다른 지역까지 아울러) 일촉즉발의 위험을 떠안고 있는 이 위태로운 핵무장의 세계에서 스스로에게 물어봐야 한다. 우리가 누구인지, 또 우리에게 인간애가 단절된 채 단순히 국적만 남게 된다면 어떻게 될지를 말이다.

세계화와
세계 정의

이 문제는 최근 몇 년 사이에 여러 이유 때문에 관심사로 떠오른 쟁점인데, 그중 한 이유는 세계화에 대한 저항에 그 배경이 있다. 그동안 시애틀에서부터 멜버른, 워싱턴, 런던, 프라하, 퀘벡에 이르기까지 곳곳에서의 소란스럽고 난폭한 형태의 시위운동 등으로 표출되어온 이런 저항은 크고 작은 주목을 받아왔다. 최근의 반反세계화 시위에서 가장 주목할 만한 한 가지 특징은 이런 시위 자체가 세계화된 행사로 간주해도 될 만큼의 규모를 지니고 있다는 점이다. 사실, 이런 시위를 '반세계화' 시위로 바라보는 것은 아주 큰 오해일 수도 있다. 우선, 이들 시위는 세계적 불만과 불신을 표명하며 세계의 수많은 국가와 지역에서 사람들을 끌어 모으고 있다(시위 참가자들도 시애틀이나 퀘벡의 '현지인들'이 아니다). 게다가 이들이 내거는 가치 대다수는 불평등과 불균형이라는 세계적 쟁점과 관련되어 있다.

시위자들의 관심사는 거칠게 짜인 요구와 노골적으로 만들어진 슬로건에 대체로 반영되어 있으나, 늘 시위의 '주제theme'가 시위의 '논제thesis'보다 더 중요시되어 왔다. 또 시위의 격렬한 '질문'이 슬로건에 적힌 '이미 정해진 답'보다 중요시되어 왔다. 그중 특히 요즘 부상 중인 질문들은, 특허법 개정과 경제 관계의 호혜주의에서부터 1944년의 브레턴우즈 협정(IMF(국제통화기금) 설립을 위한 국제통화기금협정과 세계은행 설립을 위한 국제부흥개발은행협정을 총칭함_옮긴이)의 초창기부터 계승되어 온 제도적 양식의 확장에 이르기까지 세계의 경제적, 정치적 합의에 광범위한 제도적 변화를 요구하고 있다. 이런 변화는 사실상 세계화된 상호 작용의 축소보다는 확대를 필요로 한다. 아무튼 이 대목에서 이해해야 할 중요한 부분은, 이와 같은 운동을 통해서나, 또 그 외의 여러 가지 세계적 관심사의 표현(환경 운동 등)을 통해 그 표출로를 찾는 정체감은 국가적 정체성을 크게 넘어선다는 점이다.

정체성의 선택은 세계 정의와 긴밀하게 이어져 있다. 정체성의 선택 가능성을 인식한다는 것은, 세계 정의를 (곧잘 혼동되는) 국제적(국가 간) 정의보다 훨씬 광범위한 개념으로 여겨야 한다는 사실과 직접적으로 결부되어 있다. 세계 정의를 국제적 정의로 혼동하는 것은 한 사람의 국가적 정체성이 어떤 식으로든 지배적 정체성이 되어야 한다고 간주하는 셈이다. 하지만 세계의 서로 다른 지역에서 살아가는 사람들은 상업, 과학, 문학, 음악, 의학, 정치운동, 국제적 NGO(비정부기구), 뉴스 미디어 등등 여러 가지 방식을 통해 서로 상호 작용을 나눈다. 그리고 이런 상호 작용 관계가 전부 다 정부나 국가의 대표를 통해 조정되는 것만은 아니다.

한 예로, 프랑스의 어느 페미니스트가 이를테면 수단 같은 곳의 여성들이 처한 불리한 처지들을 개선시키려는 노력을 펼치고 싶어 한다면 한 국가의 곤경에 대한 다른 국가의 연민이 작용하는 식의 정체감이 아닌, 다른 식의 정체감에 의지하기 마련이다. 이런 경우엔 같은 여자로서의 정체감, 또는 성 평등에 힘을 쏟는 같은 인간으로서의 정체감이 국적보다 더 중요시될 것이다. 또 다른 사례로 국경없는 의사회, 옥스팜 OXFAM(전 세계 빈민 구호를 위해 활동하는 국제단체_옮긴이), 국제사면위원회, 국제인권단체 등의 수많은 NGO들 역시 국가 간 경계를 초월하는 연대와 유대에 눈에 띄게 힘을 쏟는다.

변명, 혹은 항복

마지막으로 중요한 몇 가지 쟁점을 확실히 짚어보자. 첫째, 우리는 여러 가지 서로 다른 집단에 속해 있으며 그 여러 집단 사이에서 우선순위를 선택해야 한다. (종파나 공동체나 심지어 국가에 국한된) 편협한 정체성을 저항 불가능한 것인 양 내세우는 주장이 복종을 강요해도 우리는 옹졸해지길 거부해야 한다.

둘째, 공동체주의적 정체성은 우리에게 중요할 수도 있고 중요하지 않을 수도 있으며, 그 정체성에 어느 정도의 애착을 느껴야 하는지 결정할 선택권은 우리 자신에게 있다. 이런 선택권이 이미 결정된 우선순위에 대한 어떤 불합리한 믿음으로 손상되어서는 안 된다.

셋째, 세계는 단순한 국가들의 집합체가 아니라 사람들의 집합체이기도 하다. 한 인간과 다른 인간의 관계가 반드시 각자의 정부에 따라 조정될 필요는 없다. 이런 인식은 미사일과 핵무기라는 그림자가 점점 짙어지고 있는, 우리가 살아가는 이 위태롭고 불안정한 세계에서 특히 중요할 수 있다.

넷째, 국제 정의가 세계 정의의 요구를 잠식해서는 안 된다. 세계적 상호 관계는 국제적 상호 작용보다 훨씬 더 광범위한 편이며, 반세계화 시위조차 어쩔 도리 없이 세계적 행사의 형태를 띤다. 공평성, 관심사, 책임에 대한 문제는 그에 걸맞은 넓은 관점에서 다뤄져야 한다.

결론적으로 말해서 정체성의 복수성, 그리고 사회적 논증 및 선택의 역할에는 굉장히 광범위한 함축이 내포되어 있다. 즉, 안보에서부터 평등에 이르기까지 절박하도록 중요한 여러 가지 쟁점과 직접적으로 결부되어 있다. 우리는 (이른바 문화라는 뚫을 수 없는 장벽 탓에) 서로를 이해하기 불가능하다는 자의적 가정을 내세워, 반드시 직면해야 할 의문과 결정해야 할 선택을 외면해서는 안 된다. 이런 의문과 선택을 논증이 아닌 수동적 발견이라는 불합리한 방식으로 처리해서도 안 된다. 우리는 우리 삶에 대해서만이 아니라, 우리가 살아가는 이 세계에 대해서도 책임감을 가져야 한다. 그렇지 않다면 이는 사회적 지혜가 아니라 지적 항복을 택하는 격이 된다.

기아:
해묵은 고통과
새로운 실책들

"그것은 오래된 이야기지만, / 그럼에도 어찌된 노릇인지 늘 새로운 이야기다." 독일의 시인이자 수필가이자 정치 운동가였던 하인리히 하이네는 『서정적 간주곡Lyrisches Intermezzo』에서 이렇게 읊은 바 있다. 하이네가 19세기 초에 느꼈던 이 좌절(『서정적 간주곡』은 1823년에 출간되었고, 그로부터 7년 후에 그는 혁명이 한창이던 파리로 자발적 망명길에 올랐다)은, 우리가 살아가는 이 세계에서 오래 묵은 문제들이 새롭고 심화된 차원으로 그 잔혹함을 계속 떨치고 있는 현실을 지켜보다 보면 다시금 떠올리지 않을 수가 없다. 특히 인도의 심각한 기아와 영양부족만큼 이런 현실이 끔찍하도록 지속되는 예는 그 어디에서도 찾아보기 힘들 것이다.

1947년의 독립 이후 반세기가 넘도록 인도에서는 이러한 문제에서 이렇다 할만한 성과가 아무 것도 없었다. 확실히 긍정적인 변화도 일어나긴 했다. 첫째, 인도에서 독립과 함께 기근이 빠른 속도로 근절된 일은 괄목할 만한 성과이며(독립 4년 '전'인 1943년의 대기근을 끝으로 대규모 기근 사태는 더 이상 발생하지 않았다), 이는 다른 수많은 개발도상국의 기근 예방 시도가 실패한 사례와 비교하면 분명히 높이 살만하다. 하지만 기근 예방이라는 이 훌륭한 성과가 무색하게도, 이 나라의 수억 명의 생명줄을 위태롭게 내몰고 있는 만연한 기아의 해소에서는 그에 필적하는 성공을 거두지 못했다.

두 번째 긍정적 변화는 독립 전 인도에서 두드러진 특징이었던 – 그리고 인도에 고통을 안겼던 – 농업 침체가 혁신적 시도를 통해 확실히 탈바꿈하며 인도의 농업 부문 생산 가능성을 크게 높인 것이다. 기술적 한계도 대폭 개선되었다. 따라서 현재 인도의 식량 소비를 지체시키는 것은 식량 생산 면에서의 운영상의 무능이 아니라 식량 혜택이 곤궁한 계층에 폭넓게 미치지 못하는 문제다. 실제로 M.S. 스와미나탄M.S. Swaminathan이 지적했듯 "우리의 농경 발전은 소비 양상을 개선시킬 수 있어야만 생산 양상이 증진되는 단계에 와 있다."[1]

첫 번째 적:
독선과 무지

그렇다면 어떻게 해야 상황이 바뀔까? 가장 먼저 제거해야 할 대상은 인도의 식량 실상에 대한 독선과 그 독선을 떠받치는 만연한 무지다. 우리는 똑똑히 인정해야 한다. 솔직히 그동안 인도는 고질적으로 만연하고 있는 기아 문제에 그다지 잘 대처하지 못했음을. 특정 지역에서 심각한 수준의 기아가 고질적으로 재발하고 있을 뿐만 아니라(이런 기아 문제가 철저한 기근으로까지 치닫지 않는다는 사실이 해당 지역의 무자비한 상황을 지속시키고 있다) 인도 대다수 지역에서 기아가 일상적으로 만연하고 있다. 실제로 인도는 이런 면에서는 사하라 사막 이남의 아프리카보다도 훨씬 형편없다.[2] 평균적 영양부족 수준도 – 때로는 이른바 '단백질 결핍' 수준에서도 – 인도가 사하라 사막 이남의 아프리카 지역보다 거의 두 배나 높다. 아프리카는 주기적으로 기근이 발생하는 상황에도 불구하고 정기적 영양 섭취 수준은 인도보다 훨씬 높다. 인도는 전체 아동의 절반가량이 만성적 영양 결핍 상태이며 성인 여성의 절반 이상이 빈혈을 앓고 있다. 저체중 영아의 발생률 및 임산부 영양 결핍률뿐만 아니라 아동의 성인기 심혈관 질환의 발병률(자궁 내에서 영양 공급을 제대로 받지 못한 아동은 성인이 되었을 때 심혈관 질환에 특히 취약한 편이다)에서도 인도는 세계 최악의 수준이다.

이런 끔찍한 고질적 상황이 지속되고 있을 뿐만 아니라 여기에 쏠리는 대중의 관심이 (그런 관심이 조금이라도 있다고 치더라도) 아주 심하게 분산되어 있다는 점도 주목해서 살펴볼 만하다.[3] 실제로 어처구니없게도 인도가 독립 이후에 기아라는 난제를 아주 잘 처리해왔다는 그릇된 믿음이 끈질기게 이어지고 있다. 이런 믿음은 단순 성취에 불과한 기근 예방을, 그보다 훨씬 복잡한 과제인 만연된 영양 결핍 및 기아 문제 회피와 크게 혼동하는 데서 기인하고 있다. 인도는 그동안 영양 결핍과 기아 문제의 처리에서는 거의 모든 국가를 통틀어서 가장 형편이 없었다. 물론 이렇게 제 발등을 찍는 결과를 불러온 데는 여러 가지 영향이 있겠지만 무지에 따른 독선의 영향이 가장 크다.

빈곤, 보건, 교육

이번엔 그 다음의 문제로 넘어가보자. 일단 독선을 제거하고 나면 그 다음엔 무엇을 해야 할까? 독선을 제거한다 해도 충분한 영양 섭취에 걸림돌이 되어온 인도의 해묵은 장벽은 여전히 그대로 남아 있다. 따라서 그 장벽을 인정하고 주목해야 한다. 사람은 충분한 식량을 사먹을 수단이 없다면 굶을 수밖에 없다. 굶주림은 보편적 빈곤의 주된 문제이며, 따라서 전반적 경제성장과 그 분배를 기아 문제의 해결에서 중요한 쟁점으로 다뤄야 한다. 그것도 특히 고용 기회를 비롯해 경제적 수단을 획득하는 그 외의 방법들뿐만 아니라, 국민의 식품 구매력에 영향을 미치고 그에 따라 국민의 실제 식량 혜택에까지 영향을 미치는 식량 가격에도 관심을 기울여야 한다.[4]

영양 결핍은 건강 악화의 원인일 뿐만 아니라 결과가 되기도 하는 만큼, 전반적 보건은 물론 영양 섭취를 특히 방해하는 풍토병의 예방에도 관심을 기울여야 한다. 기초교육 역시 중요하다. 수많은 증거가 암시하듯, 기초 교육의 부족도 영양 결핍의 원인으로 작용한다. 이는 영양 섭취에서 지식과 의사소통 능력이 중요하기 때문이기도 하지만, 취업 능력과 소득이 교육 수준에 따라 영향을 받기 때문이기도 하다.

임산부 영양 결핍과
그에 따른 광범위한 불이익

따라서 낮은 소득, 상대적으로 높은

물가, 취약한 보건, 기초 교육 등한시는 모두가 인도의 심각한 영양 결 핍을 유발시키고 지속시키는 데 큰 영향을 미칠 만한 변수들이다. 하지 만 시디크 오스마니Siddiq Osmani가 증명했듯, 특히 인도를 위시한 남아시 아 전반의 경우 이런 변수들의 저조한 수준을 감안하더라도 "실제 수 준보다는 훨씬 높은 수준으로 영양 상태가 개선됐어야 했다."[5] 다시 말 해, 영양 결핍에 영향을 미치는 또 다른 변수가 있다는 얘기다. 오스마 니가 아주 설득력 있게 밝힌 견해에 따르면, (인도와 남아시아 지역이 세계 최악으로 심각한 분야인) 임산부의 영양 결핍이 그 또 다른 변수다. 임산부 의 영양 결핍이 저체중 영아를 통해 그 이후까지 영향을 미쳐, 이 영아 들이 아동기를 거쳐 어른이 되면 이런저런 질병에 더 잘 걸린다는 것이 다. 이는 라말링가스와미Ramalingaswami와 그의 동료들을 비롯한 오스마니 외의 연구자들이 조사한 결과들과도 일치한다.[6] 최근의 의학적 연구에 따르면 출생 시 저체중이었던 영아에게서 나타나는 태아기의 영양 결 핍은 장기적으로 영향을 미쳐, 면역결핍과 그 외의 건강상의 취약성을 유발시키는 원인으로 작용한다고 여겨진다. 건강과 영양상의 불리함, 임산부 영양 결핍과 저체중 사이의 연관성은 인도의 심각한 영양 상태 를 설명하는 데 확실히 중요한 요소다.

임산부 영양 결핍은 인도 여성에 대한 전반적 성 편견과 인과관계에 있으므로, 인도가 여성을 부당하게 대우함으로써 치르는 벌은 여자아 이들은 물론 남자아이들까지, 또 성인 여자들은 물론 성인 남자들에게 까지 모든 인도인에게 미치게 되는 셈이다. 스베드버그Svedberg가 논문 을 통해 거론했다시피 남아 대비 여아의 상대적 영양 상태 저조 현상과 관련해서는 실증적 증거가 모호하지만, 산모들의 영양 상태 등한시와 관련된 결정적 증거는 결코 부족하지 않다. 예를 들어, 인도는 빈혈을 앓는 산모의 비율이 – 전체 산모의 4분의 3으로 – 세계의 다른 국가들에 비해 굉장히 높다. 저체중아 출산은 장기적 영향을 미쳐 – 남아와 여아를 막론하고 – 아동의 건강과 적절한 영양 섭취 가능성을 악화시킬 뿐만 아니라 성인기의 심혈관 질환 발병률을 크게 높이기도 한다.[7] 흥미롭게도 남자들은 대체로 심혈관 질환에 더 잘 걸리므로 산모의 영양을 등한시한 결과는 여자들보다 남자들에게 훨씬 더 큰 영향을 미친다. 여성에 대한 불공평한 대우가 뿌린 씨는 여성 자신의 고통에 더해 남성의 불행으로도 나타난다.

지금까지의 분석을 통해 인도가 고질적으로 만연한 기아를 극복하기 위해 처리해야 할 특별한 문제들을 확인해보았듯이, 경제적 기회(소득 증대와 소득의 분배 패턴 등), 사회적 시설(기초보건 및 교육), 여성에 대한 박탈적 대우(임산부 영양 결핍 등)의 개선 등과 관련해 대책이 필요하다. 이 문제들은 오래 전부터 상존해왔으나, 기근 예방, 생산 기회의 기술적 확대 같은 다른 분야와는 달리 아직껏 극복되지 못한 해묵은 문제들이다. 그렇다면 새롭게 대두된 문제들에는 뭐가 있을까?

최대의 식량 재고와
최악의 영양 결핍

영양 부문의 진전을 가로막는 장벽은 해묵

은 경계선뿐만 아니라 새롭게 생겨난 경계선에서도 비롯되고 있다. 낡은 장벽을 극복하기 위해 만들어진 바로 그 제도가 불평등과 불공평한 박탈을 가중시키는 역행적 역할에 종종 영향을 미친다. 한쪽으로는 막대한 식량이 쌓여 있으면서, 다른 한쪽으로는 세계 최대의 영양 결핍 인구를 보유하고 있는, 인도의 기가 막힌 실정이 그러한 예다.[8]

1998년 기준으로 중앙정부의 식용곡물 비축 재고량은 1,800만 톤 정도였고, 이는 생산과 소비의 변동에 대비하는 데 필요한 공식적 '완충 재고' 기준에 근접한 양이었다. 그 이후, 재고량은 점점 늘어나 5,000만 톤을 넘어섰고, 최근의 보도에 따르면 그 재고량이 현재 6,200만 톤에 이른다. 진 드레즈의 생생한 설명을 빌리면, 그 곡물 자루를 한 줄로 쭉 펼쳐놓을 경우 그 길이가 100만 킬로미터가 넘는다. 진 드레즈가 이 글을 쓴 것은 2000년이니 지금은 재고량이 좀 더 늘어서 곡물 자루들의 길이가 달까지 갔다 지구로 되돌아와서 다시 달로 돌아갈 정도가 되었을 것이다.

인도 정부에서 그중 100만 톤을 아프가니스탄에 구호물자로 보내기로 하는 등 이 막대한 재고량을 의미 있게 사용하는 방안을 발표하기도 하는데, 일단 그런 부분은 반가운 일이다(나는 한 인간으로서나, 아프가니스탄에 구호물자를 제공하는 일에 적극 힘쓰고 있는 옥스팜의 명예회장으로서나 이런 결정에 박수를 보낸다). 하지만 그 양은 빠져나가 봐야 수북이 쌓인 곡물 재고량에서 티도 나지 않을 만한 정도이며 늘어나는 그 증가 추세를 꺾을 만큼도 안 된다─추측컨대 재고량이 곧 7,500만 톤, 혹은 심지어 1억 톤에 이르게 될 테니 말이다.[9] 한편 식품부 장관이 농민들에게 보조금을 지급하는 방식을 제안하기도 했는데, 이 보조금 지급은 지역별로 보다 공정하게 분배되는 방식으로 보인다. 이제는 정부에서 의무적으로 곡물을 최저보장가격으로 구매해주는 대신 곡물이 시장가격으로 팔리게 될 것이며, 정부는 농민들에게 시장가격과 최저보장가격 사이의 차액을 지급해줄 것이다. 농민들로선 – 거대 규모 영농인들조차 – 확실히 식품부 표현대로 "이익이 보장될 것"이라는 얘기에 마음이 놓일 것이다. 하지만 비축 재고량은 이미 공식 '완충 재고' 기준량의 네 배에 이르고 있음에도 계속 쌓여갈 것이다. 게다가 보조금 프로그램에 들어가는 공공 비용(얼마 전 기준으로 자그마치 연간 2,100억 루피(한화 370억_편집자 주)로 추산)은 줄어들 것 같지도 않다. 말하자면 우리는 막대한 비용을 들여가면서 세계 최악의 영양 결핍 상태와 세계 최대의 식품 재고량이라는, 누구 하나 부러워하지 않을 만한 이 조합을 유지하기로 결심한 셈이다.

정책 망상

비생산적인 정책에 대한 이 같은 별난 집요함을 어떻게 설명할 수 있을까? 깊이 따질 것도 없이 바로 설명이 가능하다. 재고량의 축적은 정부가 제시하는 식용 곡물(특히 밀과 쌀)에 대한 최저보장가격이 비현실적으로 높은 탓에 빚어지는 결과다. 대체로 고가인 최저보장가격 체제는 (조달 가격과 소매가 사이의 격차에도 불구하고) 정부조달을 확대시키는 동시에 수요를 떨어뜨린다. 식량 생산자들과 판매자들이 큰 이익을 보는 반면 식량 소비자들은 궁핍해진다. 식량에 대한 생물학적 식량 수요가 경제적 식량 구매력(즉, 사람들이 자신의 경제적 여건과 시가를 감안해서 구매할 수 있는 식량)과 격차를 보이는 탓에 전국적으로 영양 결핍이 만연함에도 조달된 막대한 재고량은 줄어들기 힘들다. 막대한 공급량을 유발시키는 가격 제도가 빈곤층 소비자들의 손과 입을 식량으로부터 멀어지게 하고 있다.

하지만 정부가 조달 가격의 수준에 따른 식품 가격 보조금 제도를 통해 이런 문제를 해결해주지 않느냐고? 그러니 식량 가격이 소비자들에게 낮은 수준으로 유지되어야 정상이지 않느냐고? 꼭 그렇지는 않다. 진 드레즈와 내가 『인도: 발전과 참여India: Development and Participation』에서 이 문제를 보다 상세히 다뤄놓았다시피, 이 이야기에서 큰 부분을 차지하는 한 가지 핵심은, 그 많은 보조금이 사실상 (인도식품공사를 비롯한) 거대하고 비대한 식품 관련 기관을 유지시키고 곡물의 막대한 재고량을 지탱시키는 비용으로 충당된다는 사실이다. 또한, 식품가격 보조금은 농민들이 기존의 재고량을 소비자들에게 더 낮은 가격으로 팔기보다 생산량을 늘려서 돈을 더 벌도록 돈을 대주는 격이다(더 낮은 가격으로 팔기도 하겠지만 그 판매량이나 농민층은 일부로 한정될 뿐이다). 식품 가격 보조금은 전반적으로 영양 결핍 상태인 인도 소비자들의 배를 채워주기보다는 농민들의 주머니를 채워주는 효과가 더 크다.

더 명확한 계층 분석의
필요성

　　　　　　　　　　　좌파에서 우파를 호되게 비난하는 과격
한 계층 분석의 사례가 있다면 바로 인도가 그런 예에 해당된다. 확실
히 그동안 인도의 몇몇 공익단체들은 여러 가지 기본권 문제를 놓고 항
의를 벌이면서 끈질기게 대법원에까지 법정 공방을 끌고 갔다. 하지만
이런 문제를 계층 불평등의 관점에서 체계적으로 비난하는 소리는 어
처구니없을 만큼 나직하고 조용했다. 들려오는 항의는 놀라울 정도로
분열되어 있는가 하면, 농민들과 경작자들을 위해 식량 가격을 높게 유
지시켜야 한다는 식의 주장을 무슨 주문처럼 되뇌고 있다. 도대체 일이
이 지경에 이른 이유가 뭘까?

　식량 조달 정책이 도입되고 농민들로부터 높은 가격으로 식량을 수
매하는 방식을 지지하는 옹호론이 자리를 잡았을 당시에 여러 가지 혜
택이 예상되었는데, 따져보면 이런 혜택들은 전적으로 무의미한 것만
은 아니며 어느 정도는 공평성의 근거가 있다. 우선, 어느 정도까지 재
고량을 비축해놓는 것은 식량 안보에 유익하며, 이는 기근 예방을 위한
필수 조건이다. 어느 한계선까지는 많은 비축량을 확보해두는 것이 바
람직한 일이다(참고로, 현재의 조건상으로는 2,000만 톤 정도가 적정량으로 추산
된다). 필요한 양만큼 비축량을 늘리는 것이 바람직하다는 이유로 재고
량을 훨씬 많이 늘리는 것이 훨씬 더 바람직하리라고 생각하는 것은 큰
희생을 불러오는 값비싼 오판이다.

　그러면 이번엔 높은 식량 가격을 지지하는 또 다른 근거도 살펴보자.

이 역시 좋은 아이디어로 제기되었다가 역효과를 낳고 있다. 식량 가격이 낮을 경우 피해를 입는 대상에는 부유하지 못한 이들, 즉 농사지은 작물의 일부를 팔아서 먹고 사는 소규모 자영농이나 소작농들이 포함된다. 그런데 이런 농민층의 이익이 대농장 운영 농민층의 이익과 뒤섞이면서 그로 인해 식량 정책의 치명적 혼동이 초래된다. 혜택 대상 농민들의 강력한 로비는 조달가를 더 높이고 높은 조달가를 유지하기 위해 공적 자금의 투입을 압박하는데, 이를 옹호하는 정치적 그룹이 내세우는 것은 역시 높은 조달가의 혜택을 받게 되는 빈민층 농민들의 이익이다. 이런 빈민층 농민의 어려운 사정은 높은 식량 가격을 지지하는 미사여구에서만이 아니라 다수의 평등 지향적 사회 운동가들이 내세우는, 높은 가격이 일부 극빈층 사람들에게 혜택이 될 것이라는 진심어린 설득에도 큰 역할을 한다. 물론 일부 극빈층에게 정말로 혜택이 되긴 할 테지만, 부유층 농민들이 훨씬 많은 혜택을 누리게 된다. 또 그 반면에 파는 입장이 아닌 사는 입장에 있는, 수적으로 훨씬 많은 이들의 이익은 심각하게 희생된다.

이런 정책이 서로 다른 계층에 미치는 효과에 대해서는 보다 명확한 분석이 필요하다. 특히 사회적 최약층, 다시 말해 그 외의 또 다른 박탈(특히 낮은 소득, 취약한 보건, 불충분한 교육 기회)에 시달리는 동시에 제대로 못 먹어 영양결핍 상태가 심각한 이런 계층에 어떤 효과를 미치는지를 더 면밀히 분석해야 한다. 높은 식량 가격은 임시직 노동자, 빈민가 거주자, 가난한 도시 근로자, 이주 노동자, 시골의 수공업자, 시골의 비농업 노동자는 물론, 심지어 급여를 받고 농업에 종사하는 노동자들에게까지 먹고 사는 문제에 타격을 미친다. 높은 식량 가격은 전반적으로 사회의 수많은 극빈층에게 아주 심각한 타격을 가한다. 게다가 농업으로 먹고 사는 빈민층 일부에게 혜택이 되긴 하지만 혜택의 분배는 전체적으로 보면 아주 역효과적이다. 물론 식량 가격을 높이는 방향을 지지하는 농민들의 로비로 인해 정치적 압박이 끊이지 않기도 하며, 혜택을 받는 일부 농업 종사 빈민층에 대한 약간은 모호한 그림에 힘입어 높은 식량 가격이 친서민 입장을 대변하는 것이라는 혼란을 유발시키기도 한다. 정작 전반적 효과는 친서민과는 거리가 한참 먼데도 말이다. 얕은 지식은 위험하다는 말이 있다. 안타깝게도 어마어마한 수의 불우한 사람들에게 가해지는 막대한 불공평에 함께 수반되는 이런 식의 작은 공평 역시 위험하기는 마찬가지다.

맺음말

세계의 모든 지역을 통틀어 가장 심한 인도의 고질적 영양 결핍의 만연이 아주 이례적인 경우라면, 때때로 이런 문제를 무시해버리는 독선은 말할 것도 없고 이런 문제를 묵인하는 침묵 역시 이례적이기는 마찬가지다. 영양 결핍은 인도인의 여러 연령층에 영향을 미치는 한편, 앞에서도 살펴보았듯 연령대별로 서로 긴밀히 연결되어 있다. 예를 들어, 여성의 영양을 등한시할 경우 임산부 영양 결핍을 통해 자궁 내 태아의 영양 부족, 저체중아 출산, 영양 부족과 건강 취약에 시달리는 아동, 병에 취약한 성인으로까지 그 영향이 장기적으로 이어진다. 최근의 연구에서 명확히 밝혀진 바에 따르면, 유아기의 영양 결핍 상태는 건강에 장기적 영향을 미칠 뿐만 아니라 인지 기능의 발달에도 영향을 미친다. 인도의 아동 영양 결핍률이 상당히 높다는 사실을 감안하면 이런 연구 결과는 특히 더 경각심을 불러일으킨다. 실제로 유아기의 영양 결핍이 미치는 부정적 영향은 성인이 되었을 때 심혈관 질환에 더 잘 걸리는 등으로 평생에 걸쳐 심각하게 작용할 소지가 있다.

박탈과 기아의 '아주 해묵은 이야기'와의 싸움에서 우리가 주목해야 할 사실이 한 가지 더 있다. 정책 문제는 '어떤 식으로든 늘 새로운' 모습을 띨 수 있다는 점이다. 경제성장과 분배, 보건과 기초 교육의 문제와 함께 성 편견, 여성 건강의 등한시라는 해묵은 문제와 더불어, 각각의 정책을 통해 혜택을 받는 대상과 (특히 더 주목해봐야 할) 혜택을 못 받는 대상에 대한 명확한 분석에 기반을 두어서 공공 정책들을 재평가해야 한다. 사회의 약자 대다수는 그들을 억누르는 전통적 문제로 인한 곤란뿐만이 아니라, 애초에 불우한 이들을 돕기 위한 의도였으나 다소 의도와 다른 결과를 유도하는 공공 정책으로 인한 어려움에도 처해 있다.

인도가 민주주의 국가임을 감안하면 박탈의 근원이나 이른바 구제 정책으로 활용될 만한 정책의 정확한 효과에 대해 보다 명확히 이해하는 일이 무엇보다 중요하다. 공익 활동은 국가가 대중을 위해 실시하는 방식만 있는 것이 아니다. 대중이 주체가 되어 나서는 방식도 있다. 국민들도 구제 방침을 요구하는 식으로, 또 정부에 책임을 부여하는 식으로 공익 활동을 펼칠 수 있다. 다시 한 번 강조하면 굉장한 비용이 투입되지만 사회 약자들의 기회와 이익을 등한시하고 때로는 등한시하는 차원을 넘어 침해하는 공공 정책이 계층별로 미치는 영향을 보다 면밀히 검토해야 한다. 또한, 아주 오래 전부터 저항의 근거가 강력했던 해묵은 불이익이 지속되는 데에 대해서만 항의할 것이 아니라, 공평성을 목표로 내세우면서 오히려 그 공평성을 해치는 데 크게 기여하는 정책으로 등장한 새로운 불행을 저지하기 위한 항의도 함께 해야 한다. 공공 정책의 실제적 효과를 면밀히 검토해야 하는 근거는 아주 분명하며, 항의할 필요성 또한 – 분노하고 소리쳐 외칠 필요성 역시 – 그에 못지않게 강력하다.

다섯 번째
이야기

자유를 말하다:
대중 매체가
경제 발전을 위해
중요한 이유

영국의 시인이자 작가, 존 베처먼은 「팔러먼트 힐 필즈Parliament Hill Fields」
라는 시에서 다음과 같이 흥겹게 읊었다.

> 우리의 국가를 상징하는 것들을 생각해보라,
> 책에서부터 부츠에 이르는 상품, 시골의 오솔길,
> 자유 발언, 무료승차권, 계급 차별,
> 민주주의와 적절한 배수 설비.

좋은 점 여러 가지를 쭉 나열해놓은 이 구절은 영국에 대한 하나의
관점이 반영된 것으로, 영국인들의 자아상이 어렴풋이나마 엿보인다.
그것도 영국인들의 눈에 비치고 영국인들에게 사랑받는 영국의 자아
인식으로서, 대체로 그럴듯한 데다 애정 어린 친밀감이 배어 있다.

누구를 위한
자유인가?

대영제국 체제 속에서 성장했던 나 같은 사람들은(인도에서 영국의 지배가 끝난 것은 내가 열 네 살이 다 되어가던 무렵이었다) 다른 이들에 비해 이런 장점들을 더 많이 목격했다. 계급 차별을 똑똑히 봤고, 이따금씩 적절한 배수 시설도 봤으며, 당시 체제의 충신들에게 후하게 제공되던 무료승차권도 당연히 봤다. 반대자들이나 말 그대로 자유롭게 발언을 하는 이들에게는 제공되던 무료승차 서비스는 그 목적지가 남달랐는데, 그곳은 바로 감옥이었다. 내가 중학생이었을 때 삼촌을 포함해 우리 집의 대가족 식구 중 세 명도 감옥으로 잡혀 들어갔다. 이런 사람들이 감옥에 잡혀 들어간 이유는 뭔가 죄를 지어서가 아니라, 이른바 '예방 구금'이라는 명목 하의 '사전 조치' 차원에서였다. 말하자면 이런 사람들을 자유롭게 다니게 놔두었다간 어떤 식으로든 상황을 악화시키는 발언이라도 해서 정치에 해를 가할 '가능성이 있다'는 가정에 따른 구금이었다. 꼭 자유 발언을 하거나 자유롭게 행동해야만 처벌을 받는 것이 아니라, 반항적인 발언을 할 '기미가 보이거나' 불충한 행동을 벌일 것으로 '예상되면' 그것만으로도 장기 감금 대상이 되었다.

영국 본국에서 그토록 소중히 여겨지던 민주주의가 식민지로 향하는 수출품 목록에는 들지 않았다. 반항적 발언이 어느 정도 용인되었던 시절조차 발언의 자유는 아주 빈약해서, 실제로 그 자유를 누리지도 않고 그냥 미미하게 누릴 것 같은 기미만 보여도 무너뜨리기 일쑤였다. 사실, 자유로운free 발언은 (베처먼이 말한) '무료free 승차권'과 똑같아서, 신중히 제공되는 동시에 영국 지배 체제상 도움이 안 되는 행위로 인정될 만한 기미가 발견되면 바로 회수되는 식이었다.

그로부터 반세기가 더 지난 지금에 와서 이 모든 것을 떠올리는 이유는 과거의 일에 불평하려는 것도, 왕년의 두목들을 비난하려는 것도 아니다. 그래봐야 무슨 소용이 있겠는가? 반면 이런 과거사를 떠올려보면 세계에 민주주의와 자유로운 발언을 확립시키기 위해 힘써온 나라의 식민지들에서는 정작 민주주의와 자유로운 발언을 요구할 권리가 확립되는 것이 얼마나 힘들었는지를 느끼게 된다. 영국은 자유로운 발언에 대한 자국의 관행과 영국 본토의 민주주의에 대한 도전을 저지하려는 결의에 자부심을 가질 만했다(이런 장점을 해외로 보급시키는 측면에서는 아주 인색했더라도 말이다). 그리고 그런 면에서는 민주주의를 옹호하며 – 그리고 그 과정에서 때로는 민주주의의 쟁취를 위해 싸우며 – 자신들의 나라에서 자유롭게 발언할 권리를 지켜내면서 때때로 모진 역경에 맞서기도 했던, 인도를 비롯한 그 외의 예전 식민지 국민들 또한 지금 누리고 있는 이 현재에 대해 충분히 자부심을 가질 만하다. 그렇다면 그 과거를 잊지 않고 기억하는 일이 왜 중요할까? 이렇게 힘들게 얻어낸 진전이 제대로 인정받고 높이 평가받지 못하는 경우가 많기 때문이다. 특히, 자유로운 발언은 아직도 세계 곳곳에서 상대적으로 불충분한 필수 요소로 남아 있으며, 현대 세계에서 자유로운 발언의 중요성은 진지하게 검토되어야 마땅한 문제다.

보편적 가치로서의
자유

　　　　　　　　　세계 전반적으로 자유로운 발언과 정치
적 자유의 보편적 가치에 대해 인식하게 된 것은 비교적 최근의 일이
다. 자유로운 발언과 민주주의 가치의 출현은 오랜 역사를 가지고 있으
며, 특히 영국에서 그 역사가 길다. 하지만 이런 가치의 보편성은 최근
에야 비로소 주목받고 있는데, 이 보편성을 시급히 인식하고 지켜야 한
다. 마그나 카르타(1215년 영국왕 존이 승인한 칙허장勅許狀; 영국 헌법의 기초_
옮긴이)를 통해 영국 왕의 권한을 크게 제약시켰던 반역 세력은 그의 근
거가 순전히 지역적이었다. 즉, 영국만을 그 적용 대상으로 보았다. 한
편 프랑스의 혁명가들뿐만 아니라 미국의 독립투사들도 민주주의의 필
요성을 보편적 체계로서 해석하는 데 크나큰 기여를 했다. 하지만 북대
서양을 끼고 있는 이 두 국가의 실질적 요구의 초점 역시 상당히 지역
적이어서 사실상 자국으로 한정되었고, 그 지역의 특별한 경제적, 사회
적, 정치적 역사, 즉 구舊 '서구'의 역사를 바탕으로 형성되었다. 아프리
카계 미국인들은 민주주의적 혁명가들이 미국인들을 위해 요구했던 자
유의 체제에 포함되지 않았고, 수많은 부분에서 영국의 지배를 타도했
던 미국 공화제에서 대표권도 전혀 없이 부과되는 과세보다도 훨씬 더
가혹한 대우를 받았다(미국 독립 전쟁의 슬로건 중 하나가 국민이 선출한 대표
자의 승인 없이 정부가 국민에게 과세하는 것은 부당하다는 의미의 '대표 없는 과
세는 없다'였는데 당시 흑인에게는 투표권이 없었다_옮긴이).
　실제로 19세기 내내 민주주의 이론가들과 자유로운 발언의 옹호자들

은 어떤 민족이 아직 '민주주의를 누릴 자격이 없다'는 식의 이야기를 아무렇지 않게 들먹였다. 이런 상황은 20세기에 들어와서야 그 질문 자체가 잘못되었다는 인식과 함께 바뀌었다. 특정 민족에 대해 민주주의를 감당할 자격이 있느냐 없느냐는 식으로 판단해서는 안 되며 그보다는 민주주의를 통해 자격을 갖추어야 한다고 인식이 바뀌었다. 다양한 역사와 문화, 엄청난 빈부 격차를 가진 수십억 명이 살아가는 현대 세계에서 이는 중대한 변화다.[1]

자유와 발전

민주주의 및 자유로운 발언의 가치는 발전의 문제와 어떤 상관관계가 있을까? 바로 이것이 이 글의 주제다. 자유로운 발언은 경제적, 사회적 발전과 대립 관계일까? 아니면 보완적 관계일까? 보완관계라면 어떤 식의 보완관계일까? 혹은 보완관계에서 더 나아가, 자유로운 발언이 발전의 일부분, 즉 구성 요소에 들지는 않을까? 이는 반드시 짚고 넘어가야 할 문제들이다. 특히 나와 같은 경제학자라면 더더욱 주목해야 할 것이다.

여기에서는 가장 먼저 다음의 측면을 짚고 넘어가야 한다. 나는 발전을 일인당 GNP(국민총생산) 증대, 산업화 촉진, 기술적 진보, 사회적 현대화 같은 무생명의 편익성을 확대하는 과정으로만 보아서는 안 된다고 본다. 물론 이런 성과는 중요하다 – 때때로 지극히 중요하기까지 하다. 하지만 이런 성과의 가치는 관련된 사람들의 삶과 자유에 실질적으로 어떻게 작용하느냐에 따라 결정되어야 한다. 선택에 책임을 지는 성인의 경우엔 그 궁극적 초점이 그들이 소중히 여기는 일들을 마땅히 할 자유가 있느냐 없느냐에 맞춰져야 한다. 이런 의미에서 보면 자유의 확대는 발전의 한 구성 요소다.

또 한 가지 주목할 측면은 발언의 자유가 인간의 자유에서 그야말로 아주 중요한 부분이라는 점이다. 서로 이야기를 주고받을 수 있는 능력과 서로의 얘기를 들어주는 능력은 우리 인간을 정말로 가치 있는 존재로 만들어주는 핵심 능력이 아닐 수 없다. 오래 전에 아리스토텔레스도 말했다시피 우리 인간은 사회적 상호 작용을 하는 동물이며, 상호 작용을 위해서는 – 자국과 외국의 사람들을 아울러 – 타인들과 어울리고 대화하고 교제할 줄 아는 능력이 필수이기 때문이다. 따라서 발언은 인간의 삶을 이루는 한 부분이며, 자유로운 발언은 인간의 자유에서 근본적인 부분이다.

자유로운 발언은 근본적으로 중요할 뿐만 아니라 유익하며 심지어 어느 정도 건설적이기까지 하다. 따라서 인간의 발전에서 자유로운 발언의 역할을 보다 완전하게 설명하려면 당연히 이런 역할들에 대해서도 다뤄야 마땅하다. 하지만 가장 먼저 자유로운 발언의 근본적 중요성부터 인정해야 바람직하다. 그래야 자유로운 발언의 유익하고 건설적인 역할을 다루며 복잡한 논의를 펴는 과정에서 자칫 이런 근본적 중요성이 도외시될 염려가 없다. 곧 설명할 테지만 자유로운 발언의 간접적 기여도 중대할 수 있지만, 이런 간접적 기여가 부재하는 상황에서도 인간의 삶 자체에서 자유로운 발언의 직접적이고 근본적인 중요성은 적절히 인정받아야 한다.

언론의 자유

이번에는 자유로운 발언의 여러 가지 역할에 대해, 또 이런 역할들이 발전의 과정과 어떠한 관계가 있는지에 대해 실질적으로 살펴보자. 그러면 우선 자유로운 발언, 즉 언론 자유, 아마도 가장 논쟁이 분분하면서도 가장 중대하다고 할 만한 부분부터 이야기해보겠다. 언론 자유는 발전과 관련해서 그야말로 핵심적인 측면이다.

하지만 이런 중대성의 정확한 이유를 이야기하기 전에 미리 당부해둘 말이 있다. 언론이 누구에게나 선뜻 애정이 가는 대상은 아니라는 것이다. 굳이 말 안 해도 다들 그 이유를 알 테지만 독재자들은 자유로운 언론을 질색한다. 그것도 대체로 아주 야비한 이유 때문에. 그리고 자유로운 언론의 입장에선 독재자들을 애먹일 능력과 의지를 갖는 것이야말로 확실히 언론으로서의 명예가 된다.

하지만 언론 때문에 고달파하는 것은 독재자와 권세가들에게만 한정된 얘기가 아니다. 많은 사람들이 신중하지 못한 언론으로 인해 사생활이 침해되어 인생이 엉망이 되고 마는 것 역시 많은 논란거리다. 그보다 더 흔한 문제인 심각한 오보 역시 심심치 않게 논란이 되고 있다. 실제로 신문에 어떤 사람에 대한 잘못된 기사가 실리면 그런 잘못된 기사가 대개는 후속 정정보도보다도 훨씬 더 빠르고 인상 깊게 전달되어 당사자를 아주 난처하게 만들어버리는 일이 이따금씩 벌어진다. 공인으로서 살아가는 사람이라면 언론의 자유가 남용되는 문제에 민감할 만한 이유가 충분하다.

언론에 대해 불만을 품을 만한 이유로는 보다 심각한 또 다른 차원의 이유도 있다. 언론의 힘을 감안하면 쉽게 짐작되듯 언론은 사회에 유익한 일들을 아주 많이 할 수 있다. 그런데 이런 중대한 임무를 등한시하고 공익적 조사의 책임을 방치하면 아주 혼란스러워질 소지가 있다. 그것은 우리가 자유로운 언론의 사명 불이행과 그에 따른 잠재적 유익성의 손실에 실망하기에 충분한 이유가 된다. 그만큼 이는 아주 심각한 문제라는 얘기다. 이 문제에 대해서는 잠시 후에 다시 살펴보겠다.

언론의 역할

우선은 언론 자유의 긍정적인 측면부터 살펴보자. 발전을 위해서는 언론 자유가 중요하다. 왜일까? 여기에는 서로 별개인 몇 가지 이유가 있다고 보는데, 그 이유들을 명확히 구분해서 살펴봐야 한다. 그래야 무엇이 위기에 처해 있는지 제대로 간파할 수 있다. 우리는 검열로 언론 자유가 억압당할 경우 발생할 수 있는 손실이 무엇인지 알아두어야 한다. 거의 100년 전에 노스클리프Northcliffe(영국 신문의 대중화에 크게 기여한 영국의 신문 경영자_편집자 주) 경이 토로했던 불만처럼, 언론의 힘은 대단하지만 억압하는 힘만큼 대단하지는 못할지 모른다. 그렇다 해도 우리는 독재적인 억압의 힘이 행사되는 결과로 세상이 어떤 손실을 입게 되는지 이해해야 한다.

나는 언론 자유가 발전을 위해 중요한 까닭은, 적어도 다음의 각기 다른 네 가지 이유 때문이라고 생각한다.

- **본질적 가치**: 자유로운 발언과 공공 커뮤니케이션의 본질적 가치는 언론 자유와 떼려야 뗄 수 없는 관계다.

- **정보 전달 기능**: 언론 자유는 지식을 보급하고 비판적 감시를 용이하게 하는 정보 전달 역할을 한다.

- **보호 역할**: 언론 자유는 방치되고 혜택받지 못하는 이들을 대변하여 인간 안보(안보의 개념이 '국가'가 아니라 '국민' 개인에게 맞춰져야 한다는 개념_옮긴이) 증진이라는 대의를 촉진시키는 역할을 한다.

- **건설적 기여**: 자유로운 공공 토론은 아이디어 제시, 가치관 형성, 사회정의에 중대한 공공 기준 제기 등에 건설적으로 기여한다.

이제 이 네 가지 이유를 하나씩 살펴보자.

자유의
본질적 가치

발전의 평가에서는 사람들이 영위하는 삶과 사람들이 사실상 누리는 자유를 따로 떼어서 생각하면 안 된다. 나는 이런 주장에 대해서 『자유로서의 발전Development as Freedom』을 통해서도 그 타당성을 강조한 바 있다.[2] 발전은 국민총생산GNP의 증가나 기술적 진보

같은 무생명 객체들의 축적만을 기준으로 판단해서는 안 된다. 책임감 있는 인간에게는 발전의 궁극적 초점이 충분히 행할 만한 가치를 지니는 일을 행할 자유가 있느냐 없느냐에 맞춰져야 마땅하다. 이런 기준에 의하면 자유는 발전의 중심 대상이 되며, 또 이와 같은 기본적 인식에서 바라보면 발언과 소통의 자유를 발전의 구성요소로 – 그것도 발전이라는 목표의 중대한 요소로 – 삼아야 한다는 점이 선뜻 납득이 간다.

이런 관점에 따르면 발언의 자유를 간접적 영향을 미치는 요소로 여겨서는 안 된다. 발언의 자유는 우리가 가치 있게 여기며, 가치 있게 여길 만한 합당한 이유가 있는 일의 본질적인 부분으로 볼 수 있는 만큼, 발언의 자유를 발전을 판단하는 데 직접적 구성 요소로 삼아야 한다. 억압적 독재 국가가 어쩌다 일인당 GNP가 높거나 물질적 부를 막대하게 축적한다 하더라도 자유 언론이 부재하고 사람들이 자유롭게 발언하고 소통하지 못하게 억압한다면 직접적으로 인간의 자유를 저하시키고 발전을 손상시킨다.

언론의 정보 전달 역할

이번에는 언론의 정보 전달 역할로 관심을 돌려보자. 이런 역할은 (이를테면 과학적 진보나 문화적 혁신을 다루는) 전문적 내용의 보도에만 국한된 것이 아니라, 사람들에게 어디에서 무슨 일이 일어나고 있는지에 대해 전반적으로 알려주는 보도에도 해당된다.

게다가 저널리즘은 탐사가 본업인 그 특성상 주목받지 못하거나 알려지지 않은 정보를 파헤쳐 전달하는 역할도 담당한다. 이 모든 역할은 너무도 자명한 사실이라 자세히 설명할 필요조차 없다.

사람들에게 듣고 말할 권리를 부여해주는 면에서의 언론 자유의 보호적 역할에 대해 잠시 뒤에 따로 이야기할 테지만, 자유 언론은 정보 전달 역할 측면에서도 신속한 정보 보급을 통해 보호와 안보에 기여할 수 있다. 한 예로 무려 2,300만~3,000만 명이 사망했던 1958~1961년의 중국 대기근 사례를 생각해보자. 당시에 중국 정부는 중국에서 기아를 박멸시키기 위해 매진했다고는 하나, 기근이 이어지던 3년 내내 정작 파멸적 정책(잘못된 대약진 정책(마오쩌둥이 추진한 중국의 공업화 정책_옮긴이)과 연관된)에 대해 대수술을 단행하지 않았다. 이것이 가능했던 이유는 집권 세력에 맞서는 야당이 없는 데다 매스컴의 독립적 비평이 부재한 상황에서 중국 정부가 어느 정도는 대약진 정책이 얼마나 잘못된 정책인지 충분한 정보를 얻지 못한 탓에 그 정책을 바꿀 필요성을 느끼지 못해서였기 때문이다.

검열을 받지 않는 자유 언론이나 그 외의 공공 소통 방식의 부재로 인해, 중국 전역의 지방 관리들은 자신들의 지역에만 문제가 있고 다른 지역에는 아무런 문제가 없는 것으로 생각했다. 그리고 그로 인해 각 지역 단위(여러 가지 구조의 집단과 공동체)들은 자신들도 아무 이상 없는 척 농경 자료를 조작하게 되었다. 결국 이런 조작된 보고 수치의 합계에 따라 중국 정부가 자체 집계한 총 국내 곡물량은 과대하게 부풀려졌다. 실제로 중국의 중앙 당국은 기근 사태가 최악으로 치달았던 시기에,

곡물량이 실제 보유량보다 1억 톤이 더 많은 줄로 잘못 알고 있었다.

독재주의 정부의 언론 검열이 불러온 결과로서 정보의 손실은 바로 그 정부를 잘못된 방향으로 이끌어갈 소지가 있다. 나는 안 그래도 이미 거만한 언론을 영국 시인 윌리엄 쿠퍼의 시구대로 신처럼 "그 크신 능력 / 참으로 신기하도다"라고 읊을 정도로까지 더 띄워주고 싶지 않다. 하지만 언론이 거만하든 거만하지 않든, 언론의 검열은 국민을 무지몽매로 내몰 위험이 있을 뿐만 아니라 정부가 매우 중요한 정보에 굶주리게 될 수도 있다.

대결과 안보

이번에는 언론이 정부에게 국민의 필요에 응할 만한 정치적 자극을 주는 측면으로 관심을 돌려보자. 지배자들은 비난에 대처하고 선거에서의 지지율을 의식해야 할 경우엔 국민이 원하는 바에 귀 기울이도록 자극받기 마련이다. 따라서 지금껏 민주주의 형태의 정부와 비교적 자유로운 언론 환경을 갖춘 독립국가에서 어마어마한 기근이 발생한 적이 없었던 사실은 그다지 놀랄 일도 아니다. 1958~1961년의 중국 대기근 3년 동안 수천 만 명의 국민이 목숨을 잃게 될 때까지도 신속한 정책 수정이 이뤄지지 못했던 이유는 정부가 (방금 지적했듯 언론 검열로 인해) 잘못된 정보를 얻었던 탓만이 아니라 국민도 위기 상황과 심각한 사망 사태에 대해 무지했고, 어떤 신문도 정부에 쓴 소리를 할 수 없었던 탓이기도 했다.

유사한 사례의 대기근 사태는 그 외에도 더 있다. 1930년대의 소련 기근, 1970년대의 캄보디아 기근, 지난 30년간 이어진 아프리카의 군사독재 정권하의 기근, 아주 최근에 발생한 수단이나 북한의 기근이 그러한 예에 해당하며, 기근에 대한 얘기라면 인도의 식민지 치하의 기근 사태들도 빼놓을 수 없다. 일례로 내가 어렸을 때 직접 목격했던 1943년의 벵골 기근의 경우, 그 원인은 단순히 민주주의의 부재 때문이 아니라 이 지역 언론에 철저히 재갈이 물려져 보도와 비판이 통제되었던 탓도 있었을 것이다. 이 벵골 기근이 당시에 인도의 지배국이던 영국으로부터 비로소 관심을 끌게 된 계기는, 벵골 주 콜카타에서 발행되는 일간지 「더 스테이츠먼The Statesman」의 용감한 편집장 이안 스티븐스Ian Stephens가 통제에 굴하지 않기로 마음먹으면서 1943년 10월 14일과 16일자 사설에 생생한 설명과 함께 일침을 가하는 논조의 글을 게재하면서였다. 사설이 게재된 뒤 얼마 지나지 않은 10월 18일에 벵골 총독은 런던의 인도 담당 국무장관에게 막대한 사망자 수에 대해 자신의 잘못을 인정하는 편지를 보냈고, 또 며칠 후에는 '과실을 인정하는' 자백이 추가로 이어졌으며, 그 뒤에 영국 국회 의사당에서 뜨거운 토론이 제기된 데 이어 결국 그 다음 달에 공공 구제책이 개시되었고 이미 수백만 명이 사망한 후에야 기근이 종식되었다.

언론의 보호적 역할은 필요성을 인식할 때 그 중요성이 부각된다. 통상적으로 상황이 순탄하고 원활할 때는 대체로 자유 언론의 보호적 역할과 그와 연관된 민주주의적 자유에 대해 크게 아쉬움이 느껴지지 않는다. 하지만 이런저런 이유로 그와 같은 역할과 자유에 타격이 가해지면 그 진가가 부각된다. 특히 최근의 동아시아 및 동남아시아 문제들을 들여다보면 언론 자유를 비롯한 민주주의적 자유가 제한될 경우에 발생하는 불리한 사례가 여실히 드러난다. 실제로 이 지역에 (1997년 이후의) 금융 위기로 전반적 경기 침체가 이어졌을 때, 일부 국가에서는 민주주의적 자유의 보호적 역할이 크게 절실해졌다. 당시의 금융 위기 여파로 파산한 사람들은 목소리를 제대로 내지 못하는 경우가 비일비재했다. 예를 들어 인도네시아나 한국의 피해자들, 즉 실업자나 해직자들은 상황이 대체로 원활했을 때는 민주주의적 자유에 큰 관심을 가지는 사람이 많지 않았을 것이다. 하지만 상황이 악화되고 와해되었을 때는 (대규모 경기 하락시에 으레 그렇듯) 자유 언론을 비롯한 민주주의적 제도가 결여되면서 이들의 목소리는 억압되어 부각되지 못했다. 당연한 얘기겠지만, 그에 따라 최근의 시위와 폭동에서 요구하는 사항에는 시민권이나 자유 언론을 비롯한 민주적 권리에도 초점이 맞춰져 왔으며 (물론 한국과 인도네시아를 비롯한) 동아시아와 동남아시아의 몇몇 국가에서는 이미 정치적 권리와 시민으로서의 권리에서 괄목할 만한 진전을 보였다.

건설적 역할과 가치 형성

그러면 이번엔 언론 자유가 그 외의 민주적 권리나 시민 권리와 더불어 중요한 네 번째 이유를 살펴보자. 정보에 근거하고 유연한 가치관을 '형성하려면' 열린 소통과 논쟁이 필요하며, 이 과정에서는 언론의 자유가 결정적일 수밖에 없다. 사실 가치관의 형성은 상호 작용의 과정이며 언론은 이런 상호 작용을 가능케 하는 주된 역할을 맡는다. (예를 들어 핵가족화와 저출산 등의) 새로운 표준이 부상할 때 한 지역에 이 새로운 표준을 퍼뜨리고 이어서 종국엔 여러 지역까지 퍼뜨리는 데는 동조뿐만 아니라 공공 논의도 한몫한다.

어떤 것을 '기본적 욕구'로 구분하는 개념조차 그 중요성은 물론이요 실행 가능성에 대한 공공 논의에 따라 좌우되는 경향이 있다. 인간은 여러 가지 불행과 박탈을 겪기 마련인데, 그중에는 다른 것들보다 더 기꺼이 감내할 수 있는 것들도 있다. 인간으로서 겪는 곤경이 완전무결하게 해결되길 바라는 욕구는 실질적 차원에서 인간의 '기본적 욕구'를 다룬다면 애초부터 성립할 수 없는 조건이다. 실제로 (모든 병으로부터의 완전한 면역, 또는 심지어 불멸의 생명 같이) 그것이 실행가능한 일이라면 충분히 중요하게 여길 만한 것들이 많이 있다. 하지만 우리는 이런 것들을 욕구로 여기지 않으며, 사실 그러고 싶어도 그럴 수 없다. 그런 것들이 실행불가능하다고 믿기 때문이다. 우리의 욕구에 대한 개념은 박탈의 특성과 정도에 대한 이해와만 결부되는 것이 아니라, 그 박탈에 대해 우리가 할 수 있는 것과 할 수 없는 것에 대한 이해와도 연관되어 있다. 이런 판단과 이해는 공공 논의의 자유와 활기에 따라 크게 영향을 받기 쉽다. 따라서 자유 언론은 다른 무엇보다도 특히 가치 형성에 있어서 건설적 역할을 함으로써 발전의 훌륭한 협력자가 될 수 있다.

자유 언론의
활용

        글을 마무리하기 전에 지금까지 미뤄두었던 의문점으로 다시 돌아가 보자. 언론의 효율성을 떨어뜨리고 때로는 언론의 사회적 기능을 역행시키는 실제적 한계에 대한 의문 말이다. 가끔 어떤 신문 기사에는 중립적 논조에서 크게 벗어났다는 식의 비난이 심심치 않게 제기된다. 그런데 이것은 그 자체만으로는 꼭 치명적 결점이 되지는 않는다. 적어도 다른 신문들이 또 다른 견해를 내보이면서 신문들마다 관심을 촉구하는 여러 가지 다양한 관점에 목소리를 부여하는 한은 그렇다.

  하지만 문제는 언론의 조직적 편견을 감안하면 실제로 그렇게 되지 못하는 경우에 있다. 이런 맥락에 비춰보면 그동안 신문의 사유화는 대체로 우려할 만한 근거가 타당했고, 광고주의 입김 작용에 제기되어 온 의혹 역시 충분히 타당성이 있었다. 영국의 저널리스트 한넨 스와퍼 Hannen Swaffer도 사반세기 전에 다음과 같이 좌절을 표한 바 있다. "영국에서의 언론의 자유란 소유주의 편견 중에 광고주들이 반대하지 않는 편견을 기사화할 그런 자유를 의미한다." 이는 너무 냉소적이고 지나치게 가혹한 평가일지 모르지만, 여기에는 언론 자유를 더 바람직하게 활용하기 위해 관심을 기울여야 한다는 문제의식이 담겨 있다.

  사실 신문사 소유주의 영향력에서 자유로울 수 있는 방법을 찾기란 쉽지 않다. 신문사 설립에는 소유권이 수반되는데, 소유주가 오로지 소유권 외에는 아무것도 소유하지 않는 방식으로 신문사가 운영되길 기대하긴 힘들다. 사유화의 영향력 문제를 다루는 측면에서는 공유화도 별 유용성이 없을지 모른다. 공유화는 언론 자유라는 목표에 심각한 타격을 입힐지 모를 특별한 힘을 집권 정부에 부여해주는 격이 되기 쉽다.

이런 맥락에서 보면 미국의 경제학자 존 케네스 갤브레이스John Kenneth Galbraith가 이름붙인 이른바 '대항적 권력countervailing power'이라는 개념을 떠올려볼 만하다. 즉, 이 문제에서 필요한 일은 특별한 힘을 제거하는 것이라기보다는 하나의 힘에 또 다른 힘으로 대항하는 것이다. 현재의 상황에서 볼 때 이런 주장에 따라 지지할 만한 방식으로는, 재계의 다양한 분야로부터의 다각적 사유화뿐만 아니라 독립적 단체와 법정 위원회들은 물론 협동적 소유를 통한 보완책 마련이 해당될 수 있다. 한편 라디오, 텔레비전, 인터넷 등 신문 외의 다른 매체의 존재 역시 보도 범위와 다양성 면에서 큰 도움이 될 수 있다. 편견 문제를 극복하기 위해서는 경쟁과 대립이라는 대항적 권력에 크게 의존해야 한다.

또 다른 문제로서, 앞에서 잠깐 언급한 바 있던 언론 윤리와 의무가 지니는 중요성도 살펴보자. 이는 단순히 언론의 (필수적 수반 요소이기도 한) 정직성과 객관성 차원에서의 문제일 뿐만 아니라 편협한 취재 범위를 깨뜨리는 데 필요한 독창성, 상상력, 특별한 동기 차원에서의 문제이기도 하다. 예를 들어, 기근이나 극심한 실업률 같은 확연히 부각되는 박탈 상황에 대해서는 강력히 견해를 제기하기가 아주 쉽다. 그러나 (경미한 정도의 기아나 학교 부족 사태 같은) 그다지 두드러지지 않는 불운한 상황들에 대해 견해를 제기하는 일 역시 경우에 따라 매우 중요하다. 한 예로, 독립국 인도가 반세기 만에 드디어 심각한 기근에서 벗어나는 데에는 언론 자유가 다른 민주적 자유와 더불어 유익한 도움이 되었던 것은 틀림없으나 (만연된 영양 결핍, 고질적 문맹, 부족한 보건 등) 긴요하게 처리되어야 할 박탈 문제들은 인도의 언론으로부터 마땅히 받아야할 관심을 받지 못한 것도 사실이다.

이런 관심 부족 문제를 극복하기 위해서는 언론의 독창성과 진취성이 더 충실히 실행되어야 할 뿐만 아니라 특정 박탈 상황에 주력하는 헌신적 압력단체들도 활성화되어야 한다. 여기에서도 역시 넓은 의미에서 보면, 사회제도나 사회운동가들 간의 동맹 면에서 전반적 범위를 넓히려면 대항적 권력이 필요하다. 압력단체의 활동과 관련해서는 여러 분야에서 그 성공 사례들이 있다. 한 예로 인도에서의 여성 단체와 페미니스트 그룹들은 최근 몇 년 사이에 성차별의 특정 상황들을 더욱 확연히 부각시켜서 대중의 인식과 공공 논의를 진전시키는 데 크게 이바지했다.

맺음말

시작하면서 했던 이야기를 다시 강조하는 것으로 이 글을 맺으려 한다. 발전 과정에서 언론의 자유가 얼마나 중요한지를 이해하는 일은 지극히 중요하다. 하지만 언론 자유의 범위를 넓히면서 언론 자유가 제 역할을 수행하도록 보장할 만한 방법과 수단을 확보하는 일 또한 반드시 필요하다. 언론의 자유는 서로 독자적 의의를 지니는 몇 가지 개별적 역할을 한다. 그 첫째는 발전의 구성 요소로서의 '본질적' 차원의 역할이다. 둘째는 사회 전반에 지식과 이해를 널리 알리는 '정보전달'의 역할이다. 그리고 셋째는 인간의 불안감을 줄이고 심각한 박탈을 예방하는 차원에서의 '보호적' 역할이며, 마지막 네 번째 역할은 상호 작용적이고 유익한 가치 형성에 대한 '건설적' 기여다.

하지만 이런 역할들은 모두 저절로 이루어지지 않는다. 헌신이 필요한 동시에 폭넓은 관심과 편견 없는 공평함을 확보하기에 충분한 대항적 권력을 갖춘 적절한 규모의 제도적 구조가 필요하다. 언론 자유는 가장 강력한 지지를 받아야 마땅하지만 언론에는 권리만이 아니라 의무도 있다. 사실 언론의 자유는 권리이자 의무이며 우리는 마땅히 그 둘 모두를 옹호해야 한다.

햇빛 그리고 몇 가지 두려움에 대해: 학교 교육의 중요성

≡

프랜시스 베이컨은 「죽음에 대하여Of Death」라는 음울한 에세이에서
사람들의 과장된 죽음 공포에 대한 언급과 더불어 일종의 유추로서 아
이들의 어둠 공포를 "동화가 더 부추긴다"고 밝힌 바 있다. 안타깝게도
현재 전 세계의 수많은 아이들의 마음속에 두려움을 밀어 넣는 데는 굳
이 꾸며낸 이야기가 필요치 않다. 두려움은 깜깜한 밤만이 아니라 햇빛
이 밝은 대낮에도 도사리고 있다. 배를 채워줄 먹을거리도 없이, 다른
아이들과 같이 등교할 정겨운 학교도 없이, 면역력이 약한 아동기에 잘
걸리는 병으로부터 구제받을 방법도 없이, 그리고 무엇보다도 미래에
대한 별 희망도 없이 시작되는 낮도 커다란 두려움을 떠안긴다. 인도의
아이들 다수가 – 아니 대다수가 – 처해 있는 이런 상황만큼 오늘날 인도
의 빈곤을 명백히 드러내 보여주는 것도 없다.

　이 모든 상황에 내재된 비극은 인도의 아이들이 살아가는 매서운 현
실만이 아니다.

　인도의 현재 자원 수준에서 그런대로 극복할 수 있는 박탈 문제마저

해소할 수 없는 현실 역시 또 하나의 비극이다. 우리 아이들이 이와 같은 비극적 상황에서 벗어나지 못하는 주된 이유는 자원의 결핍 때문이 아니라 정치적, 사회적 참여의 결핍 때문이다.

제대로 먹지 못해
영양 실조에 걸리는 아이들

인도 아이들의 기아 문제가 어느 정도인지를 생각해보자. 인도는 독립과 함께 대영제국 시대의 기근이 빠른 속도로 해소되었으나, 인도의 전반적인 기아와 영양부족 상황은 상당히 심각한 수준이며 특히 아이들의 경우에 더하다. 특정 지역에서 심각한 수준의 기아 사태가 지속적으로 재발하는 것도 문제지만, 이보다 더 경각심을 일으키는 문제는 바로 인도의 상당수 지역에 기아가 끔찍할 정도로 만연해 있다는 점이다. 실제로 이런 측면에서 볼 때 인도 아이들은 ─ 피터 스베드버그Peter Svedberg가 잘 다루어 놓았다시피 ─[1] 기근에 시달리는 아프리카의 사하라 사막 이남 지역보다도 훨씬 열악한 처지에 놓여 있다. 나이 대비 체중 미달 정도를 기준으로 삼는 일반적 표준 지표에 따르면, 아프리카의 영양 결핍 아동 비율은 20~40퍼센트인 반면 인도의 영양 결핍 아동 비율은 무려 40~60퍼센트에 달한다. 일명 단백질 결핍이라고도 지칭되는 대체적 영양 결핍 비율은 인도가 아프리카 사하라 사막 이남 지역보다 거의 두 배나 높다.

하지만 인도는 계속해서 중앙정부의 곡물 비축량 재고가 어마어마하게 쌓여가고 있다. 1998년 기준으로 그 재고량은 1,800만 톤가량으로, 자연재해에 대비한 적절 비축량인 인도의 공식 '완충 재고'의 기준에 가까운 수준이었다. 하지만 그 이후 재고량이 점점 늘어 이제는 5,000만~7,000만 톤 사이를 오가고 있는데, 이 정도면 곡물 부대에 채워 쭉 늘어놓을 경우 그 길이가 100만 킬로미터가 넘는다. 달까지 갔다가 돌아와서 다시 달 쪽으로 더 갈 만한 길이다. 또 이 정도의 재고량이라면 모든 빈곤층 가정에 곡물 1톤씩을 제공하고도 남을 만한 양이다. 물론 빈곤층에게 이 재고분을 지급해줄 계획 같은 것은 아예 있지도 않아서 탈이지만 말이다.

잘 알겠지만 인도 정부는 식품 보조금에 막대한 돈을 지출하고 있다. 하지만 간략히 말해서, 보조금은 생산자 가격을 높이는(다시 말해 농민들이 정부에 식량을 파는 판매가를 높이는) 방향으로 활용할 수도 있고, 소비자 가격을 낮추는(다시 말해 인도의 빈곤층 구매자들이 식량을 사서 자신들도 먹고 아이들도 먹일 수 있는 수준으로 가격을 낮추는) 방향으로 활용할 수도 있다. 그런데 농민들의 정치적 압력은 전자의 방향을 선호하는 데다, 확실히 그 영향력이 빈곤층 소비자들이 – 그리고 배를 곯는 인도의 아이들이 – 가지고 있는 혹은 가지길 꿈꿀 수 있는 정도보다도 월등히 크다. 그 결과 전반적으로 높은 식품 가격 체제가 형성되면서 (즉, 높은 조달 가격과 높은 판매 체제가 형성되며, 판매가가 조달가보다 낮음에도 불구하고) 조달을 확대시키는 동시에 수요를 둔화시킨다. 어마어마한 양의 식량 공급을 유도하면서 정작 먹을 것이 절박한 인도 아이들은 식량을 만져보지도 못하게 내모는, 희한한 가격체계다. 한편 재고량은 여전히 막대하게 쌓여가고, '식품 보조금'의 상당액이 이 막대한 곡물 재고량과 비대한 식량 관련 기관을 유지시키는 비용으로 들어가고 있다.

인도의 식량 정책은 지금 당장 철저한 점검이 필요하다. 농민들을 달래는 데 들이는 비용 면에서나, 또 불필요하게 막대한 식량 재고를 해를 넘도록 떠안고 가는 데 발생하는 비용 면에서의 불균형적 손실을 비롯해 거기에 들어가는 비용과 혜택에 대해 빈틈없는 경제적 평가를 내려야 한다. 이런 평가에는 인도 아이들의 두려움에 대한 인정 어린 이해도 필요하다. 인도의 아이들이 하루하루 배고픈 날을 맞으며 밝아오는 아침 해를 두려워하는 그 심정을 헤아려야 한다.

학교 교육을 받지 못하는 아동과 방치된 아동

학교 교육의 문제는 어떨까?

인도는 전 세계에서 학교 교육을 받지 못하는 아동 수가 가장 많다. 인도가 면적이 큰 나라라는 사실을 지적하면서 이런 통계치를 대수롭지 않게 여기는 이들도 있을지 모른다. 실제로 그 지적이 틀린 것은 아니다. 하지만 중국은 인도보다 훨씬 더 큰 나라인데도 학교 교육을 못 받는 아동 수가 인도에 비해 훨씬 적다. 게다가 비례적으로 따지자면, 인도는 아동의 학교 취학률 면에서 아프리카보다 그다지 낮지도 않다. 그런가 하면 인도에 크게 뒤처져 있던 방글라데시마저 최근에는 인도를 앞질렀다.

물론 학교 당국의 공식 통계치는 당장은 어느 정도의 위안거리가 될 수도 있다. 학교 당국의 통계치상으로는 학교에 등록되지 않은 인도의 아동 수는 극소수에 지나지 않으니 말이다. 하지만 이런 공식 통계치는 예전이나 지금이나 신뢰할 만한 것이 못 된다. 학교들은 출석 장려 인센티브에 현혹되어 등록생 수를 부풀리고 (가령 등록생 수를 출석생 수와 혼동하는 식으로) 출석률을 실제보다 훨씬 높게 잡고 있기 때문이다. 인도 센서스Census of India나 국가표본조사국National Sample Survey 같은 독자적 기관에서 조사한 결과에 따르면 여전히 정상 등교일에 등교하지 않는 인도 아동의 비율은 상당히 높은 편으로 - 다섯 명 중 한 명 꼴인 것으로 - 나타난다. 게다가 이는 지역별로 아주 불균형한 패턴을 보인다. 케랄라나 히마찰프라데시 같은 주의 학교에서는 거의 모든 아이들이 학교에 출석하는 반면, 우타르프라데시나 라자스탄 같은 주는 학교에 아예 나오지 않는 아동의 비율이 굉장히 높다.

확실히 인도는 학교 수가 많이 부족하다. 학교 운영도 너무 미숙하다. 이런 점을 자식(특히 딸)의 교육에 대한 부모들이 관심이 부족하다고 여기며 이를 문제점으로 지적하는 경우가 흔한데 이는 매우 잘못된 지적이다. 물론 이런 식의 추정적 '사실'은 아주 지겨울 만큼 제기되어 왔지만, 이 추정적 현상에 대한 진실을 캐기 위해 실시된 여러 건의 실증적 연구로 그 허위성이 밝혀졌다. 특히 그 허위성은 (진 드레즈, 아니타 람팔Anita Rampal을 비롯한 여러 명의 헌신적 조사자들이 동참한) 프로브PROBE 팀에서 학교 교육의 문제점에 대해 아주 광범위한 조사를 벌인 후 1992년에 발표한 결과를 통해 확실하게 드러났다.[2] 실제로 전 지역에 걸쳐 거의 모든 부모들이 (아들딸 가리지 않고) 자식들을 학교에 보내고 싶어 할 뿐만 아니라, 많은 지역에서 무려 80퍼센트가 넘는 부모들이 (인근에 신뢰할 만한 학교가 있다면) 자식을 학교에 보내기를 원하고 있다. 이는 대부분의 아이들이 학교에 다니는 그런 지역들뿐만이 아니라 아이들이 학교에 걸핏하면 결석하는 그런 지역들에도 해당된다. 말하자면 학교 결석문제의 원인을 다른 데서 찾아봐야 한다는 얘기다.

지역별 조사도 대체로 비슷한 결과를 보여준다. 가령 내가 노벨상 수상에 힘입어 설립자라는 영광을 얻게 되었던 프라티치 트러스트Pratichi Trust에서 처음으로 발표했던 교육 관련 보고서를 보더라도, 조사 지역 (대체로 인도 동부의 주)의 부모들은 (아들 딸 가리지 않고) 자식들을 학교에 보내고 싶은 마음이 이루 말할 수 없이 간절한 것으로 그 결과가 나타났다.[3]

부모들이 자식을 학교에 보내길 꺼린다는 식의 잘못된 진단을 생각하면 몇 가지 이유로 아주 안타까운 마음이 든다. 그 첫 번째 이유는 정부가 의무를 훌륭히 수행하지 못한 실책을 둘러대기 위해 오랜 세월동안 이런 잘못된 진단을 변명거리로 삼았기 때문이다. 그동안 정부는 이런 잘못된 진단을 전반적으로 인도의 학교 교육의 문제점에 대해, 그중에서도 특히 여자 아이들 교육의 문제점에 대해 – 다른 그 어떤 요소보다 더 큰 책임이 있는 실책의 핑계거리로 삼아왔다. 독립 후 수십 년이 지나도록, 또 – 중앙정부나 주정부나 가릴 것 없이 – 정부가 교체되어도 부모들이 학교 교육을 꺼린다는 추정을 아이들, 특히 여자 아이들의 등교 유도에 실패한 주된 원인으로 언급해왔다. 하지만 프로브의 보고서를 비롯해 그 외의 실지 조사들이 하나의 예외도 없이 명백히 보여주고 있다시피, 부모들이 (남자아이들뿐만 아니라 여자아이들을 포함한) 모든 자식을 학교에 보내기 꺼려하는 경우는 대체로 드문 편이다.

학교 결석의 원인은 대개 다른 데 있다. 우선 편리하게 통학할 만큼 인접한 학교가 없다는 것이 한 원인이다. 게다가 학교를 더 많이 세우는 것도 정책적으로 중대한 문제이지만, 학부모들에게 (자신들이 경작에서부터 장사에 이르기까지 이런저런 돈벌이에 나가 있는 동안) 자식들, 특히 딸들이 학교를 안전하게 다닐 수 있다는 확신을 갖게 하는 일도 중대한 문제다. 이런 학교들의 상당수는 1인 교사제 학교인데 일부 지역에서는 교사의 결근율이 상당히 높아서 학부모들로선 학교에 보내봐야 하루 종일 아이들을 믿고 맡아줄 교사가 있을지 불안하기 일쑤다. 이 문제는 여자아이들의 경우에 특히 심각한 걱정거리가 되기 쉽다. 학부모들의 현실적이고 타당한 걱정거리를 간과하면서 잘못을 부모들의 괴팍함으로 돌리는 것은 안 그래도 악평으로 큰 모욕을 당하고 있는 이들에게 더 모욕을 가하는 식으로 편하게 묻어가려는 속셈이다.

한편 상당수의 학교들은 실험 교구가 전혀 갖춰져 있지 않다. 일부 학교는 실험실 자체가 없기도 하다. 대다수 부모들이 아들 딸 가리지 않고 자식들을 학교에 보내고 싶어 하지만 일부 부모들이 자식을 학교에 보내기 꺼려하는 특정 경우를 파악하려면 학교 수만이 아니라 교사의 참여도는 물론이고 실제적 시설을 아우르는 학교의 운영 방식도 주목해야 한다.

이쯤에서 내가 콜카타의 프레지던시 칼리지Presidency College에서 경제학을 공부하던 학창 시절이 떠오른다. 당시에 나는 비참할 만큼 낮은 봉급을 조금 올려달라고 요구하던 교사들의 운동에 동참한 적이 있다. 그것이 50년 전의 일이었고, 지금은 공무원의 급여 체계가 조정된 덕분에 교사들의 봉급도 크게 올랐다. 실제로 교사들의 봉급과 농업 노동자의 소득 간 상대적 격차를 비교해보면 그동안 교사들의 봉급이 급격히 올라서 현재는 그 격차가 그야말로 어마어마하게 벌어진 상태다. 일부 시사평론가들은 교사와 농업 노동자 간의 상대적 급여 문제를 제기하는 것에 반대한다. 굳이 이런 비교를 할 이유가 없다는 논지다. 이에 대해서는 충분히 반론이 제기될 만하며 실제로 교사와 노동자 간의 상대적 급여 비교가 아니더라도 유의미한 비교들은 그 외에도 많다. 하지만 교사-노동자 간의 급여 격차는 경제적 고려는 물론 근본적 차원의 사회적 관심과도 직접적 연관성을 갖는 문제다.

먼저 경제적 측면에서 보면, 교사-노동자 간의 급여 격차는 인도의 도시 지역은 물론 시골에 거주하는 약자들의 자녀 교육비와 연관성을 갖는다. (서西벵골 주의 시슈 시크샤 켄드라Sishu Siksha Kendra(SSK) 같은) 이른바 '대안' 학교에서는 똑같은 교사 자격증을 갖춘 능력 있는 교사들을 공립학교 교사의 표준 봉급의 일부밖에 안 되는 봉급으로 고용하는 일이 가능한데, 이런 사실은 인도의 문맹층 자녀들의 교육비가 얼마나 인위적으로 인상되었는지를 시사한다. 인도의 교사들이 현재 만족스러운 급여를 받고 있다는 점은 아주 다행스럽게 생각하지만, 학교를 늘리는 것과 관련된 암시적 비용도 고려되어야만 한다.

당연한 얘기겠지만 (서벵골 주나 마디아프라데시 주 등의) 수많은 주들이 점차 일반 학교를 갖추는 것보다는 '대안' 학교를 늘리는 방향으로 정책을 수행하고 있다. 프라티치 트러스트의 여러 보고서에 따르면 이런 대안형 SSK들은 일반 학교들에 비해 결코 뒤처지지 않는다. 이런 점을 생각하면 어느 정도 위안을 삼을 수도 있을 테지만(그런데다 SSK 교사들의 헌신도는 대개 모범적이지만) 대안적 노선은 장기적 해법이 될 수가 없다. 즉, 이런 대안학교들의 한정된 시설과 대안 체제가 그 임시변통적 구조 탓에 인도 학교 교육의 중심적 주류로 자리 잡길 기대하기 힘들다는 점을 감안하면 장기적 해법으로는 부적절하다. SSK는 땜질식 해법일 뿐이며 적절한 규모의 일반 학교를 건립하는 한편 학교 수를 늘리는 비용적 여유를 갖추는 등 기본적 문제가 해결되어야 한다.

이번엔 경제적 문제 못지않게 직접적 연관성을 갖는 사회적 문제를 짚어보자. 프라티치 교육 부문 보고서에서도 잘 보여주고 있다시피, 소외 계층 가정 아이들의 부모들은 괄시받고 무시당하는 기분을 느끼고 있다. 교사들의 결근율은 전반적으로 꽤 높은 편이지만, 특히 상당수의 학생들이 소득이 변변찮고 낮은 사회적 지위를 가진 빈곤 계층 가정 출신인 학교들의 경우에는 그 결근율이 지나칠 만큼 높다. 빈곤층 아동과 그 아동의 가정, 그리고 학교에서 후한 급여를 받는 (또한 여러 조사 결과가 보여주듯, 약자 계층의 아이들에게는 별 관심이 없는) 교사들 사이에 큰 '계층 격차'가 벌어져 있다.

한편 학교에서 제공되는 초등교육의 보충 학습으로서 개인 과외가 급격히 늘고 있는데 이런 현상은 학교 제도가 얼마나 부실한지를 드러내는 증거일 뿐만 아니라 부유층은 돈으로 자녀에게 추가 교육을 시키는 식으로 부실한 학교 교육의 폐해로부터 얼마든지 벗어날 수 있음을 보여주기도 한다. 초등학교 아동에게 개인 과외를 시키는 것은 사실상 인도와 남아시아 외의 지역에서는 생소한 풍경이다. 나는 작년에 중국에서 교육 전문가들과 대화를 나누던 중에 이 얘기를 꺼냈다가 그런 현상에 대해 설명하느라 진땀을 뺐던 적도 있다. 그 사람들은 초등학생에게 개인 과외를 시킨다는 것은 생전 처음 듣는 얘기라고 했다! 인도의 이런 유별난 제도의 폐해는 그런 제도로 인해 유발되는 불공평만으로 그치지 않고, 효율성 개선과 관련해서도 나타난다. 부유한 부모들은 보충 학습으로 개인 과외를 시키면서 부족한 부분을 메울 능력을 갖추고 있는 만큼 학교의 낮은 교육으로부터 그다지 큰 피해를 입지 않기 때문에 학교의 운영 방식 개선에 자신들의 영향력을 행사하는 쪽에는 별 관심이 없다.

(마땅히 그럴 만도 하지만) 지금껏 교사들의 독립성뿐만 아니라 충분한 급여에 대한 권리를 극단적으로 옹호해온 교원노조는 초등학교의 역할을 향상시킴으로써 인도의 사회정의와 공평성을 증진시키는 일에서도 중요한 역할을 펼쳐야 한다. 그와 더불어 제도 개혁을 위한 중요한 역할도 맡으면서 – 프라티치 팀이 제안해온 방식대로 – (빈곤층과 소외 계층 학부모들에게 실질적 대표성이 주어진) 학교 중심의 교사-학부모 위원회의 마련을 주장하는 동시에 이런 위원회가 학교 운영은 물론 가능하다면 예산 배정에까지도 영향력 있는 목소리를 내도록 요구할 수도 있다. 또한 학교 운영을 개선하기 위한 시도로서, 현재 여러 주에서 폐지된 교육 시찰 제도를 부활시킬 수도 있다. 앞에서 언급했듯 인도 아이들의

기아 문제가 공공 정책의 불공평성과 비효율성이 주된 원인이라면, 인도 아이들의 문맹 문제 역시 그와 유사한 쟁점에서 다뤄져야 한다.

점심 급식의
여러 가지 장점

인도의 빈곤층 및 부유하지 못한 가정에서 태어난 인도 아이들에 대한 의료 서비스와 보건에 대해서도 유사한 쟁점을 제기할 만하다. 여기서는 의료 서비스와 보건 부문에 대한 부연 검토를 시도하기보다는 이미 제기한 쟁점 몇 가지를 더 깊게 살펴보면서 이 에세이의 나머지 부분을 인도 아이들의 학교 교육과 관련지은 다음의 두 가지 의문에 할애하려 한다. 첫째, 기아와 영양 결핍의 문제가 학교에서의 조리식 형태의 점심 급식 제공 같은 프로그램을 통해 학교 교육과 병행하여 다루어질 수 있을까? 둘째, 학교 교육이 인도 아이들의 미래를 위해 그토록 중요한 이유는 뭘까?

점심 급식은 인도에서 창안해낸 혁신이 아니다. 수세기 전부터 유럽과 그 외의 지역에서 아이들이 학교에 더 호감을 느끼도록 유도하고 아이들을 더 잘 먹이기 위해 활용되어왔다. 최근 들어 인도의 모든 학교에 점심 급식을 보편화하기 위한 여론이 크게 일고 있다. 인도 대법원이 최근에 인도 아이들의 '권리'를 지지하는 발언을 하면서, 학교에 다닐 권리뿐만 아니라 학교에서 조리식 점심을 제공받을 권리까지 옹호한 것에 힘입은 바가 크다. 인도의 많은 주들은 학교 급식을 실시할 만한 돈이 없다고 주장한다. 지금 현재, 실제로 인도의 몇몇 주는 재정 곤란을 겪고 있다. 앞에서 살펴봤던, 학교 교사들의 급여까지 포함하는 공공 부문의 급여 인상은 확실히 일부 주를 보다 더 파산 지경에 이르게 하는 데 한몫했다. 이런 재정 문제는 중앙 정부가 지방의 주들을 보조할 수 있으므로 이와 같은 중요한 노력과 관련해서 협력의 방법과 수단을 생각해봐야 한다.

하지만 주들은 맡은 바 책임과 우선순위를 다시 검토해봐야 한다. 실제로 타밀나두 주의 선구적 사례를 비롯해서 많은 주에서 점심 급식 프로그램을 훌륭히 운영하고 있다. 라자스탄 주 같은 또 다른 주들은 급식 제공을 위한 행동에 착수했다. 급식 제공이 주의 주된 우선 과제에 해당된다는 결정만 내린다면 기본적으로 경제적인 면에서는 모든 주가 이렇게 하지 못할 이유가 없다. 하지만 문제가 있다. 점심 급식을 최우선적으로 삼을 정도의 압도적으로 중대한 시행 과제로 봐야 할지 말지의 문제인데, 그 근거를 세우기는 어렵지 않다. 즉, 학교에서 제공되는 조리식 점심 급식은 광범위하고 서로 상호 관계적인 수많은 혜택들을 부여한다는 점이 좋은 근거다.

구체적으로 설명하자면 우선 첫째, 인도의 아이들이 세계적으로 드문 영양 결핍을 겪고 있는 만큼 모든 학생들에게 급식을 제공함으로써 이런 박탈을 완화시킬 수 있다. 이 점은 건강 증진 면에서 급식 제공의 강력한 근거가 된다. 유년기의 영양 결핍으로 인한 신체 건강 및 지적 능력의 손실은 다수의 인도 국민이 처한 곤경인데, 이 곤경이 학교 급식을 통해 현저히 감소될 수도 있다.

둘째, 학교 급식은 학교에 대한 호감도를 높여준다. 그리 놀라운 얘기는 아닐 테지만, 실제로 실증적 연구를 통해서도 이런 급식 제공이 출석률에 아주 긍정적인 영향을 미치는 것으로 나타났다. 이런 의미에서 보면 급식은 학교 제도의 효율성에 보탬이 되는 요소다.

셋째, 빈곤층 가정의 아이들은 (프라티치 팀의 조사에서 나타난 것처럼 빈번히) 허기진 배로 학교에 나오는 탓에 학습에 대한 흥미도가 상당히 떨어진다. 급식은 학교 교육에 보탬이 될 뿐만 아니라 사실상 학습지도 과정의 효율성에도 이바지할 수 있다.

넷째, 학교에서의 급식이 이른바 '건식 배급dry ration'보다는 조리된 형태로 제공되면 집에서 식사를 할 때 겪게 되는 성 편견에서 벗어날 수 있다. 학생들에게 급식을 제공할 경우 여자아이들이 집안일에서 벗어나 학교에 등교하게 되는 방향으로 특히 긍정적인 영향을 미치는 것으로 여겨진다.

다섯째, 학교에서 카스트, 종교, 계층, 인종의 차별 없이 다 같이 어울려 식사를 하는 경험은 보다 단결된 인도를 만들어가는 측면에도 도움이 된다. 같이 어울려 학교 교육을 받는 것은 그 자체로 평등주의적 경험이며, 학교에서 같이 어울려 밥을 먹는 것은 비차별적 태도를 장려하는 데 큰 도움이 될 수 있다.

반면 점심 급식을 반대하는 사람들은 몇 가지 난관을 지적한다. 가령 재정적 난관을 지적하는데, 이는 조금 전에 살펴봤다시피 확실히 극복 가능한 문제다. 게다가 조직적 문제도 있다. 특히 (라자스탄 주에서 식재료로 사용하는 곡물의 사례처럼) 선정된 식재료가 아주 번거로운 조리 과정이 필요할 수도 있고, 경비를 절약하려고 질 낮은 식재료를 써서 병을 유발시킬 가능성도 배제할 수 없다. 이와 같은 조직적 문제는 (식재료로 쓸 곡물의 종류에 대해서나, 조리 과정이 수월해도 영양학적으로 아이들에게 더 좋을 수도 있는지 여부를 꼼꼼히 따져보는 등) 신중한 조사와 관심이 필요하다. 이런 문제들은 실제로 많은 주에서 극복해온 문제인 만큼 다른 주들도 충분히 극복 가능하다.

이따금씩 일각에서는 학교 교육의 주안점은 밥을 먹이는 것이 아니라 교육을 시키는 것이니 교사들이 음식 조리까지 감독해야 할 필요가 없다고들 주장한다. 이런 식의 주장은 아이들의 삶을 단편적으로만 바라보고 하는 소리다. 사실, 좀 더 폭넓은 관점에서 바라보면 또 다른 주장도 가능하다. 학교 급식의 제공이 일반화되면 아이들의 결석률만이 아니라 교사들의 결근율 역시 줄어들 수 있다. (급식 제공이 없는) 전통적 유형의 학교에서는 교사가 학교에 잘 나오지 않을 경우 아이들은 장기적 손해(몇 시간이 아니라 수년 동안에 걸친 교육 혜택 상의 손해)를 입기 쉽지만, (그 나이에는 그럴 만도 하지만 어쨌든) 아이들이 공부 안 하고 놀기를 좋아할 경우엔 당장은 큰 불만이 일어나지 않을 수도 있다. 반면에 아이가 학교에서 제공되는 급식에 의존하는 상황이라면 교사의 결근은 곧바로 동요를 일으킬 정도의 영향을 미친다. 이럴 경우엔 교직원의 결근이 더 큰 항의를 유발시켜, 학교가 보다 체계적으로 운영되는 데 긍정적인 영향을 미칠 수도 있다. 학교 급식은 (종종 제기되는 주장처럼) 정상적 학습지도에 '방해'가 되기보다는 골칫거리, 즉 교사들의 잦은 결근 문제를 완화시켜 결과적으로 학습지도의 효율성을 높여줄 수 있다.

등교의
중요성

　　　　　이번에는 앞에서 던진 두 번째 의문을 풀어보자. 학교 교육이 중요한 이유는 뭘까? 인도에서는 예전부터 줄곧 정규 학교 교육의 가치에 대한 회의론이 많았다. 마하트마 간디조차 회의론에 목소리를 보탰을 지경이다. 실제로 인도에서는 학교 교육의 우선시에 대한 회의론적 의문이 굉장히 자주 제기되어, (일본, 중국, 한국, 베트남에서부터 프랑스, 영국, 미국, 브라질, 쿠바에 이르는) 인도 외의 거의 모든 국가들과는 완전히 대비되는 양상을 보이고 있다. 따라서 지금부터는 뻔한 얘기를 굳이 설명하는 무리수를 감수하면서라도 학교 교육의 중요성에 대해 이야기해보려 한다.

　사실 학교 교육의 중요성은 말 그대로 이루 다 헤아릴 수 없을 정도이며, 그 범위도 다방면에 걸쳐 있다. 첫째, 문맹과 (숫자에 무지한) 수맹數盲은 그 자체로 크나큰 박탈이자 심각한 '비자유unfreedom'다. 읽고 쓸 줄도 모르고, 숫자를 셀 수도 없다면 그 사람은 자기 자신의 삶을 통제할 자유가 그만큼 줄어든다.

　둘째, 기초 교육은 취업을 하고 급여가 좋은 일자리를 구하는 데 도움이 된다는 측면에서 아주 중요할 수 있다. 인도는 기초 교육을 등한시한 탓에 국내경제 측면에서는 물론, 인도 전체로서 국제교역의 기회를 통해 이익을 얻을 능력이 저하되는 면에서 막대한 손해를 겪어왔다. 인도에서 (전문교육과 전문 기술 육성의 경우와 같은) 좋은 교육 기회가 있을 때마다 (적절한 학력을 갖춘) 인도인들이 세계적 제도를 훌륭히 활용할 수 있긴 했으나, 그럼에도 여전히 기초 교육을 더욱 확대할 필요성이 (기초 기능을 보다 폭넓게 전수시킬 필요성과 더불어) 강력히 요구된다.[4] 인도는 최근의 동아시아와 동남아시아의 경제적 성공에 시샘의 눈길을 보내며 세계화된 거대 무역에서 기회를 엿보고 있다. 세계화된 거대 무역의 기회는 실제로 어마어마하지만 그 기회를 적절히 활용하기 위해서는 국민 기초 교육이 아주 유용한 요소가 될 수 있다. 이런 기초 교육과의 연관성은 늘 상존해왔으나 급속도로 세계화되는 세상, 즉 엄격한 사양에 따른 품질관리와 생산이 극히 중요한 지금의 세계화된 세상에서 특히 중대한 의미를 갖는다.

셋째, 학교 교육은 단지 교육의 기회만이 아니다. 집 밖으로 나와 서로 다른 가정에서 자랐고, 서로 다른 가치를 지니며, 서로 다른 인생 경험을 가진 타인들을 만나는 사회적 기회이기도 하다. 학교 교육의 규율은 가정에서의 체험과는 아주 색다른 경험을 하게 한다. 학교에 다니는 아이의 교육은 정규 수업만이 아니라 학교 교육 자체의 경험을 통해서도 이뤄진다.

넷째, 문맹인 채로 살다 보면 자신의 법적 권리를 제대로 이해하지도 못하고 그런 권리가 있는 줄도 모르기 십상이다. 예를 들어, 문맹 여성들의 경우엔 그나마 있는 제한된 권리들조차도 온전히 사용하지 못한다. 이 점은 이미 수년 전에 살마 소브한Salma Sobhan의 선구적 연구를 통해서도 입증된 바 있다.[5] 학교 교육을 제대로 받지 못할 경우, 교육 박탈층들은 그런 박탈에 맞설 방법과 수단에서 멀어짐으로써 곧바로 불안전한 상황으로 내몰리는 셈이다.

다섯째, 문맹은 약자들이 정치적 목소리를 내지 못하게 함으로써 결과적으로 약자들을 불안전함 속으로 내모는 직접적 원인이 될 소지가 있다. 정치적 목소리와 안전은 경우에 따라 아주 긴밀한 관계로 이어져 있다. 민주주의에서는 대규모 기근이 발생하지 않는다는 사실은, 정치적 목소리와 정치적 참여의 유효성을 명백히 보여주는 하나의 사례에 불과하다. 기초 교육은 사람들이 보다 유효한 목소리를 갖도록 해줌으로써 매우 보호적인 역할을 한다. 따라서 기초 교육은 그만큼 인간 보호에 핵심적인 요소다.

여섯째, 최근 몇 년 사이에 실시된 실증적 연구들에서 아주 명확히 밝혀졌다시피 여성의 복지와 관련된 관심과 존중은 여러 변수에 따라 크게 좌우된다. 가령 혼자 힘으로 돈을 벌 수 있는 능력, 사회에 나가 일자리를 구할 수 있는 능력, 소유권의 획득 능력, 글을 읽고 쓸 줄 알며 가정 안팎에서의 결정에 식견 있게 끼어들 수 있는 능력 등의 변수에 따라 영향을 받는다. 실제로 개발도상국의 남자들과 비교한 여자들의 생존적 불리함조차 여성의 주체적 역할이 증진될수록 크게 줄어드는 것으로 보이며 심지어 아예 뿌리 뽑힐 가능성마저 엿보인다.[6]

여성의 상황에 유리하게 작용하는 여러 가지 특징(여성의 경제력, 사회에서의 경제적 역할, 읽고 쓰는 능력 및 교육적 소양, 재산권 등등)은 얼핏 보기에는 다소 별개이며 서로 무관한 것 같지만 한 가지 공통점이 있다. 대폭적 역량 강화를 통해 여성의 목소리와 주체성에 힘을 보태주는 데 긍정적 기여를 한다는 점이다. 그 한 예로 문학에서 확인되는 여러 가지 변수들도 하나같이 힘을 키워주는 역할을 한다.

이런 역할은 여성 자신을 위해서만 중요한 것이 아니다. 가족 내에서 결정을 좌우하는 힘과 위계에 미치는 영향력을 통해 모든 이의 삶에도 광범위한 영향을 미칠 수 있다. 그 중요한 증거는 여성의 역량이 크게 강화될수록 출산율이 크게 떨어지는 경향이다. 이는 당연한 얘기다. 자식을 많이 낳고 기를 경우 가장 타격을 입는 삶은 바로 여성들의 삶이며, 여성들의 결정력을 높여 주고 그 관심사에 대한 주목을 높이는 것들은 대개 너무 많은 아이의 출산을 저지하는 경향을 띠기 때문이다. 예를 들어, 인도 내의 여러 지역을 대상으로 (맘타 무르티Mamta Murthi와 진 드레즈가 주도하여) 실행한 비교 연구에 따르면 여성의 교육과 취업은 출산율을 떨어뜨리는 데 가장 결정적 영향을 미치는 2대 변수라고 한다.[7]

여성의 교육과 읽고 쓰기 능력은 대체로 아이들의 사망률을 떨어뜨린다는 증거 또한 많다. 이런 능력의 영향은 여러 가지 방면으로 발휘되긴 하지만, 아마도 가장 직접적 영향은 자녀의 복지를 중시하는 정도와 주체성이 존중되고 권한이 커진 엄마들이 가정 내에서 아이의 복지와 관련된 사안을 결정할 때 발휘될 것이다. 마찬가지로, 여성의 능력 강화는 (무르티와 드레즈가 이 부분에 대해서도 증거를 제시해주었듯) 아동 생존에서의 성 불평등을 감소시키는 데(즉, 여아의 낮은 성비를 높이는 데) 큰 영향을 미치는 것으로 보인다.

여성의 기초 교육과 주체성이 미치는 영향력 간에 이런 상관관계는 학교 교육이 인간의 복지와 자유에 미치는 기여를 이해하는 데 상당히 중요하다. 여성의 (그것도 특히 어린 여아의) 생존적 불리함 제거, (성별을 막론한) 아동 사망률의 감소, 출산율 조절은 모두 생명과 존엄성을 위협하는 불리한 여건들을 제거하는 기본적인 쟁점에 속한다. 또 여아의 학교 교육은 사회 변화를 위해 극히 중요한 매개로 작용하기도 한다.

마지막으로, 학교 교육의 제공과 더불어 교육 및 커리큘럼의 범위도 생각해봐야 한다. 이와 관련된 쟁점은 세계화된 사회에서 전문 기술의 중요성만이 아니다. 학교 교육이 한 사람의 정체성과 우리가 서로를 바라보는 방식에 지대한 영향을 미칠 수 있다는 점 등 그 외에도 여러 가지 쟁점이 있다. 최근에 문명의 충돌이라는 관점이 사람들의 입에 심심찮게 오르내리고 있다. 여기에서 이런 관점과 관련해서 가장 직접적인 쟁점은 충돌의 불가피성이 아니다. (충돌의 불가피성 역시 쟁점이지만 그보다 더 우선시할 만한 쟁점이 있으니 바로) 인간을 하나의 – 정말로 단 하나의 – 차원에서만 바라보는 식의 기존의 추정적 주장에 대한 쟁점이다. 이런 독선적이고 획일적인 추정에 따라 사람들을 분류하는 관점은 그 자체로 정치적 불안정을 유도하는 한 원인이 된다.[8]

이 쟁점은 파키스탄을 비롯한 그 외 지역에서의 근본주의 성장과 관련된 마드라스(이슬람 교육기관)의 역할이라는 맥락에서 간접적으로 주목을 끌어왔으나, 문화적·교육적 편협화가 인도의 일부 정치적 집단에서 옹호되는 것을 보면 여기에서는 또 다른 맥락에서의 위험이 도사리고 있다. 즉, 학교 교재가 인도 역사의 이해에서 특히 '힌두교적' 관점을 과장하고 미화하느라 함부로 훼손된 맥락의 위험이다. 그로 인해 (인도-유럽족 이전의 인더스 문명이 꽃필 때부터 잇따른 새로운 이주의 물결을 받아들여 온) 인도 특유의 다원론적 유산이 인도의 과거를 다시 쓰려는 정치적 시도 속에 묻혀버리고 있다. 이는 바람직하지 않은 상황이다. 바르고 비당파적인 커리큘럼의 중요성은 인도 아이들에게 더 나은 미래를 보장해주는 교육에서 아주 핵심적 요소가 될 수 있기 때문이다.

교육은 음식과 마찬가지로 양분의 원천이다. 아이들의 배를 주리게 하거나, 기술습득을 등한시하거나, 잠재력을 허비시켜서는 안 되듯이 아이들의 정신에 독을 주입시켜서도 안 된다. 우리는 지금까지 오랫동안 - 편협한 식량정책, 교육적 시도의 태만, 부적절한 건강 제도를 통해 - 안 그래도 제 발등을 찍어왔는데 이제는 학교 교과과정에서의 미개함으로 또 다른 식의 제 발등 찍기를 부추기고 있다. 인도의 아이들은 그보다 더 나은 대우를 받아야 마땅하다. 아이들에게 필요한 것은 밝은 햇빛이지, 어둠이나 '이야기들이 오히려 더 부추기는' 두려움이 아니다.

함께 세상을
살아간다는 것:
상호 의존과 세계 정의

그동안 쭉 주장되어 왔듯, 정의는 그저 실행되는 것만으로는 안 되며 '눈에 띄도록' 행해져야 한다. 혹은 보다 구체적으로 부연하자면 (1923년에 휴워트 경이 그 유명한 견해를 통해 피력했듯) 정의는 '의심의 여지없이 확연히 눈에 띄어야 한다.' 정의의 이런 필요조건을 생각해보는 일은 세계화를 바라보는 전반적인 찬반론이나 성공적인 세계화 측면에서 상호 의존성을 지닌 특별한 역할에 대해 평가할 때 유익하다. 경제적 세계화가 전체적 목표로서 뛰어난 장점을 지니고 있으며 현대 세계에 아주 긍정적 기여를 한다는 주장에는 나름의 충분한 근거가 있다. 그런가 하면 또 한편으론 세계화가 극빈층을 비롯해서 모두에게 명백한 축복이라는 점을 수많은 이들에게 – '이해'하도록 – 설득하는 데 다소 어려움이 있다는 반론 역시 부인하기 힘든 사실이다. 이런 반론은 그 자체로 세계화라는 목표의 가치를 떨어뜨리지는 못하지만, 그럼에도 세계화가 '명백하고 의심의 여지없이' 좋은 목표라는 점을 모든 이들에게 이해시키기 어려운 이유를 검토해볼 만한 필요성은 제기해준다.

세계화라는 중대한 문제의 평가에는 반드시 수반되어야 할 노력이 있다. 즉, 어째서 그토록 많은 비평가들이 단순한 외고집과 완고함이 아닌 반론을 펴며 세계화가 세계의 박탈 계층에 큰 혜택이 된다는 사실을 받아들이기 힘들어하는지 그 이유를 이해하려 노력해야 한다. 수많은 이들, 특히 세계에서 상대적 빈국에 속하는 국가의 사람들이 세계화가 자신들에게 이롭다는 점을 정말로 받아들이기 힘들어한다면 그런 반발적 의식의 바탕에는 분명 아주 심각한 난제가 깔려있기 때문이다. 그 구체적 난제로는, 공공적 논증의 역할에 대한 문제, 그리고 철학가 존 롤스가 이름 붙인 대로 이른바 '공공적 생각의 틀', 즉 '분별 있는 주체자들 사이에서의 공통된 견해에 대한 근거'를 제시해주는 틀의 필요성에 대한 문제가 있다. 롤스 자신의 비평적 평가에 대한 분석에서는 정의의 문제가 대체로 한 국가로 그 범위가 국한되어 있었다. 그러나 그의 분석은 세계적 쟁점뿐만 아니라 적절한 세계화의 목표는 물론 그 방법과 수단을 평가하려는 시도에도 확대될 수 있다. 세계화의 목표는 의식의 관계를 외면한 채로 상품의 관계에만 관심을 두어서는 안 된다.

혜택의 분배

1년 전에 UN 총회에서는 사무총장에게 '결속 강화'를 위한 '세계화와 상호 의존'과 관련한 공식 보고서 마련을 촉구했는데, 이는 세계화의 방법과 수단을 다루는 상투적인 문제만이 아니라 그 혜택의 투명한 평가와 식별 가능성을 다루는 문제에 대해서도 문을 열어준 의미 있는 일이었다. 여기에서 특히 관심 있게 다뤄야 할 문제는 세계 경제의 관계를 어떤 식으로 평가해야 폭넓게 공감할 만한 이해를 도출할 수 있는가다.

그러면 지금부터 세계 경제의 관계에 대해 간략한 평가를 해보자. 현재 세계의 수많은 지역에서는 몹시 인상적으로 세계화가 진행되고 있다. 또 세계 경제가 세계의 여러 수많은 지역에 번영을 가져다주었음에는 의심의 여지가 없다. 몇 세기 전까지만 해도 세계는 만연한 빈곤과 '끔찍하고 냉혹하게 짧은' 삶들이 압도적으로 많았고 풍족함을 누리는 이들은 극소수에 불과했다. 이런 궁핍을 극복하는 과정에서는, 현대 기술의 보급뿐만이 아니라 광범위한 경제적 상호 관계 역시 아주 영향력 있고 생산적인 역할을 해왔다.

한편 현대 기술이 안겨주는 크나큰 이득, 국제무역과 국제 교류의 확고부동한 효율성 및 닫힌 사회보다는 열린사회에서의 삶이 가져다주는 경제적, 사회적 장점을 차단시킨다고 해서 전 세계 빈곤층의 경제적 어려움이 제거되는 것도 아니다. 오히려 심한 박탈에 처한 국가의 국민은 (이를테면 에이즈 치료를 위해 새롭게 개발된 의약품의 이용 같은) 현대 기술의 결실을 접하게 해달라고 아우성치고 있다. 설탕에서부터 직물에 이르기까지 아주 다양한 상품을 구하기 위해 더 잘사는 국가들의 시장에 더 넓게 접하길 꿈꾼다. 또 세계의 다른 국가들로부터 더 많은 목소리를 듣고 더 많은 주목을 끌기를 원한다. 세계화의 결과에 대한 회의론이 있다고 해도, 고통을 겪는 사람들의 폐쇄성이 그런 회의론의 원인으로 작용하는 경우는 없다.

사실 세계화에서 실질적으로 따져볼 가장 우선적 쟁점 사항에는 경제적 유대 관계, 기술적 진보, 정치적 기회가 안겨주는 비범한 혜택을 박탈층과 약자들에게 적절한 이익이 되는 하나의 방편으로써 잘 활용할 수 있느냐의 문제도 포함된다.[1] 나는 바로 그것이 반세계화 운동을 통해 제기되고 있는 건설적 쟁점이라고 생각한다. 즉, 궁극적으로 반세계화 운동의 쟁점은 세계적 경제 관계를 비난하는 차원이 아니라 세계화의 혜택을 보다 공평히 분배시키는 차원이라고 본다.

분배가 얼마나 공평한가?

반세계화 시위자들과 세계화 옹호자들 양측이 쟁점화 삼는 것들 중에서 아주 두드러지게 부각되는 분배의 문제는 어느 정도 설명이 필요하다. 적어도 내 판단상으론, 분배라는 이 중요한 쟁점은 다소 초점이 애매한 주장들이 널리 퍼지면서 그 본질이 흐려져왔다. 이를테면 심심찮게 제기되는 주장인, 빈곤층이 더 빈곤해지고 있다는 그 주장을 살펴보자. 사실 이런 주장은 결코 일반적 상황을 가리키는 것이 아니다. 실제로 그런 상황이 벌어지는 특정 경우가 일부 있을 뿐이다. 그런가 하면 어떤 경우든 그 판단도 무엇을 경제적 번영의 지표로 삼느냐에 따라 크게 좌우되며, 그 답도 하나의 목소리만을 담고 있지 않다. 게다가 실패의 책임은 세계적 관계의 특성에만 국한되지 않으며, 대체로 국내의 경제적, 사회적 정책의 특성에 더 직접적이고 강하게 결부되어 있다. 세계적 경제 관계는 예를 들어 기초 교육, 보건, 토지개혁, (소액 대출 등의) 대출 제도 등의 확대 같은 적절한 국내 정책과 어우러져 유리하게 작용할 수 있다. 사실 이런 주장과 관련된 문제들은 공공적 담론으로 삼기에 훌륭한 주제이기도 하다. 그 이유는 추정적 주장상의 문제들이 무비판적이고 급속하게 퍼질 경우 경제를 제대로 이해하는 데 큰 걸림돌이 될 수 있기 때문이다.

반면에 현재와 같은 형태의 세계화를 열렬히 지지하는 이들은 세계의 빈곤층이 대체로 (흔히 제기되는 주장처럼) 더 가난해지는 것이 아니라 가난에서 점점 벗어나고 있다는 식의 견해를 펴며, 그것을 옹호론의 중요한 근거로 삼기도 한다. 말하자면 세계화가 빈곤층에게 불공평하지 않고 이들 빈곤층 역시 혜택을 보고 있는데 무슨 문제냐는 논리다. 이런 논리를 적절한 주장으로 받아들일 경우 이제 전반적 논의의 초점은, 실증적 논의상 대체로 어느 쪽 주장이 옳은가의 문제에 맞춰진다. 과연 빈곤층은 더 가난해질까, 더 풍족해질까?

하지만 이것이 적절한 질문의 초점일까? 나는 절대 아니라고 생각한다. 빈곤층이 조금 더 풍족해질 수 있다 해도, 그렇다고 반드시 빈곤층이 세계화를 통한 경제적 상호 관계 및 막대한 잠재적 혜택을 공평하게 분배받는다고 보기에는 무리가 있다. 국제적 불평등이 근소하게나마 확대되고 있느냐, 축소되고 있느냐도 적절한 질문의 초점은 아니다. 현 세계의 한 특징인 지독한 가난과 심화된 불평등에 강하게 반발하거나 세계 협력의 혜택이 불공평하게 분배되는 것에 항의하기 위해서는, 불평등이 굉장히 심할 뿐만 아니라 점점 더 심해지고 있다는 사실을 굳이 증명할 필요조차 없다.

정작 핵심 쟁점은 너무도 빈번히 (논쟁의 양측이 제시해온) 부차적 문제를 둘러싼 과열된 논쟁에 가려져 주목받지 못해왔다. 협력을 통해 이득이 생기면, 협력하지 않을 때에 비해 각 당사자에게 득이 될 만한 여러가지 선택적 합의안들이 존재한다. 따라서 필요한 것은 이득의 분배가 '공평하거나 용납 가능한지'를 따지는 일이지, (아주 많은 선택적 합의안이 대체로 이득이 있는 마당에) 모든 당사자들에게 이득이 있느냐 없느냐를 따지는 일이 아니다. 수학자이자 게임 이론가인 존 내시가 반세기도 더 전에 (1950년에 경제학 학술지 「이코노메트리카Econometrica」에 게재되었으며, 스웨덴 왕립과학아카데미에서 그에게 노벨 경제학상을 수여하며 인용했던 저술에도 들었던 논문에서) 설파했듯, 핵심적 쟁점은 특정 합의가 협력이 전혀 없는 상황보다 모두에게 더 유리한가 아닌가의 여부가 아니라, 성사 가능한 선택적 합의안들을 고려할 때 특정 분배가 공평한가 아닌가의 여부다.[2] 협력에서 이끌어낸 분배의 합의가 불공평하다는 비난은 모든 당사자가 협력이 없는 경우와 비교해서 더 잘살게 되었다는 지적만으로는 반박될 수 없으며 다음의 지적 또한 필요하다. 그러한 분배적 합의안들이 많이 – 말 그대로 헤아릴 수 없을 만큼 많이 – 존재하며, 따라서 실질적 과제는 이런 여러 가지 합의안 가운데 선택해야 하는 일이다.

망상 쫓기

이번엔 비유를 들어 요점을 설명하겠다. 유난히 불

평등하고 성차별이 심한 가족의 합의가 불공평하다고 주장하기 위해서, 가족이 아예 없었다면 여자들이 비교적 더 잘 살아왔을 것임을 증명하는 것은 불필요하다. 그 점은 중요한 문제가 아니다. 오히려 중요한 논점은 기존의 관례상 가족 내의 혜택 분배 체제가 심각하게 불평등한지 아닌지에 있다. 대체로 세계화를 둘러싼 논쟁은 확립된 경제 질서를 통해 빈곤층에게도 혜택이 돌아가느냐에 쟁점을 맞춰왔으나 이는 부적절한 초점이다. 사실상 궁극적으로 보면 잘못된 쟁점을 따지고 있는 셈이다. 오히려 중요하게 따져야 할 쟁점은 정치, 경제, 사회적 기회를 덜 불평등하게 분배하면서 더 공평한 거래가 가능한지 여부와 더 공평한 거래가 가능하다면 어떤 식의 국제적, 국내적 합의를 선택하느냐에 대한 것이다. 이 문제야말로 정말로 중요한 쟁점이다.

세계 경제의 약자들에게 더 유리한 거래를 요구하는, 이른바 '반세계화' 시위자들은 — 그들 자신의 구호와는 반대로 — 사실상 반세계화라고 보기 곤란하다. 우선 이들의 추구 방향은 재편된 세계 질서 속에서 더 공평한 거래, 더 정당한 기회의 분배를 지지하는 쪽으로 맞춰질 수밖에 없다. 게다가 이른바 '반세계화 시위'가 이제는 현 세계에서 가장 세계화된 이벤트로 꼽힌다는 사실에는 반박의 여지가 없다. 말하자면 이들이 궁극적으로 추구해야 할 지향점은 단순한 지역적 고립이 아니라 세계적 해법이다.

하지만 세계화된 경제적, 사회적 관계를 통해 서로 다른 그룹들 사이에 이뤄지는 거래가, 이런 관계를 조금도 망가뜨리거나 훼손시키지 않은 채로, 특히 세계 시장경제를 무너뜨리지 않은 채로 변화하는 것이

가능할까? 적어도 내 판단상으론 전적으로 가능하다. 사실 시장경제의 활용은 서로 다른 여러 가지 소유 패턴, 자원 이용 가능성, 사회적 기회, (특허법, 독점 금지법 등의) 거래 규정과 밀접하게 결부되어 있다. 그런데 시장경제 자체가 바로 이와 같은 조건들에 따라 다양한 가격, 거래 조건, 소득 분배는 물론이요 보다 보편적으로 다양한 전반적 결과도 발생시킨다. 사회보장제도를 비롯해 공적 개입을 위한 합의 역시 시장 작용의 결과에 변화를 일으킬 수 있다. 한편, 시장 작용은 불평등과 빈곤의 만연 정도를 급격히 변화시킬 수도 있다. 이 모든 변화에서 필요한 것은 시장 경제의 파괴가 아니라, 어떤 시장적 해법이 출현할지 좌우하는 데 한몫하는 경제적, 사회적 조건의 변경이다.

시장경제를 활용할지 말지는 여기에서 중요한 문제가 아니다 - 중요한 문제가 되어서도 안 된다. 시장경제를 활용할지 말지에 대한 이런 피상적 의문에 대해서라면 그 답은 아주 쉽다. 시장적 관계가 마련해주는 교류와 전문화의 기회를 대폭적으로 활용하지 않고는 경제적으로 큰 번영을 이루기 불가능하므로 답은 물어보나마나 뻔하다. 시장경제의 작용에는 심각한 결점(일례로 불균형적이면서 보다 보편적 관점에서는 불완전하기도 한 정보)이 있기도 해서 공공 정책의 수립 시에 이런 결점이 고려되어야 하지만, 그럼에도 불구하고 시장제도를 전반적 엔진으로 삼지 않은 채로는 경제 발전을 이뤄나갈 방도가 없다. 시장의 활용은 산문을 이야기하는 것과 비슷하다. 이야기할 주제로 어떤 산문을 고르느냐에 따라 전개가 크게 달라진다.

세계화된 관계 속에서 시장경제는 단독으로 작동하지 않는다 - 일정 국가 '내에서조차' 단독으로 작동할 수 없다. 세계화된 관계 속에서는 시장을 포함하는 전반적 시스템이 (물리적 자원의 분배 방식, 인적 자원의 개발 방식, 기업 관계의 보편적 원칙, 구축되어 있는 사회보장적 합의의 양상 등) 여러 가지 촉진 조건에 따라 아주 개별적으로 다른 결과를 유발시킬 수 있을 뿐만 아니라 이런 촉진 조건들 자체가 국내외에서 작동되는 정치, 경제, 사회적 제도에 크게 의존하기도 한다. 여러 실증적 연구를 통해 충분히 입증되었다시피 교육, 역학(疫學), 토지개혁, 소액 대출 제도, 적절한 법적 보호 부문 등에서의 공공정책에 따라 시장적 성과의 특징이 크게 영향받지만, 그와 동시에 이런 공공정책의 각 부문들 역시 더러는 지역적, 세계적 경제 관계의 성과를 크게 바꿔놓을 만한 공공 행위에 영향을 받아 행해진다. 더 큰 번영을 이루고 공평과 안보를 더 끌어올리기 위해서는 바로 이런 상호 의존성을 상기하면서 잘 활용해야 한다.

사실 시위운동이 표출하는 비판적 목소리는 아주 긍정적인 역할을 하기도 하는데, 그 목소리의 초점은 형식적 문제가 아니라 실질적 문제에 맞춰져야 한다. 대체로 세계자본주의는 민주주의 확립, 기초 교육 확대나 사회 약자들의 사회적 기회 증진 같은 문제보다 시장 관계 영역을 팽창시키는 쪽에 훨씬 더 관심이 쏠려 있다. 이는 부인할 수 없는 분명한 사실이다. 단순히 시장의 세계화에 불과한 세계화는 세계 번영의 측면에서 아주 부적절한 접근법이 될 소지가 있다. 감시와 시위 활동은 바로 이런 점을 끊임없이 인식함으로써 건설적 역할을 할 수 있다.

세계 정의의
분배

　　세계의 한 특징으로 자리 잡은 불공평은 특히 제도적 합의에서 해결되어야 할 여러 가지 태만 및 책무와 밀접하게 이어져 있다. 우선 태만의 문제를 살펴보면, 세계의 정책들(예를 들어, 민주주의 수호, 학교 교육 및 국제적 보건 시설 지원 등)이 문제 해결에 한 역할을 담당하고 있긴 하지만, 세계의 제도적 합의에 대해 타당성을 재검토해볼 필요가 있다. 세계경제의 혜택 분배는 다른 무엇보다도 무역 합의, 의료 정책, 교육 교류, 기술 보급 지원 시설, 생태학적·환경적 제재, 대체로 과거의 무책임한 군사 독재자들에 의해 축적된 누적채무에 대한 공정한 대우 등 세계의 여러 가지 제도적 합의에 따라 특히 크게 좌우된다.

　조정되어야 할 중대한 태만의 문제뿐만 아니라 기본적 세계 정의를 위해서라도 반드시 다뤄져야 할 책무의 문제 역시 심각하다. 이러한 문제에는 빈국산 제품의 수출을 억제하는 불공평하면서도 비효율적인 무역제재뿐만 아니라 (에이즈 등의 질병에서 매우 중대한) 구급약품 배급에 장벽으로 작용하고 백신 같이 주기적으로 새롭게 개발해야 하는 의약품의 개발 연구에 불충분한 동기를 제공하기도 하는 특허법 또한 포함된다.

　박탈을 지속시킬 뿐만 아니라 극심한 불행을 유발하는 또 하나의 세계적 '책무'로는 세계화된 무기 거래에서 강대국의 개입과 결부된 책무도 있다. 이와 관련해서는 새로운 세계적 의제가 시급히 요구되며, 지금 현재 예민한 문제로 대두되는 테러를 억제하기 위해 필요하다는 표현으로는 부족한 – 즉 너무도 절실한 – 지경이다. (특히 가난한 국가들의 경제

적 가망성에) 아주 파괴적인 결과를 야기하는 지역 간 전쟁과 군사적 충
돌은 지역적 긴장뿐만 아니라 국제 무기 거래를 부추기고 있다. 이런 무
기 거래가 세계경제에 확고히 자리 잡고 있으며, 수년째 국제 무기 수출
과 무장화의 5분의 4 정도를 G8 국가가 주도하고 있다. 미국은 단독으
로 다른 나라들(그중 거의 3분의 2가 개발도상국)에 국제 무기 수출의 절반
가까이를 차지하고 있다. 사실상 반세계화 시위자들의 무책임함에 깊은
절망감을 표하는 세계적 리더들은, 무기 거래라는 이 끔찍한 거래에서
가장 많은 돈을 벌어들이는 국가의 지도자들이라는 얘기다.

세계경제에서 정의가 행해지고 있는 사례를 찾아보기가 어렵다면 그
것은 그냥 착시 현상이 아니다. 세계 정의라는 임무는 공동의 책임이다.
경제적 합의뿐만 아니라 정치적, 사회적 개혁도 요구되는 건설적 임무다.

여덟 번째
이야기

세상은 여전히
불평등하다:
장남의 나라, 인도

≡

"나는 미스터리에 몰두하길 좋아한다." 영국의 저명한 의사 토머스 브라운이 1643년에 펴낸 『의사의 종교Religio Medici』에서 밝힌 말이다. 나는 그런 별난 성향을 가진 의사에게(또는 그런 점에서는, 『의사의 종교』라는 책을 쓴 사람에게도) 별 호감은 가지 않지만 기꺼이 그에게 반가운 소식을 전해주고픈 마음은 있다. 오늘날의 인도가 처한 교육 상태야말로 그가 그토록 좋아한다는 몰두의 대상을 – 정말로 독특한 미스터리에 푹 빠져볼 기회를 – 선사해줄 것이라고.

인도의 교육이 어떻기에 그러냐고? 인도의 교육 상태는 조금만 들여다봐도 교육의 적용 범위와 질이 얼마나 형편없고 결함투성이인지가 심각하게 감지될 정도다. 하지만 인도의 교육은 해외에서 굉장한 찬사를 받고 있다. 해외에서 들려오는 얘기로는, 잘 훈련된 인도의 전문가들이 이전까지만 해도 별 위협을 받지 않았던 서양인들의 좋은 일자리를 빼앗고 있다고 한다. 미국 굴지의 신문들은, 진취적일 뿐만 아니라 실력까지 겸비한 먼 아시아 국가 출신의 박식한 무리를 따라잡기 위해 미국의 교육과 훈련을 개선해야 한다고 촉구하는 기사를 실어왔다. 지금 이 글을 쓰는 순간, 내가 묵고 있는 이탈리아의 호텔 방 TV에서는 한 케이블 채널에서 인도가 교육 기반 상품을 90여 개국에 수출하고 있다는 내용이 흘러나오고 있다. 국민의 3분의 1이 읽거나 쓰지도 못하는 인도에서 어떻게 이런 일이 일어날 수 있는지 정말로 대단한 미스터리가 아닐 수 없다.

물론 미국인과 유럽인들의 그런 우려가 구시대적 과대망상에 지나지 않을지 모른다는 의혹을 외면하기는 힘들다. 하지만 실제로 서양의 학계, 경영계, 행정기관, 문학계, 의료계, 엔지니어링 부문, 과학·기술적 연구 부문에서 쟁쟁한 자리를 차지하고 있는 인도인들을 보면 그런 식의 쓸데없는 우려가 생겨날 만도 하다. 이런 인도인들은 확실히 잘 교육받은 사람들이다. 그 점에는 의문의 여지가 없다. 주로 인도에서 교육을 받은 (그리고 그로써 확실히 인도의 교육과 교화에 명성을 더해주는) 이런 이들과는 달리, 외국에서 교육을 마친 사람들은 인도에서 그 전에 받았던 교육을 통해 아주 훌륭한 기초 지식을 습득한 덕분에 서양의 교육 과정에 들어선 지 얼마 안 되어 곧 상위권 성적으로 도약할 수 있었다고 말한다. 사실 이런 이야기를 들으면 어느 정도는 뿌듯해진다.

편향과
우선순위

하지만 이런 화려한 그림은 인도의 교육에 존재하는

뒤숭숭한 풍경으로 어지럽혀지기 일쑤다. 게다가 그런 뒤숭숭한 풍경이 아주 편안하게 자리 잡고 있다. 아니, 그냥 편안하게가 아니라 아주 느긋한 모습으로 안락하게 자리 잡고 있어서 탈이다. 인도의 교육은 모든 면에서 장남에 편향되어 있다. 교실에서, 사회에서, 그리고 공공 정책 수립에서도 장남에 치중되어 있다.

각 교실마다 교사들은 장남들이 공부를 잘하는 것에 큰 기쁨을 느낀다. 이 어린 영재들의 대다수는 평생토록 자신이 장남이라는 사실을 의식한다. 문득 수년 전의 일이 떠오른다. 인도가 배출한 위인 중 한 명이자 당시에 교육부 장관을 지냈고 훗날 총리의 자리에 오르는 인물이 학교와 대학에서 받았던 성적을 그때까지도 기억하면서 나에게 말해주었던 적이 있었다. 그의 점수가 뛰어났다는 점을 밝히고 넘어가는 것이 도리겠지만, 어쨌든 내가 감명을 받았던 부분은 따로 있었다. 그가 그때까지도 여전히 학생 때의 성적에 그토록 심취해 있으면서도 굉장히 겸손해 보이는 인상이라고 표현할 수밖에 없는 그런 태도를 지니고 있었다는 점이다. 더욱이 당시는 그가 인도의 정계에서 거의 모든 경쟁자를 앞지른 직후였다(너무 많은 단서를 알려주는 것 같아 걱정스럽지만 아무튼 뛰어난 소설가이기도 했다(나라시마 라오 전 총리를 가리키는 듯함_옮긴이)). 확실히 인도에서는 '장남 신드롬'이 대단해서 학교 공부 외에 다른 분야에서 정말로 뛰어난 실력을 가진 사람들마저 이 신드롬에 시달린다.

사실 개개인에게는 이 신드롬이 호의적인 유별남에 지나지 않을지 모르며, 그런 유별남 때문에 관련 당사자들에게 품었던 감탄을 거둘 필요는 없다. 하지만 (안타깝게도 지금까지 인도에서 그렇게 되어왔듯) 장남 신드롬이 교육체계를 점령할 경우엔 심각한 경각심을 가져야 한다. 초점이 너무 좁게 맞춰져서 공공 정책의 기회와 성공을 누리는 이들에게 너무 집중된다면 우선순위가 이상하게 왜곡되기 쉽다. 태어날 때부터 교육적 혜택을 누려온 이들은 (수억 명의 인도 아이들이 기초 교육도 제대로 받지 못하는 상황에서) 초중고등학교를 거쳐 단과대학이나 종합대학이나 유명한 이공계 대학에 다닌다. 뿐만 아니라 그렇게 다니는 교육 시설이 대개 아주 우수한 편이다(더러는 초일류급도 있다). 이는 인도의 초중고등학교와 대학의 질이 대체로 낮으며, 형편없는 수준인 곳도 더러 있는 상황과 대조를 이룬다.

이런 식의 교육체계는 막대한 젊은 층 가운데 일부 젊은이들이 특권적 교육을 받게 한다. 선발 절차는 탈락자를 가려내는 체계적 시도가 아니라, 계층, 성별, 사는 곳, 사회적 혜택과 연관된 경제적·사회적 불평등에 따른 차별로 이루어진다. 특권적 교육 층은 기특하게도 대체로 아주 좋은 성적을 낸다−기회를 허비하지 않는다. 자기 힘으로 획득한 이런 식의 성공은, 가장 먼저 교육 시설 자체에서 빛을 발하고, 그 뒤엔 대체로 세계에서 빛을 발하며 인도인과 외국인들 모두에게 깊은 인상을 준다. 그러면 인도는 이를 '국가의 승리'로서 거리낌 없이 축하한다. 게다가 이런 장남들은 삶이 아주 순탄하게 풀릴 뿐만 아니라 '조국을 빛낸' 공로로 받은 경의를−물론 적절한 겸손함을 함께 갖추면서−즐길 수도 있다. 한편 막내로 태어난 아들, 특히 막내로 태어난 딸들은 제대로 된 학교에−또는 어떠한 곳이든 학교 자체에−다닐 기회를 갖지 못해서 글을 읽을 줄도 모른다. 하지만 이런 이들도 잘 교육받은 인도인들의 뛰어난 업적에 대한 소식이 들려오면 그 업적을 축하하며 '인도의 성공'을 자랑스러워한다.

이쯤에서 밝혀두지만 나는 장남들에 대해 어떠한 반감도 가지고 있지 않다. 확실히 그들은 여러 가지 목적을 위해 필요하다. 학계의 번영, 기업 활동의 활성화, 과학과 기술의 증진, 의학의 발전, 국민의 자립심과 자신감 고양 등을 위해서 그들이 있어야 한다. 나의 문제 제기는 장남들이 이 사회를 실망시키고 있다거나, 기대에 부응할 만큼의 행동을 하지 않는다는 식의 생각에서 비롯된 것이 아니다. 그들은 자신들을 위해, 심지어 인도의 상황을 감안하면 다른 이들을 위해서도 잘 하고 있으며 대체로는 탐욕과 욕심 때문에 비난받을 이유가 없다.

오히려 제기해봐야 할 문제는 다른 데 있다. 등한시되고 배제된 이들에게 지독히 부당할 뿐만 아니라 전반적 사회 제도로서 아주 비효율적이기도 한 이와 같은 교육적 위계가 얼마나 불공평해질 수 있는가에 대한 문제다. 효율과 평등을 함께 고려하며 구조적 관점에서 바라봐야 인도가 유별난 장남 편향 체제를 통해 어떠한 손실을 - 또 얼마나 많은 손실을 - 치르는지 가장 잘 이해할 수 있다.

불균형의
집단적 불이익

어떤 이들은 이쯤에서 다음과 같은 의문을 던질지도 모르겠다. '인도 교육에서 특히 불공평성과 격차에 대해 불만을 제기해야 할 이유는 뭔가요? 이미 그토록 높은 성과를 내고 있는데 말이에요. 경제가 순조롭게 진전되고 있으며 우리의 장남들이 전 세계적으로 찬사를 받고 심지어 시샘을 당하기도 한다는 얘기를 들어본 적이 없나요?'

물론 가장 본질적인 이유는 부당함 때문이다. 글을 읽거나 쓰지 못하고, 수를 세지 못하거나 의사소통을 못하는 것은 크나큰 박탈이며 누구나 소중히 여기고 누려야 하는 마땅한 기초 자유를 크게 침해당하는 일이다. 굉장히 많은 사람들이 이런 중대한 자유를 누릴 기회를 거부당한다. 뿐만 아니라 기초 소양을 키워주는 시설이 사회와 국가에 의해 너무 불공평하게 분배될 때에도 사회 정의에 심각한 문제가 발생한다. 이 문제에 대해서는 조금 더 할 얘기가 있지만 그 전에 살펴볼 부분이 있다. '양호한 경제', '교육수준이 높은 국민', '빛을 발하는 인도' 어쩌고 하는 식으로 곧잘 거론되는 집단적 – 사람들의 주장대로라면 '사회적' – 관점에 대한 부분이다. 이런 집단적 관점은 이른바 '개인적 걱정'이라는 말로 비하되는 것들을 외면하게 한다. '사회 지향적으로 굴어야 하지 않을까? 국가의 성공이라는 큰 그림을 외면한 채 뒤에 처진 일부 사람들의 문제를 걸고넘어지면 안 되지 않을까?'라는 식의 생각을 부추긴다.

그렇다면 집단적 관점에서는 인도의 상황이 구체적으로 어떻게 보일까? 인도의 경제는 여러 면에서 과거보다 크게 나아졌으나 여전히 (특별한 기술 보유자나 전문교육을 받은 이들에 비해) 저학력 일반 노동자들의 고용 비율이 중국 같은 나라들보다 훨씬 높다. 예를 들어 (정보 생산, 소프트웨어, 유창한 영어와 인도 중산층이라면 쉽게 습득 가능한 상냥한 태도를 활용한 콜센터 서비스 같이) 특혜받은 인도인들의 전문 기술이 한몫해줘야 원만히 생산될 수 있는 상품이 주요 수출 품목으로 떠오른 지금도, 인도의 수출 상품 패턴은 여전히 교육수준이 낮아도 제조에 별 지장이 없는 전통적 생산품에 크게 의존한다. 게다가 인도는 그 제조에 기초 교육이 요구되는 (그리고 지침서를 읽고 그대로 따라할 수 있는 능력 외에는 별 능력이 필요 없는) 단순 상품의 전 영역에서 굉장히 힘든 경쟁을 하고 있다. (뛰어난 수학 실력이 전혀 필요 없는) 시계와 계산기, 심지어 컴퓨터 하드웨어 같은 단순 기기 역시 그러한 영역에 드는데, 한때 '동아시아의 기적'을 일으킨 한 축이었던 바로 그 영역이 이제는 중국에 추월당하고 있다.

나는 다른 자리에서 진 드레즈와 함께, 중국, 한국, 대만, 태국 등의 역동적 경제국을 비롯한 그 외의 뛰어난 경제 주자들과 인도를 비교해서 살펴본 바 있다.[1] 그 결과 인도에서는 보편적 교육의 부재가 여전히 경제의 발목을 잡는 주된 요소이며, 수출 규모가 확대될수록 전통 상품과 소수의 고도 전문 기술 인력이 주도하는 몇몇 상품에 대한 의존에서 벗어나야 할 것으로 나타났다.

여기에는 또 한 가지 짚고 넘어갈 부분이 있다. 고등교육과 전문교육이 어느 정도나 성공할지는, 인력을 충원하는 원천인 소위 '유치인구(catchment population, 대상 자원이나 시설의 유치권 내에서의 이용 가능자의 인구_옮긴이)'의 확대 및 이들에 대한 사전 교육의 질에 따라 좌우되기 마련이다. 학교 교육을 전혀 받지 않은 인구나 학교에서 표준 이하 수준의 교육을 받은 인구수를 감안할 때, 고등교육이나 전문교육으로의 진학률은 심각하게 떨어지고 있으며 이는 이와 같은 '후속' 교육의 효율성에 걸림돌로 작용한다. 계층이나 성별, 주거지나 사회적 지위에 의해 자격이 박탈당했던 이들이 현재의 우수생들과 효율적으로 경쟁할 수 있게 되면 인도의 장남들은 상대적으로 유리한 자신들의 지위를 계속 지키기 위해 훨씬 더 열심히 공부해야 할지도 모른다. 형편없는—혹은 아예 그 문턱 안으로 들어가지도 못하는—학교 교육으로 인해 막대한 재능이 어마어마하게 낭비되는 이런 현상에는 확실히 집단적 관점도 한몫하고 있다.

따라서 인도가 교육 불균형을 통해 무엇을 잃고 있는지 평가할 때는, 굳이 사회정의라는 중요한 문제를 제기하지 않더라도 특히 학교 교육의 부적절한 적용 범위와 결함 많은 교육 수준이라는 측면에서의 집단성과 효율성도 고려해야 할 요소다. 하지만 정의의 문제는 인도 교육의 불균형과 불공평을 평가하는 데 아주 중요한 요소이며, 현재의 상황이 용납 불가능한 지경이라는 사실이 완전히 명백해지는 부분이기도 하다.

비자유와
다방면적 박탈

교육 기회의 부재는 엄청난 수의 인도 국민의 삶과 자유에 타격을 입힌다. 인구조사가 시행된 지난 2001년 당시에 인도의 남성 4분의 1과 인도의 여성 거의 절반이 문맹이었다.[2] 어쩔 수 없이 문자와 숫자도 모른 채 살아가야 할 운명을 짊어진 인도 국민의 비율은 중국, 한국, 베트남과 비교해서 훨씬 높았을 뿐만 아니라 (중국이 비교 대상에서 제외되는) 아프리카의 상당 지역을 비롯한 빈국 전부의 평균보다도 크게 높았다.[3] 게다가 교육적 결핍 문제는 전체 인구의 문맹률뿐만 아니라 취학연령이 되어도 학교에 다니지 못하는 아동의 비율에서도 처참했다. 교육부의 학교 출석률 통계치는 (학생 수에 따라 할당 재정이 결정되는 식의 내재적 편향 탓에) 제도적으로 부풀려져 보고되고 있으나, 전국표준조사청National Sample Surveys과 전국가족보건조사청National Family Health Surveys을 비롯한 그 외의 정보 출처를 통해 확실히 밝혀지고 있다시피 - 출석률이 최근 몇 년 사이에 눈에 띄게 높아졌음에도 - 여전히 보편적 교육 수준에 이르려면 아직 한참 멀었다.[4]

아주 많은 국민이 이러한 기본적 자유도 누리지 못하는 운명에 처한 상황은 확실히 정치적 관심이 필요한 문제이며, 사회정의의 평가에서도 중요한 요소로 고려되어야 한다. 더욱이 이와 같은 자유의 침해는 그 자체로 중요할 뿐만 아니라 사회적으로 아주 중대하게 다뤄져야 할 문제로서 또 다른 박탈을 야기한다. 지금부터 이러한 박탈 문제에 대해 간략하게 이야기해보려 한다.

첫째, 기초 교육은 취직을 하고 수입이 좋은 일자리를 구하는 측면에서 아주 중요하다. 기초 교육의 이런 연관성은 늘 상존해 왔으나, 특히 급속도로 세계화되는 세계, 즉 엄격한 사양에 따르는 품질관리와 생산이 매우 중대해지기도 하는 요즘에 특히 그 중요성이 부각되고 있다. 장남들이 아무리 탁월한 실력을 발휘하고 있다 해도 기초 교육의 필요성이 줄어드는 것은 아니다. 교육은 모든 사람의 취업 기회에 영향을 미치고 경제적 빈곤을 물리치는 데 결정적인 요소이기 때문이다.

둘째, 문맹으로 살아가는 사람은 자신의 법적 권리를 이해하고 상기하는 능력에 큰 제약을 받기 쉽다. 예를 들어, 이런 제약은 문맹인 여자들이 그나마 주어진 제한된 법적 권리조차 제대로 이용하지 못하도록 가로막는 장벽으로 작용하기도 한다.[5] 학교 교육의 결핍은 교육의 혜택을 받지 못한 사람들이 마땅히 누려야 할 권리를 침해당했을 때 이에 저항할 방편과 수단으로부터 이들을 멀찍이 떼어놓음으로써 직접적인 불안정을 야기할 위험이 있다.

셋째, 문맹은 약자들이 정치적 목소리를 제대로 내지 못하도록 억누름으로써 그들을 불안정한 상황으로 내몰기도 한다. 정치적 목소리와 불안정 사이의 이런 연관성은 곧잘 경시되곤 한다. 그렇다고 해서 수많은 사람이 여전히 문맹인 경우조차 민주주의가 효과적으로 작용될 수 있다는 사실을 부정하려는 것은 아니다. 이 사실은 확실히 강조해둘 필요가 있다. 극히 보수주의적인 주장에서는 문맹 인구에게는 민주주의적 권리가 소용없다는 식의 발언을 자주 내뱉으면서 이 사실을 무시하고 있기 때문이다. 그럼에도 불구하고 사람들의 민주주의적 목소리가 미치는 범위는 정치적 기회에 더해 사회적 역량 강화까지 갖춰질 경우 훨씬 더 확대될 수 있다. 신문, 잡지, 책을 읽을 줄 알고 사람들과 서로 의사소통이 가능한 능력이 바로 이런 사회적 역량 강화에 해당된다. 이 문제의 주안점은 민주주의가 과연 효과적일 수 있느냐 없느냐가 아니라 문맹으로 인해 제 소리를 못내는 사람들의 목소리가 저학력 때문에 생긴 그러한 억압에서 자유로워질 수 있다면 민주주의가 얼마나 더 효과적으로 작동될 수 있느냐에 있다.

넷째, 기초 교육은 전반적 건강 문제, 그중에서도 특히 전염병 문제를 다루는 측면에서도 중요한 역할을 한다. 물론 여기에서의 전문적인 보건교육(예를 들어, 전염병이 퍼지는 방식과 병의 예방법에 대한 교육)의 중요성은 두말할 필요가 없다. 하지만 일반 교육을 통해서도 전염병 문제의 대처에 상당한 수준까지 사람들의 사고 맥락을 넓히고 사회적 이해를 촉진시킬 수 있다. 실제로 수많은 조사를 통해 암시되다시피 일반적 학교 교육이 전문적 보건교육보다도 건강에 훨씬 큰 영향을 미친다.[6]

다섯째, 젊은 여성의 학교 교육이 가족 내 결정에서 여성의 목소리와 영향력을 크게 높여줄 수 있다는 증거가 현재 광범위하게 쏟아지고 있다. 가족 내 평등의 중요성과는 별개로, 여성의 목소리는 그 외의 여러 가지 사회적 변화를 이끌기도 한다. 예를 들어, 여성의 역량 강화는 출산율 하락에 강력한 영향을 미친다. 실제로 여성의 읽고 쓰는 능력과 교육은 (여성의 소득 능력과 더불어) 여성의 역량 강화에 호의적 작용을 하며 출산율을 크게 떨어뜨린다는 실증적 증거가 상당히 많다. 이는 그리 놀라운 현상이 아니다. 많은 자식을 낳고 기를 경우 가장 타격을 입는 삶은 바로 여성의 삶이다. 여성의 결정 권한을 높여주고 그 관심사에 대한 주목도를 끌어올려 주는 일들은 대체로 지나치게 잦은 출산을 억제시키는 경향을 띤다. 일례로 인도 내의 여러 지역을 대상으로 진행된 한 조사에서도 여성의 교육과 취업이 출산율 하락에 가장 큰 영향을 미치는 2대 요소로 나타났다.

여성의 교육과 읽고 쓰기 능력이 아이들의 사망률을 낮춘다는 증거

또한 많다. 인도만이 아니라 그 외의 여러 국가에서도 여성의 읽고 쓰기 능력과 아동의 생존 사이에 밀접한 연관성이 있다는 증거가 점점 늘고 있다.[8]

결과적으로 인도의 상당수 인구에 대한 기초 교육 태만은 수많은 정치, 경제, 사회적 역경을 초래한다.[9] 이런 식의 태만은 방치된 이들의 기본적 자유를 손상시키면서, 인권에 해당될 만한 기본적 권리까지 침해한다. 그런가 하면 취업 기회, 법적 보호, 정치적 목소리, 가족 건강, 출산의 자유, 방치된 이들이 행사 가능한 사회적 영향력 등을 손상시키기도 한다. 게다가 아이들에게 심각한 불이익을 안기기도 한다. 뿐만 아니라 기초 교육 태만은 노동력의 경제적 잠재력을 감소시킴으로써, 또 고학력 인구로 진입을 어렵게 함으로써 결과적으로 집단적 역경을 낳기도 한다.

장벽과
정책 우선순위

기초 교육이 인간의 삶에 미치는 차이는 어렵지 않게 알 수 있다. 극빈층 가정에서조차 그 차이를 쉽게 느낀다. 개인적으로는, 교육의 중요성을 인도의 극빈층과 최극빈층 가정에서조차 아주 선뜻 받아들이는 현상을 지켜보면서 놀라웠다. 특히 (내가 1998년에 수상하는 행운을 누린 노벨상의 상금이 밑천이 되어 인도와 방글라데시에 설립된 재단으로서 기초 교육, 기초보건, 성 평등에 주력하는 프라티치 재단을 통해 실시된) 인도의 초등 교육에 대한 몇몇 조사 결과를 봤을 때는 더욱 놀랐다.[10] 조사의 결과가 차츰 나오면서, 최극빈층 가정의 부모들이 자식들이(아들들만이 아니라 딸들도) 좋은 교육을 받아서 자식들만큼은 부모가 겪은 지독한 악조건 속에서 자라지 않기를 바라는 마음이 얼마나 간절한지 확연히 드러났다. 프로브 팀이 인도의 기초 교육에 대해 훨씬 큰 규모로 조사를 진행해 1999년에 발표한 조사에서도 비슷한 결과가 나오며 이를 강력히 뒷받침해주었다.[11]

사실 흔히 제기되는 주장과는 반대로, 실제 관찰에서는 부모들이 자식을 – 아들들만이 아니라 딸들도 – 학교에 보내기 꺼려하지 않는 것으로 나타났다. 다만 여기에는, 가까운 곳에 형편에 맞고 제대로 된 안전한 학교 교육을 받을 기회가 사실상 존재해야 한다는 조건이 붙는다. 물론 부모들의 이런 꿈을 구현시키는 데는 수많은 장벽이 놓여 있다. 가정의 경제 형편은 대체로 자식을 학교에 보내기 아주 힘들게 하는 요소로 작용하며, 특히 수업료나 그 밖의 비용이 들어가는 경우일수록 더욱 그렇다. 실제로 프라티치 트러스트의 최근 조사(콜카타 시의 초등교육에 대한 조사)에서도, 일부 수업료를 내야 하는 정부 지원 학교들의 경우에 이런 요소가 의욕 저하 요인으로 나타났다(참고로 덧붙이자면, 서벵골 주정부의 교육 계획 수립자들이 우리에게 장담한 바로는 콜카타의 초등교육이 대폭적으로 재검토되고 재편성되면 이런 문제가 해소될 것이라고 하니 지켜볼 일이다). 무상 초등교육은 인도의 모든 아이들의 권리이므로 그 권리가 실현될 방안은 모색되고 보장되어야 한다.

물론 자유 시장의 규제받지 않는 활동을 옹호하는 일부 사람들이 학교 수업료를 시장의 힘에 맡기고 싶어 하면서 인도의 사립학교가 빠른 속도로 팽창하는 현상에 전율한다는 점은 나도 잘 알고 있다. 하지만 이런 방법은 해결책이 되지 못한다. 한정된 소득과 자원으로 살아가는 형편인 수많은 가정을 감안하면, 또 (내가 그랬듯) 경제 이론을 진지하게 검토해볼 경우 최근 몇 년 동안 전문 경제학에서 아주 많이 제기되어온 문제인 정보의 불균형(이 경우에는 학교 교육의 공급자와 소비자들 사이의 정보 불균형)을 감안하면 이것은 해결책으로는 어림도 없다. 오히려 근본적 문제는 제대로 된 학교 교육 시설에 대한 모든 사람의 기본적 수혜권 및 인권 인식에 있다. 실제로 225년쯤 전에 시장 체제의 힘과 영향에 대한 고전적 분석을 내놓았던 (그리고 시장 근본주의자들이 다른 주제에 대해 그 발언을 즐겨 인용하는) 애덤 스미스는 학교 교육을 시장에 맡기는 것이 아주 부적절할 수 있다는 이유에 대해 다음과 같은 호소력 있는 글을 남겼다. "저렴한 비용으로 교육이 이루어지기 위해서는 공공부문이 나서서 거의 모든 국민에게 기초 교육을 실시하고 장려하는 것이 좋으며, 심지어 강제해도 된다."[12]

사실 애덤 스미스가 예상했던 것처럼 세계무역이라는 기회에 발 빠르게 편승하면서 빈곤과 경제적 박탈에서 벗어나는 데 큰 효과를 누렸던 그 모든 경우는 전 국민의 기초 교육 효과에 의지해왔다. 예를 들어, 일본에서는 19세기 중반에 이미 기초 교육의 의무를 명시화하며 (1868년의 메이지 유신 직후인) 1872년에 발표된 기본 교육법에서 '어떤 지역이든 문맹의 가정이 있는 지역이 한 곳도 없고, 어떤 가정이든 가족 중에 문맹이 한 명도 없도록' 해야 한다는 공적 책임을 표명했다.

그로써 – 교육적 격차를 메우며 – 일본은 급속한 경제 발전을 이루었고 주목할 만한 경제 발전사를 써나가기 시작했다. 1910년 무렵 일본에는 문맹이 거의 없어졌다. 그러나 그로부터 100년이 지났음에도 인도는 여전히 문맹률에서 한참 뒤처져 있다. 말이 난 김에 덧붙이자면, 1913년 무렵 일본은 영국이나 미국보다 훨씬 가난했음에도 영국보다 더 많은 책을 출간했고 그 출간서적의 수는 미국의 2배가 넘었다. 말하자면 교육에 대한 집중이 일본의 경제 및 사회 진보의 속성과 속도에 큰 영향을 미쳤다.

그 뒤, 특히 21세기 후반 동안 한국, 중국, 대만, 홍콩, 싱가포르, 태국 등의 다른 동아시아 및 동남아시아 경제국들도 어느 정도는 일본의 경험에 자극받아 비슷한 경로를 따랐다. 이들 국가는 학교 교육을 보편적이고 광범위하게 확대시키는 데 단호하게 집중했다. 일부 경제학자와 정책 조언자들은 인도가 이들 경제국으로부터 배울 만한 점이 무엇인지, 특히 경제적 세계화의 기회를 훌륭하게 활용한 방식에 대해 자주 얘기하는데, 그런 견해를 밝히는 것에서 더 나아가 이들 각 국가가 – 한 곳의 예외도 없이 – 교육 재정 지원에 쏟아부은 공적 자금의 규모를 인도와 비교해야 한다. 사실 이들 국가에 비하면 인도가 이 부문에 할당한 자금 규모는 그다지 많지 않은 액수다(다만 최근에 정부에서 학교 교육 부문의 할당 자금을 늘린 일은 매우 늦은 조치이긴 하나 건설적이며 올바른 조치다).

인도의 기초 교육이 직면한 문제는 재정 지원의 문제만이 아니다. 걸림돌들은 그 외에도 더 있다. 그중 특히 큰 걸림돌은 인도 대다수 지역 초등학교의 부실한 제도적 구조다. 심각할 정도로 비효율적인 운영은,

비교적 혜택받지 못한 아이들에게 공평한 기회를 마련해주지 못하는 측면에서 더욱 부각되고 있다. 이런 비효율적 운영과 관련해서는 복잡한 문제들이 너무 많이 얽혀 있어서 프라티치 트러스트에서 착수했던 조사들을 통해 확인되어온 몇 가지 정책 문제들에 대해 살펴볼 필요가 있다. 하지만 그중에서 마땅히 주목해야 할, 지금껏 소홀했던 다음의 몇 가지 문제만 짚고 넘어가도 이해에 도움이 될 것이다.

우선 그 첫 번째 문제는 초등학교 교사들의 불규칙한 근태다. 이는 부모 입장에서는 아주 불만족스러워하고도 남을 만한 문제다. 초등학교 교사들은 이제는 더 이상 예전처럼 박봉을 받고 일하지 않는다(나는 대학 재학 시절에 콜카타에서 데모에 동참한 적이 있었는데, 지금의 급여 수준을 생각하며 돌이켜보면 그때 내가 지지했던 데모대의 급여 인상 요구액은 아주 미미한 편이었다). 최근 몇 년 사이 교사들의 급여가 대폭 인상되면서 교사들의 잦은 결근이 해결되고 빈곤층과 사회적 취약층 가정의 학생들을 등한시하는 태도가 사라질 것이라는 기대를 품었지만, 어찌된 일인지 아직까지도 그 기대가 실현되지 않고 있다.

사실 우리가 프라티치 트러스트의 조사를 통해 발견한 여러 사례가 입증하듯 학교 내에는 계층 분화가 있다. 바로 좋은 보수를 받는 교사들과 땅 한 뙈기 없는 가난한 가정 출신의 아이들 사이에 사회적으로나 심리적인 격차가 있다. 바로 그런 계층 분화로 인해 빈곤한 가정의 아이들이 학교에서 가장 등한시되고 있다. 이를 개선하기 위해서는 교원 노조의 협력이 필요하다. 사실 우리는 서벵골에서 프라티치 트러스트를 통해 연락을 넣은 몇몇 노조로부터 아주 긍정적인 반응을 얻기도 했다. 물론 그 진심어린 결의가 실제로 실행에 옮겨지기까지는 아직 갈 길이 멀겠지만 말이다.

두 번째 문제는 교육 시찰 제도가 굉장히 와해되어 있다는 증거가 점점 드러나고 있다는 점이다. 심지어 우리가 조사해본 곳 가운데 몇몇 지역에서는 이전 해에 시찰을 받은 학교가 단 한 곳도 없었다. 우리가 대화를 나눠본 시찰자들은 특히 시골 행정기관의 관련 권력층 때문에 자신들이 보고하고 싶은 대로 솔직하게 보고하지 못하는 현실에 대해 무력감을 토로하기도 했다. 제대로 기능하는 시찰 제도는 절대적으로 안정적인 직업의 질적 관리에 기본적으로 필요한 요소다. 바로 이와 같은 인식이 초등교육의 제도적 구조 개혁에 반영되어야 한다.

세 번째 문제는 가장 중요하게 다뤄야 할 문제로 학교 운영에서 학부모들이 목소리를 높여야 한다는 점이다. 그동안 교사-학부모 위원회는 상당히 비효율적인 경우가 비일비재했고 때때로 여러 면에서 아무 기능도 못할 때도 있었다. 그런데 서뱅골의 초등교육 실정을 조사한 프라티치 트러스트의 초창기 보고서들 덕분에 기쁘게도 서뱅골의 여러 시골 지역에서 '어머니-교사' 위원회가 도입되었다고 한다(콜카타에는 아직 도입되지 않아 아쉽다). 게다가 어머니-교사 위원회가 제대로 결성된 곳들은 하나같이 아주 효율적으로 운영되고 있는 것으로 보인다.

네 번째 문제는 (과외를 할 만큼 여유가 되는 경우에 한해서지만) 극성스럽게 매달리고 있는 초등 개인 과외 현상으로 이는 학교 교육의 질이 수준 이하라는 사실을 반증해준다. 이런 개인 과외 현상을 살펴보다 보면 경제적 불평등 문제에도 주목하게 된다. 개인 과외는 (가정 형편이 되는) 일부 아이들에게는 신뢰할 수 없는 초등학교 교육으로부터 탈출구가 되어주지만, 전혀 가정형편이 안 되는 (또는 자식들을 위해 최선을 다하려고 변변찮은 수입에 큰돈을 과외비로 지출하다가 파산한 가정의) 아이들은 그런 탈출구조차 누리지 못한다. 이런 식의 탈출구는 비교적 부유한－그리고 대체로 비교적 영향력을 가진－가정의 부모들이 학교 교육의 질을 개선시키는 데 훨씬 적은 관심을 갖게 한다. 근원적으로 이 문제를 해결하려면 개인 과외 제도를 금지시키는 것만으로는 안 된다. 인도의 수많은 지역에서 하나의 규범처럼 자리 잡은 교육의 비효율과 태만을 반드시 해결해야 한다.

다섯 번째는 점심 급식에 대한 중앙정부의 지원에도 불구하고 인도의 대다수 지역에서 아직까지 급식 제도가 운영되지 않고 있다는 점이다. 인도의 아이들은 교육상의 방치만이 아니라 영양 결핍으로도 피해를 입고 있다. 인도 아동의 영양 결핍 수준은 이런 불명예스러운 부문에서 세계 최고로 올라 있을 정도로 심각하다. 점심 급식은 여러 가지 중대한 문제와 연관되어 실로 막대한 효과를 내기도 한다. 우리가 살펴본 바에 따르면 최근에 급식 제도가 도입된 지역에서는 이 제도가 아주 인기를 끌면서 덕분에 아이들의 출석률이 높아지고 아이들의 건강과 복지도 개선되고 있다. 급식 제도는 또 한편으론 교사들의 결근율을 낮추는 데도 어느 정도 영향을 미친다. 어쩌면 이는 당연한 결과일지 모른다. 가르치러 나오지 않는 것은 장기적으로 아이들의 미래에 영향을 미칠 만한 일이지만, 조리용 식재료가 보관되어 있는 창고의 문을 열어주러 나오지 않는 것은 바로 당장 실망한 아이들에게 강한 원성을 살

만한 일이기 때문이다.

개인 과외 활동에서의 차별 현상과 마찬가지로 이 급식 제도에서도 다시 한 번 인도의 사회적 계층 분화가 강하게 감지된다. 그동안 부유한 가정의 부모들은 급식으로 나오는 음식의 질을 놓고 강한 불만을 제기해왔다. 이러한 불만은 더러 정당한 이유가 있는 항의일 때도 있지만 대체로 부유층 학생과 빈곤층 학생들 각각의 형편에 따른 식생활 차이를 반영한다. 이는 인도의 경제적, 사회적 계층화를 보여주는 한 단면이다. 부자 부모들이 음식의 질에 대해 제기하는 불만은 급식 덕분에 더 잘 먹게 된 빈곤층 아이들의 복지보다도 매스컴의 주목을 더 많이 받아왔다. 인도의 방치된 학령 아동의 삶과 미래에 어두운 그림자를 드리우는 심각한 – 하지만 전적으로 개선 가능한 – 문제들에 사람들의 관심을 더욱 더 끌어내는 것이 매스컴 본연의 막중한 역할임을 생각하면 씁쓸한 일이다.

사회 변화의
짜임새

인도의 모든 아이들이 제대로 된 기초 교육을 받게 하기 위해서는 제도적 합의와 사회적 시설, 그리고 행정 규정과 노조 협력에서 지금 당장 시급히 이뤄져야 할 변화들이 한둘이 아니다. 돈이 유일한 문제는 아니다. 하지만 재정적 공헌 역시 중요하다. 보편적 공교육을 등한시해온 역사가 유별나게 강하게 뿌리내린 국가라면 특히 더 중요하다. 실제로 일본, 중국, 한국, 태국, 베트남 같은 국가에서는 다양한 정치 제도를 통해 인도처럼 그런 유별난 공교육 등한시가 절대로 이뤄지지 않는다.

이번엔 장남에 – 그리고 점차 장녀에게까지도 – 유난히 집착하는 국가를 위해 그들이 정말 잘하고 있다고 위안을 삼을 만한 이야기를 들려주겠다. 인도 코친에 거주하는 22세의 교사 그리슈마 살린은 인터넷을 통해 캘리포니아 주 말리부에 거주하는 13세의 다니엘라 마리나로에게 영어 문법을 가르친다.「뉴욕 타임스」에서 보도한 기사처럼, 확실히 그녀는 일을 아주 잘하고 있다.[13] 예를 들어, 그녀는 '다니엘라는 다니엘라가 다니엘라의 여동생에게 다니엘라의 말인 스칼렛을 주어야 한다고 생각한다.'라는 문장을 보고 그야말로 교사다운 올바른 반응으로 이렇게 응수해준다. "문장이 좀 어색하지 않니? 더 좋은 문장으로 고치려면 어떻게 하면 좋을까?"

'인도는 인도가 인도의 경제적 자원, 조직적 역량, 사회적 책임을 인도의 방치된 아이들에게 더 많이 쏟아부어야 한다고 생각한다.' 나는 언젠가 그리슈마가 이 문장을 더 좋게 다듬는 데 기여할 기회가 생기기를 희망한다. 이 어색한 문장의 짜임새는 확실히 고쳐져야 한다. 하지만 그 전에 먼저 장남의 나라가 고쳐져야 한다.

빈곤 그리고
전쟁과 평화

폭력은 두 명의 위대한 작가 나딘 고디머와 오에 겐자부로가 1998년
에 편지를 주고받으며 골똘히 다뤘던 바로 그 문제였다.[1] 고디머는 두
사람이 서로 주고받은 글을 통해 '폭력이라는 문제'에 몰두해 있음을
알았으나 따지고 보면 그것은 "그다지 놀랄 일도 아니다"라고 말했다.
그녀는 이어서 다음과 같이 쓰기도 했다. "이것은 두 작가 사이의 '인
식'이지만 우리 두 사람을 넘어서는 인식이기도 합니다. 사회가 암호처
럼 보내오는 신호를 읽으며 그 진정한 의미를 이해하려는 노력이 작가
들의 어쩔 수 없는 욕구라는 것을 다른 작가들도 인식하고 있을 테니까
요." 사실, 폭력이라는 문제를 이해하고픈 욕구는 - 말 그대로 어쩔 수
없는 그 욕구는 - 고디머나 겐자부로 같은 작가들에게 영향을 주어 예
리한 통찰력으로 우리들에게 깨우침을 던져주도록 유도한다. 뿐만 아
니라 우리 모두에게도 영향을 미쳐 우리가 직접 목격하는 사건들과 다
른 사람을 통해 접하게 되는 사건들을 이해하려 애쓰면서 걱정하고 안
달하는가 하면 그 방법만 안다면 우리 자신의 통찰력을 보탤 수는 없을

지 고민하게 하기도 한다.

고디머의 식견 있는 표현대로 '사회가 암초처럼 보내오는' 신호는 이런저런 방식으로 우리 모두의 관심을 끈다. 현대 사회는 폭력과 불안의 문제가 세계의 어디를 가나 존재한다. 우리가 꿈꾸는 것은 평화이지만 우리의 눈과 귀에는 끊임없이 전쟁과 폭력이 목격되고 들려온다. 인간의 불안감을 유발시키는 전쟁과 폭력의 끔찍한 역할이 전 세계 곳곳에서 포착되고 있다.[2]

나 자신도 속해 있는 사회과학계는 그동안 실증적 연구를 통해 우리 사회과학계 특유의 관심사들을 철저히 규명해왔다. 하지만 우리 사회과학계가 풀어내야 할 문제들은 아직도 많이 산적해 있다. 실제로 인간의 안전과 폭력 문제에 대한 추적은 어느 정도는 우선순위에 따라 다른 문제들, 즉 국가 및 지역의 경제성장, 세계 여러 지역의 전반적 사회 및 경제 발전, 국가 안전과도 같은, 대체로 보다 집단적 차원의 문제들에 밀려왔다. 하지만 반가운 소식도 있다. 최근 들어 인간 안보와 관련된 문제가 사회적 연구의 주제로서 보다 더 큰 관심을 끌고 있다는 것이다. 확실히 이제 인간 안보는 체계적 연구의 새로운 대상 분야로 떠올랐다. 그에 따라 인간 안보의 특징, 관련 내용 및 요구, 또 인간의 삶을 괴롭히는 불안정을 줄일(그리고 가능하다면 제거할) 만한 방법과 수단에 대해 이런저런 연구가 실시되는 중이다.

인간 안보는 '국가 안보'와 대비되는 개념이다. 국가 안보는 국가적 견실성과 결부되는 것들을 보호하는 쪽에 주된 초점이 맞춰져서, 해당 국가에서 살아가는 개개의 인간의 안전과는 간접적으로만 이어져 있다. 수세기에 걸쳐 국가 안보에 대한 그 집단적이고도 다소 거리감 느껴지는 형식의 연구가 계속된 데 비해, 현재는 우리(서로 다른 국가에 살고 있는 전 세계의 사람)들로서는 다행스럽게도 국가 안보의 관심사를 훌쩍 넘어서기도 하는, 인간 안보와 관련된 요구가 세계적 관심을 더욱 더 많이 끌고 있다. 인간의 삶을 불안에 빠뜨리는 근원인 폭력, 빈곤, 질병, 그리고 그 외의 만연한 병폐를 파헤쳐보면 국가 안보라는 한계적 개념으로는 포착할 수 없는 광범위한 정치, 경제, 사회, 문화적 영향의 역할이 분명하게 드러난다.

이 정도면 개념 차이가 충분히 확인될 수도 있겠지만, 인간 안보를 제대로 짚고 넘어가려면 인간 안보라는 개념이 다른 인간 중심의 개념들과 어떻게 관련되어 있고 – 또 어떤 차이가 있는지 – 이해하는 일도 중요하다. 이런 인간 중심 개념들, 그리고 그중에서도 특히 중요하게 꼽힐 만한 인간 발달이라는 개념은 국가 안보가 대체로 취하는 방식처럼 개개인의 삶이 배제되지 않지만 나름의 특화된 우선순위를 가지고 있는데, 그 우선순위가 인간 안보에 대한 관심사와 반드시 똑같지는 않다. 따라서 인간 안보라는 개념이 이렇게 확립된 개념들, 특히 인간 발달 개념을 어떤 식으로 보완해주는지 살펴보는 것이 무엇보다 중요하다.

인간 발달적 접근법의 대표적 개척자는 통찰력 있는 경제학자이자 발달에 관련된 문헌을 확장시키는 데 큰 공헌을 한 마흐붑 울 하크Mahbub ul Haq다. 인간 발달적 접근법은 특히 (국내총생산이나 국민총생산에 반영되는) 생산 상품 같은 무생명적 개체의 발달에 과도하게 쏠린 발달적 관심의 초점을 (아주 많은 영향력에 의존하며 상품 생산은 그중 한 가지 영향력에 불과한) 인간 삶의 질과 풍요로움으로 이동시키는 데 일조해왔다. 인간 발달은 인간의 삶을 억누르고 제약하는 여러 가지 장애물들을 제거하는 한편 그런 장애물을 예방하는 쪽에 관심을 두고 있다. 이런 관심사들 가운데 일부는 널리 활용되는 '인간발달지수(human development index, HDI)'에 잘 포착되어 있고 이 HDI는 인간 발달적 접근법에 일종의 지표 역할을 해왔으나, 총체적인 인간 발달적 접근법은 워낙 방대해서 하나의 수치상의 지수인 HDI에 요약해 넣기란 불가능하다. 인간 발달적 관점은 워낙에 범위가 폭넓고 영향력이 멀리까지 미쳐서 그만큼 방대한 문헌이 쓰였고, 여기에 힘입어 인간 삶의 여러 가지 측면에 대한 정보가 더욱 많아지게 되었다.[3]

하지만 인간 발달의 개념은 진보와 증대에 관심을 두고 있는 까닭에 유독 낙천적인 특성을 띤다. 또한, 예나 지금이나 인간의 삶을 향상시키기 위해 새로운 영역을 정복하려 애쓴다. 그런 이유 때문인지, 너무 상승 기조라 반드시 지켜야 할 것을 지키기 위해 필요한 후위작전에는 초점을 잘 맞추지 못한다. 바로 이 부분이 인간 안보라는 개념과 특히 연관성을 갖는 지점이다. 하나의 개념으로서 인간 안보는 인간 발달의 팽창주의적 관점에 꼭 필요한 보완책이다. 인간 안보가 보험 전단지상의 '손실 위험(downside risk, 특정 분야에 투자했을 때 예상되는 잠재적 손실_옮긴이)'에 상응하는 것에 직접 관심을 기울이기 때문이다. 인간의 생존이나 일상생활의 안전에 위협을 가하거나, 인간을 질병과 전염병의 불확실성에 노출시키거나, 취약층 사람들을 경기 침체 여파로 갑작스러운 궁핍으로 내몰거나, 남녀 모두의 타고난 존엄성을 위태롭게 만드는 불안정 요소들을 감안하면, 급작스러운 박탈 위험에 각별한 관심을 기울여야 한다. 인간 안보는 이런 위험들에 대한 방어를 촉구할 뿐만 아니라, 이런 위험의 발생과 영향 범위를 적절히 다루고 극복할 수 있도록 하며 가능하다면 예방할 수 있도록 사람들의 역량 강화를 요구한다.

하지만 여기에서 꼭 강조해야 할 점이 있다. 인간 안보의 초점과 인간 발달적 접근법의 주제 사이에는 기본적으로 모순되는 부분이 없다는 것이다. 사실, 계량적 관점에서 보면 보호도 일종의 증대, 즉 안전과 안보의 증대로 간주할 수도 있다. 하지만 개개인이 깊이 연결된, 신중한 관점에서는 그 강조점과 우선순위가, 인간 발달에 대한 비교적 낙천적이고 상승 중심적 문헌에서 전형적으로 나타나는 것과는 사뭇 다르다. 어쩌면 둘 사이의 연관성을 덜 모순적으로 생각하려면 인간 발달적 관점을 넘어 인간 삶의 불안정 요소들과 관련된 관심사들까지 포함시키는 한편, 우리 인간이 삶에서 펼칠 수 있는 역량의 폭을 적극적으로 확대시키는 방식이 좋을지 모른다.

문명충돌론의
오류

나딘 고디머의 지적처럼, 정말로 사회는 폭력을 비롯한 인간 비非안보의 원인에 대해 암호 같은 신호를 보내온다. 이번 에세이에서 내가 중점을 맞추려는 부분은 폭력과 연관된 비안보의 문제이지만, 폭력의 만연과 그 영향을 살펴볼 때는 폭력이 비안보의 또 다른 근원들과 어떤 관계에 있는지에 대한 부분도 무시해서는 안 된다. 현대 세계에서 일어나는 폭력의 근원적 원인이라는 원대한 주제와 관련해서는 이론들이 넘쳐난다. 원래 이론이란 것이 대체로 그렇듯이 말이다. 하지만 두 계열의 이론이 다른 대다수 이론보다 특히 더 많은 주목을 받고 있다. 그중 하나는 주로 사회, 문화적 경향을 띠면서 대체로 정체성, 전통, 문명 같은 개념에 초점을 맞춘 것이며, 다른 하나는 주로 정치, 경제적 경향을 띠면서 빈곤, 불평등, 박탈에 초점을 두고 있다.

내가 여기에서 제시하고 싶은 주요 논제는, 사회, 문화, 경제적 문제들에서는 통합을 위한 진지한 노력이 필요하다는 점이다. 문명의 충돌과 관련해 유치하게도 숙명론적 이론을 펼치는 이들도, 또 지금의 세계를 지나치게 단순화된 세계로 개혁시키고픈 유혹에 빠진 단순한 구성주의적 이론가들도 이런 노력을 업신여긴다. 이에 대해 나는 다른 무엇보다도 다음을 주장하고 싶다. 경제적 불공평을 개선시키기 위한 진부한 이유를 찾으면서 그 이유가 어떠한 이유든 불공평 자체에는 반감을 품지 않고 폭력의 위협은 질색하는 - 혹은 두려워하는 - 이들에게조차 호소력을 발휘하길 기대한다면 그것은 실수라고. 글의 초반부에서 내 주요 논제를 밝히면서 어쩌다보니 말이 점잖지 못하게 되었는데 그 점은 너그러이 봐주길 바란다. 내가 워낙 하고 싶은 말을 꾹 참고 미루는 데는 그다지 소질이 없다. 그런 내 성격을 아는 출판사에서 나에게 탐정소설을 써보라고 권유한 적이 없는 것도 당연하다.

문화 이론가들은 충돌을 종교적 신념과 사회적 관습뿐만 아니라 생활 방식과도 연관 지어서 바라보는 경향이 있다. 이런 계열의 논증은 서로 다른 여러 가지 이론을 도출해내기도 하며, 그중에는 상대적으로 더 복잡한 이론도 더러 나온다. 그런데 주목할 만한 사실은 그런 이론 중 오늘날 세계에서 가장 인기를 끌게 된 특정 문화 이론이 어떻게 보면 가장 허술한 이론 같다는 점이다. 그 특정 이론이 바로, 세계의 폭력을 이른바 '문명의 충돌'의 결과로 바라보는 접근법이다. 이 접근법은 소위 '문명'이라는 어느 정도 가정상의 정체성을 주로 종교적 관점에서 정의하며, '이슬람 세계', '서방의 유대-기독교 세계', '불교 세계', '힌두 세계' 등등의 대비 구조를 만든다. 이 고매한 이론의 주장대로라면 이들 세계가 서로 충돌하기 쉽도록 부추기는 것은 본질적으로 문명 사이의 적개심이다.[4]

문명의 충돌이라는 이런 접근법의 저변에는 별나도록 인위적인 역사관이 깔려 있는데, 그 역사관에 따르면 이 이질적 문명들은 서로 다른 땅에 심어진 나무처럼 따로따로 성장해서, 서로 일치하고 상호 작용하는 부분이 거의 없다. 그래서 주장인즉슨, 오늘날에 이르러 서로 다른 역사를 가진 이런 이질적 문명들이 세계화된 세계에서 마주치면서 서로 충돌한다는 것이다. 언뜻 듣기엔 일종의 증오가 느껴지기도 하지만 솔깃한 주장이다. 하지만 여러 아이디어와 영향력이 국경 너머의 국가들과 각 지역을 넘나들며 문학, 예술, 음악, 수학, 과학, 공학, 무역, 상업 등 다양하고 수많은 활동 분야에서 서로 작용하며 건설적인 운동을 일으켜온 오랜 역사를 거의 무시한다는 점에서 이 주장은 허구다. 문명 이론가들이 내세우는 가정, 즉 사람들은 잘 알지도 못하는-기껏해야 '그 외국인들'이 별난 믿음과 관행을 가지고 있는 것 같다는 추정상의 생각밖에 아는 것이 없는 – 외국인들에게 곧잘 의심을 품는다는 가정은 전적으로 틀린 것은 아니지만, 서로를 더 잘 알게 되면 적개심이 더 커지기보다는 이해의 폭이 넓어질 수 있다. 하지만 이런 유형의 문명 이론가들은 서로 인간으로서 더 가까워지면 어떤 식으로든 그런 의심을 가라앉히기보다는 더욱 키우게 마련이라는 확신을 내세우면서 '타지인'에 대한 멋모르는 의심을 조장하는 경향을 띠어왔다.

이런 식의 문명적 접근법은 세계 역사의 상당 부분을 누락시키는 것으로도 모자라, 그토록 다양하고 복잡한 우리의 정체감을 단지 소속감이라는 관점에서만, 즉 사람들이 저마다의 소위 문명이라는 것과 하나라는 추정상의 인식을 통해서만 이해하려고 시도함으로써 정체감의 특성을 경악스러울 정도로 단순화시키고 있다. 이렇게 지나쳐도 너무 지나친 단순화를 통해 세계의 다양한 사람들을 이해하는 일은 서로 다른 문명들을 살펴보는 식으로 변질되었다. 말하자면 개개인의 차이가 문명적 차이에 따라 좌우되는 식이 되어버렸다. 결국 이런 근시적 이론에 따르면 사람들 간의 폭력은 서로 다른 문명들 사이의 적개심으로 해석된다. 그리고 그런 식대로라면 문명은 인간관계의 숨겨진 이면에서 전권을 휘두르는 포괄적 배경이 되는 셈이다. 결론적으로 말해서, 세계의 폭력 현상에 대한 문명적 설명은 가상적 세계 역사에 의존하는 것만이 아니라 인간의 정체성에 대해 어떤 특정 '사회연대주의'식 접근법, 즉 인간을 태어난 문명이나 종교에 따라 한 집단의 일원으로 바라보는 접근법에 단단히 얽매여 있다.

사실, 사회연대주의식 접근법은 세상의 거의 모든 사람을 잘못 이해하기에 아주 좋은 방법이다. 보통의 삶 속에서 우리는 우리 자신을 여러 집단의 일원으로, 다시 말해 그 모든 집단에 속하는 것으로 여긴다. 똑같은 한 사람이 그 어떤 모순도 없이, 남아프리카 공화국 시민, 아시아계 출신, 인도 선조의 후손, 기독교도, 사회주의자, 여자, 채식주의자, 재즈 뮤지션, 의사, 페미니스트, 이성애자, 게이와 레즈비언의 권리 옹호자, 재즈광, 현재 세계에서 가장 중요한 문제는 세계 크리켓 대회에서 호주를 무찌를 방법이라고 믿는 사람 등이 될 수 있다. 이런 사람에게 있는 이런 각각의 정체성은 당장의 문제와 선택의 맥락에 따라 중요성이 결정되고 모든 정체성 사이의 우선순위는 사회적 압력뿐만 아니라 그 사람 자신의 가치관에 영향을 받기도 한다. 어떤 사람이 – 종교적이든 공동체적이든 지역적이든 국가적이든 세계적이든 – 그 어떤 문명적 정체성을 지니고 있든 간에, 그 문명적 정체성이 그 사람이 맺고 있을 만한 다른 모든 관계나 소속보다 우위에 있어야 한다고 생각할 근거는 그 어디에도 없다.

문명의 충돌이라는 렌즈로 세계의 폭력을 이해하려는 시도는 논리 자체가 너무 허술해서 검토해볼 거리도 별로 없지만 반드시 짚고 넘어갈 부분이 있기는 하다. 환원주의(다양한 현상을 기본적인 하나의 원리나 요인으로 설명하려는 경향_옮긴이)적으로 단 하나의 정체성을 부각시키는 것이 '교묘하게 공작된 유혈사태'라고 불릴 만한 전 세계의 여러 사건들의 원인이 되어왔다는 점이다. 이런 사건들은 단지 '자연적이고 불가피한' 충돌로 인한 자연발생적인 결과라기보다는 표적이 된 대상의 차이를 조장하고 부추긴 결과다. 예를 들어 어느 날 갑자기 선동자들의 조장으로 우리가 그냥 유고슬라비아 사람이 아니라 사실은 (알바니아인과 앙숙 사이인) 세르비아인이라거나, 우리가 그냥 르완다 사람이나 키갈리 사람이나 아프리카 사람이 아니라 투치족과 앙숙인 후투족이라는 얘기를 듣게 되기도 한다. 이 대목에서 인도 독립 이전이던 나 자신의 어린 시절이 문득 떠오른다. 그 당시 1940년대에 영국의 분할통치 정책과 연관되어 갑자기 힌두교도와 무슬림 사이에 충돌이 일어났다. 여름에는 관대한 인간들이었다가 무자비한 인종차별의 조장을 통해 겨울이 되면서 느닷없이 야만적인 힌두교도들과 난폭한 무슬림들로 변하던 그 순식간의 돌변은 지금도 잊히지 않는다. 당시에 수십 만 명의 사람들이 대학살 설계자들에게 이끌린 사람들의 손에 죽어가기도 하고, 또 난데없이 갑자기 자신들과 '한 종족'으로 확인된 사람들을 위해 – 그 사람들을 명분으로 세워 – 다른 사람들을 죽이기도 했다.

진실에 대한 이해

확실히 정체성 책략은 아주 효과적인 폭력의 명분으로 동원될 수 있다.[5] 하지만 보다 폭넓은 관점으로 인간의 다양한 정체성을 이해함으로써 효과적으로 저지될 수도 있다. 우리의 이질적인 유대는 특정 방식으로 우리를 분열시켜 놓을 수 있지만, 그 어떠한 분열도 거부하는 또 다른 정체성, 즉 또 다른 유대도 있다. 투치족에 대한 응징을 명분으로 모집된 어느 후투족은 르완다인이자, 키갈리 사람일 가능성도 있는 아프리카인이자 의심의 여지없는 한 인간이기도 하다. 이 모두는 투치족과도 공유되는 정체성이다. 사회적으로나 문화적으로 묶인 이론은, 사람은 태생적으로 어떤 편 가르기에 따른 폭력의 촉발로 인해 서로 싸우게 되는 존재일 수 있다고 지적하는데 이는 틀린 말이 아니다. 하지만 그런 폭력이 촉발된다면 왜 그런 일이 발생하는지, 또 그 하나의 정체성이 유일하게 중요한 정체성으로 여겨지게 되는 근원이 무엇인지를 살펴봐야 한다. 그런 식으로 폭력이 부추겨지는 과정은 인간의 숙명론을 꺼내드는 식의 단순한 방법으로는 해명이 불가능하다.[6]

나딘 고디머는 그녀의 저서 『글쓰기와 존재하기Writing and Being』에 실린 뛰어난 에세이에서,[7] 프랑스의 소설가 프루스트의 다음의 말을 인용했다. "너무 멀리 가는 것을 두려워 말라. 바로 그 너머에 진실이 있다." 고디머는 이 에세이에서 세 명의 위대한 작가, 나기브 마푸즈Naguib Mahfouz, 치누아 아체베Chinua Achebe, 아모스 오즈Amos Oz 얘기를 꺼냈다. 세 작가는 각각 이집트, 나이지리아, 이스라엘 출신으로, 이 세 나라는 여러 면에서 아주 다를 뿐만 아니라 서로 갈등 관계에 있기도 하다. 고디머는 작가들 간에 "대립적인 관계가 있다"고 지적하지만 뒤이어 다음과 같이 썼다. "이 세 작가는 자신들이 인종, 국가, 종교에 따라 분리된다는 뻔한 부분에는 그다지 관심을 두지 않은 채로, 서로 나름의 방식으로 미지의 영역으로 들어서서 조약을 통해 굳이 인정받을 필요도 없는 그런 공통의 이상을 추구한다."

숙명론으로 엮은 이런 피비린내 나는 환상에 대항해 싸우려면 명확한 이해가 필요하다. 더 명확한 이해는 통찰력 있는 작가들의 통찰만이 아니라 아주 평범한 사람들의 생각을 통해서도 이뤄진다. 선동가들이 무너뜨리고 싶어 하는 것이 바로 그런 이해이며, 이 경우 통찰력 뛰어난 이들의 설득력 있는 목소리는 우리 모두에게 강한 결의를 불어넣어주기도 한다. 마하트마 간디는 인도 분할통치 기간 중의 폭력 사태 발발 당시, 비무장의 완전 무방비 상태에서 폭동으로 갈기갈기 갈라진 지역들 이곳저곳을 돌아다니면서 일부 사람들에게 새로운 생각을 심어주었을 뿐만 아니라 그와 일치하는 생각을 가진 이들에게 더 굳센 결의를 북돋워주기도 했다.

조장된 공언에 기인한 폭력

　　　　　문명이나 종교나 공동체의 충돌을 자연스러운 과정으로 내세우는 주장을 뒤엎는 것 외에 필요한 일이 또 있다. 오늘날 벌어지고 있는 일부 전쟁의 맥락상 종교적 차이가 얼마나 중대한 요소로 비쳐지든 간에, 반목과 살육을 일으킬 잠재력을 가진 차이는 종교적 차이 하나만이 아니라는 사실이다. 사회연대주의적 정체성에 기인하는 폭력은 그 유형이 아주 다양하다. 현대의 세계 정치에서는 종교에 대한 집착이나 (주로 종교적 차이에 기반을 둔) 소위 문명에 대한 집착이 너무 강해서 과거에 – 그것도 그리 오래지 않은 과거에 – 다른 유형의 정체성 차이가 아주 다른 유형의 폭력과 전쟁을 유발시켜 수백만의 목숨을 앗아가기까지 어떻게 이용되었는지를 잊어버리는 경향이 심하다.

그 한 사례로서 1914~1918년 유럽에서 일어난 그 피비린내 진동하던 전쟁에서 국가와 국적에 대한 호소가 일종의 각성 작용을 일으킨 바 있으며, 이때 기독교도라는 공통의 종교적 배경은 독일, 영국, 프랑스가 서로를 무참히 짓밟는 행위를 멈추게 하는 데 아무 역할도 하지 못했다. 당시에 옹호되었던 정체성은 애국적 정체성이었고, 바로 그 정체성이 애국적 열정에 뜨거운 불을 당겼다. 제1차 세계대전의 공포가 전쟁터에 신병으로 징집된 윌프레드 오언의 삶을 덮치기 전에 오언은 국가와 조국에 대한 정체성을 명분으로 벌이는 폭력적인 전쟁을 찬미하는 가치관에 반대하며 그 나름의 이의 제기를 시로 남긴 바 있다.

> 친구여, 그렇게 뜨거운 열의에 들떠서
> 필사적으로 영광에 목말라 하는 아이들에게
> 그 해묵은 거짓말은 하지 말아주오.
> '나라를 위해 죽는 것은 당연하고 명예로운 일'이라는 그 거짓말은.

로마의 시인 호라티우스가 조국을 위해 죽는 것을 명예로운 일로 기리는 저 인용 시 구절은 애국심의 폭력에 영합하는 호소로 볼 수도 있으며, 윌프레드 오언이 강하게 항변했던 부분도 바로 그런 식의 호소였다.

비슷한 취약성이 그 외의 수많은 정체성 차이에 잠재되어 있다. 어느 측면에서 보면 이런 수많은 정체성 차이들은 그 중요성을 내세우는 주장을 기반으로 삼은 일종의 멈출 수 없는 폭력의 행진으로 유도될 수도 있으나, 또 다른-더 넓은-면에서 보면 이런 식의 주장은 같은 인간이라는 폭넓은 관점에서의 공유성을 비롯해 여러 정체성들과 연관된 그 외의 수많은 유대성과 애착을 내세워 얼마든지 이의를 제기하여 밀어낼 수도 뒤엎을 수도 있는, 인위적으로 조장된 공언에 지나지 않을 수도 있다.

정치경제학적
접근법의 위험성

이번에는 잠시 문화적 접근법 얘기는 접어두고 다른 접근법, 그러니까 정치경제학적 접근법에 대해 이야기해보도록 하자. 이런 방향의 논증에서는 빈곤과 불공평을 폭력의 근본적 원인으로 바라본다. 선뜻 이해가 가지만 불공평이라는 불공정은 불관용을 유발시키기 쉽고, 빈곤의 고통은 울분과 분노를 일으키기 십상이다. 폭력과 빈곤 사이에는 확실히 개연성이 있다. 예를 들어, 수많은 국가가 겪어온-그리고 현재도 여전히 겪고 있는-경제 빈곤과 정치 갈등의 공존이 그러한 예에 해당한다. 아프가니스탄과 수단에서부터 소말리아와 아이티에 이르기까지, 세계 여러 곳에는 사람들이 빈곤과 폭력이라는 이중의 고난에 직면한 사례들이 수두룩하다. 이런 공존성을 감안하면 빈곤이 사람을-처음에는 경제적 궁핍으로, 또 그 다음에는 정치적 학살로-두 번 죽인다는 말이 나올 만도 하다.

확실히 빈곤에는 사람을 격분하게 하고 필사적이 되도록 내모는 면

이 있으며, 불공정의 의식은 폭동, 심지어 유혈 폭동의 좋은 근거가 되기도 한다. 게다가 전쟁과 평화에 대한 계몽적 태도의 기본적인 특성상, 뻔하고 직접적이라 단순히 투쟁으로 비춰지는 명분을 넘어서서 '더 깊이 있는' 명분거리를 찾아야 한다고 가정하게 되는 것이 보통이다. 그런 잠재적 명분에 있어서는 박탈과 불평등의 경제학이 아주 그럴듯한 주장을 제시해준다. 그래서 불만과 소요의 근원을 경제적 궁핍에서 찾아야 한다고 여기는 신념은, 뻔히 보이는 뭔가를 넘어서는 명분을 찾으려는 사회적 분석가들에게 상당히 선호되어 왔다.

한편 빈곤을 폭력과 연결 짓는 이런 명제는 또 다른 호소력이 있다. 즉, 빈곤을 끝내기 위해 뭉친 공동 행동을 인도적으로 지지할 경우에 이런 명제가 효과적으로 활용될 수 있다는 점에서 호소력을 갖는다. 당연히 그럴 테지만 세계에서 빈곤을 근절시키려고 애쓰는 사람들은, 빈곤 자체에 별 감응이 없는 이들로부터도 지지를 끌어내기 위해 폭력과 빈곤을 이어주는 명백한 명분적 연관성을 제기하고 싶어 한다. 실제로 최근 몇 년 사이에 빈곤 근절 정책을 지지하는 주장에서 이런 빈곤 근절 정책이 정치적 분쟁과 소요를 예방하는 가장 확실한 방법이라는 근거를 내세우는 경향이 점점 늘고 있다. 이런 식의 이해를 바탕으로 삼은 공공 정책은 ─ 국내 정책뿐만 아니라 국제 정책에서도 ─ 확실히 흡인력이 있다. 다시 말해, 빈곤 근절 부문에 공적 자원과 노력을 증대시키자는 정책을 추진하면서 직접적인 윤리적 명분을 내세우지 않고 정치적 분쟁과 소요의 예방이라는 추정을 명분으로 내세워서 정치적으로 설득력 있는 주장을 펴게 한다.

만연한 물리적 폭력을 점차 꺼리고 두려워하는 반응이 늘면서, 그것도 유리한 입지의 사람들이 사회 불평등층과 박탈층보다 — 심지어 극도의 박탈층보다 — 특히 더 그렇게 두려워하는 반응을 보이게 되면서, 현재는 부유층을 비롯한 모든 사람들에게 끔찍한 가난이 결국엔 끔찍한 폭력을 유발시키기 마련이라는 식의 호소가 설득을 얻고 있다. 실제로 전쟁이나 소요와 관련된 공공의 불안이 고려되면서 최근 몇 년 사이에는 빈곤 근절의 간접적 정당화, 즉 빈곤 그 자체를 위해서가 아니라 평화와 평온함을 얻기 위해서라는 정당화가 빈곤과의 싸움에서 지배적 주장으로 자리 잡았다.

확실히 빈곤과 폭력 사이에는 연관성이 있다. 하지만 폭력의 원인을 빈곤과 박탈이라는 단일 요인 분석을 통해 찾는 것이 과연 타당할까? 이런 식의 해석에 솔깃해 하는 마음은 이해가 가지만 여기에는 곤란한 문제가 있다. 그 명분적 연관성이 그다지 탄탄하지 못한 것으로 증명될 경우 경제 환원주의에 따라 세계에 대한 이해를 저해시킬 뿐만 아니라 빈곤 근절을 위한 공적 책임에서 내세워진 공공연한 논리적 근거까지 훼손시키는 우를 범할 수 있다는 점이다. 빈곤은 특히 진지하게 다뤄야 할 문제다. 빈곤과 광범위한 불공평은 그 자체로도 근절시켜야 할 충분한 근거인 만큼 끔찍한 문제이기 때문이다. 미덕이 그 자체로 보상이듯, 빈곤은 그 자체로 최소한 형벌이다. 빈곤이 폭력과 충돌에 미치는 영향을 내세워 빈곤 퇴치의 이면적 근거를 찾을 경우 더 폭넓은 주장을 펴며 그 영향력을 넓힐 수 있을지는 모르겠지만, 그 논리를 훨씬 더 취약하게 만들 위험도 있다.

이런 위험성을 이해한다고 해서, 빈곤과 불평등이 충돌과 광범위한 연관성을 가질 수 있다는 - 그리고 실제로 그런 연관성을 가지고 있다는 - 점을 부인하는 것은 아니다. 하지만 이런 연관성은 적절한 주의와 실질적 결단력에 따라 연구되고 평가되어야 한다. 경제 환원주의를 끌어들이고픈 유혹에 넘어갈 경우 때때로 정당한 명분으로 볼 만한 주장을 뒷받침하는 데 효과적일 수 있을지는 몰라도(심지어 유혈 폭력의 위협을 통해 윤리적으로 둔감한 이들을 겁주면서 만족감을 얻는 식으로 우리 인간의 유약함에 영합하는 방식에 긍정적인 면이 있다고 하더라도), 그것은 본질적으로 건전하지 못한 방법이며 정치 윤리에 크게 어긋날 수도 있다.

빈곤과 폭력을 연관 짓는 사고의 한계

빈곤을 폭력과 연관 짓는 이런 식의 단순한 명제는 윤리적으로 의심스러운 의도로 활용됨으로써 허점이 나타나고 있을 뿐만 아니라 드러나는 인식의 문제들도 한두 가지가 아니다. 빈곤이 집단폭력의 원인이라는 주장은 실증적 측면에서 상당히 취약한 주장이다. 빈곤과 폭력의 연관성이 보편적으로 관찰되는 바가 결코 아니기 때문이다. 뿐만 아니라 빈곤 및 폭력과 연관이 있는 또 다른 사회적 요인들도 존재한다.

내가 뉴욕의 시티 칼리지City College에서 열린 루이스 멈포드Lewis Mumford 기념 강연에서 '콜카타의 도시생활'이라는 제목으로 연설을 했을 때도 언급한 적이 있다시피, 콜카타는 인도에서 - 그리고 사실상 세계에서 - 가장 가난한 도시일 뿐만 아니라 범죄율이 아주 낮은 도시이기도 하다. 실제로 중범죄 부문에서 볼 때 가난한 도시 콜카타는 인도의 도시를 통틀어 범죄 발생률이 가장 낮다. 인도 도시들의 평균 살인 발생률은 10만 명당 2.7명이고 델리의 경우는 2.9명인 데 반해, 콜카타는 0.3명이다.[8] 인도의 형사법 위반 건수를 합산해서 살펴보면 폭력 범죄 발생률 또한 낮은 편이다. 여성 대상 범죄에서도 역시 마찬가지여서, 인도의 다른 모든 주요 도시들과 비교할 때 콜카타의 범죄 발생률이 현저히 낮다.

콜카타가 인도에서 살인 사건 발생률이 현격히 낮은 도시에 들기도 하지만, 전반적으로 인도의 도시들은 대체로 세계 평균과 비교하면 폭력 범죄의 건수가 굉장히 낮은 편이다. 인도 도시의 범죄율은 홍콩과 싱가포르 같은 인도보다 훨씬 부유하고 더 좋은 환경의 도시들에게만 밀린다. 참고로 우리가 자료를 구할 수 있었던 2005년과 관련된 수치를 구체적으로 소개하자면, 파리는 살인사건 발생률이 10만 명당 2.3명, 런던 2.4명, 다카 3.6명, 뉴욕 5.0명, 부에노스아이레스 6.4명, 로스앤젤레스 8.8명, 멕시코시티 17.0명, 요하네스버그 21.5명, 상파울루 24.0명이고 리우데자네이루는 무려 34.9명이다.[9] 인도에서는 문제가 많은 비하르 주의 파트나만이 살인 사건 발생률이 14.0명으로 인도 최고 수준이며 인도 다른 도시들의 평균은 이 수치의 절반에도 못 미쳐서 앞에서도 얘기했다시피 2.7명에 불과하다. 범죄율이 낮기로 유명한 일본의 도시들조차 살인 사건 발생률이 콜카타의 세 배가 넘어 10만 명당 도쿄가 1.0명, 오사카가 1.8명 수준이며 홍콩과 싱가포르만이 콜카타와 근접한 수치로(근접하다고 해도 여전히 콜카타보다 60퍼센트 이상 더 높지만) 10만 명당 0.3명인 콜카타에 비교해서 0.5명이다.

콜카타의 빈곤 수준을 감안할 때 이 모든 사실이 이해하기 힘든 수수께끼처럼 느껴진다면 그것은 자연의 역설이라기보다는 우리 사고의 한계를 반영하는 것일지 모른다. 물론 콜카타는 빈곤을 근절하고 질서를 회복하려면 갈 길이 한참 멀다. 낮은 범죄율이 그런 난처한 문제들을 사라지게 해주지는 않는다. 이 점은 꼭 명심해야 한다. 하지만 빈곤이 반드시 사회적, 문화적 상호 작용뿐만 아니라 정치적 운동과 상관없이 별개로 폭력을 양산하는 것은 아니라는 사실을 인정하면서 짚고 넘어가야 할 중요한 부분이 있다.

범죄의 원인규명은 실증적 일반화의 주제로 다루기에는 만만치 않은 분야이며, 최근에 범죄의 속성과 발생을 해당 지역의 특징이라는 관점에서 이해하려는 시도가 이어지긴 했으나 확실히 말해서 더 전반적 이해에 이르려면 아직도 갈 길이 멀다.[10] 루이스 멈포드 기념 강연에서 나는 콜카타의 낮은 범죄율은 여러 원인 요소 중에서도 특히, 아주 다양한 인종이 섞여 살아온 도시로서의 오랜 역사의 덕이 크다는 주장을 밝힌 바 있다. 다른 곳과 마찬가지로 인도에서도 일부 도시에서는 엄격한 인종 분리의 특징을 띠었던 역사가 있으나, 콜카타는 그런 역사가 없었다. 빈곤과 범죄 사이의 관계를 이해하는 측면에서 확실한 연관성을 갖는 사회적, 문화적 특징으로는 지역적 특징 외에도 여러 가지가 있다. 예를 들어, 남아프리카 공화국의 높은 폭력 범죄율을 이해하려면 도시의 높은 폭력 범죄율과 아파르트헤이트apartheid(남아프리카 공화국의 인종차별 정책으로 1991년에 폐지됨_옮긴이)라는 유산 사이의 관계를 웬만해선 간과할 수 없다. 그래서 으레 인종 대립의 유산뿐만 아니라 아파르트헤이트 정책에 동반된 경제적 배치에 따라 분리되었던 이웃과 가족들로 인해 일어난 끔찍한 영향 등을 살펴보게 된다. 하지만 함께 섞여 살아가는 공동체를 만들기 위한 때늦은 시도들 역시도 새롭게 한 이웃으로 섞여 살게 된 사람들 사이에서 저질러지는 범죄를 조장하는 데 직접적 영향을 미쳤던 이유는 설명하기 쉽지 않다. 오랜 역사가 남긴 유산이 근절되기 힘들어서가 아닐까 하고 추정할 따름이다.

안타깝지만 우리는 정확한 원인이 무엇인지 자신할 만큼 그 실증적 관계를 잘 이해하고 있지 못하다. 말이 나온 김에 덧붙이자면 나는 사회과학이 불가피하게 문제를 제기했다가 이해하지 못하고 마는 경우가 자주 있다는 점에서 겸손할 필요성을 뼈저리게 느끼고 있다. 하지만 빈곤과 폭력 사이의 보편적이면서도 직접적인 연관성을 파헤치려는 경향이 계속 지속되기는 아주 힘들 것이라는 점만큼은 아주 분명해 보인다. 확실히 빈곤-폭력 관계의 직접적 연관성을 내세우는 주장으로는 설명되지 않는 복잡한 상황들이 존재하니 말이다.

더 구체적으로 말해, 폭력을 종교, 인종, 공동체와 연관 짓는 식의 (수많은 문화 이론가들이 제시하고 있는) 주장을 특히 주목해 살펴보면 의식 있는 정치가 폭력을 막아주는 장벽 역할을 한다는 데 대한 인식이 미흡해 보인다. 가령, 중도 좌파인 콜카타와 서벵골(서벵골은 지금까지 30년 동안 자유 다당 선거에 바탕을 둔 선출제 공산주의 정부로 운영되면서 이 분야에서는 세계 최장의 역사를 가지고 있다)의 지배적 정치 기류는 대체로 계층과 연계된 - 보다 최근에는 성별과 연계된 - 박탈 문제로 관심의 초점을 옮겨왔다. 종교와 종교 중심 공동체와는 아주 별개인 분야로 초점이 변경되면서, 소수파에 대한 폭동을 선동하는 데 종교적 차이를 이용하기가 훨씬 힘들게 되었다(뭄바이와 아마다바드 같은 인도의 일부 도시에서는 실제로 이런 종교적 차이의 이용이 아주 야만적으로 자행되어 왔다는 점과 대비를 이룬다). 과거만 해도 콜카타는 분할통치와 연관된 힌두교도-무슬림 폭동이 인도 아대륙 전역에 난무하던 당시에 그 폭동에서 큰 몫을 차지했다. 하지만 그 뒤로 40년도 더 넘도록 이 대도시에서는 인도의 다른 상당수 도시권역들과는 달리 그와 같은 폭동이 한 번도 일어나지 않았다. 실제로 콜카타에서는 전적으로 종파적이라 공동사회의 불화를 조장하기 쉬운 의제는 이제 새로운 정치적, 사회적 우선순위에 밀려 큰 힘을 쓰지 못하는 것으로 보인다.

그리고 이런 정치 발전을 통해 경제적 빈곤과 불평등에 맞춰진 초점은, 궁극적으로 따지자면 사소한 문제인 종교 차이가 사회 조화를 막지 못하도록 하는 측면에서도 건설적인 역할을 해왔다. 또한 인간의 다양한 정체성을 인정하면서 계층을 비롯한 경제적 격차의 여러 근원들에 더욱 집중하게 되어 이제 콜카타에서는 종교적 분열의 노선에 따라 공동체의 격정과 폭력성을 자극시키기가 아주 힘들어졌다. 덕분에 콜카타에서는 주로 무슬림과 시크교도들인 소수파들이 뭄바이나 아마다바드나 델리에서는 누릴 수 없는 그런 안전함을 느껴왔다.

벵골의 인도 지역(벵골은 원래 영국령 인도 북동부의 주였다가 현재는 인도와 방글라데시로 갈라져 있음_옮긴이)에서 좌파 정치나 계층과 연계된 정체성이 종교 분열과 공동체 간 대립을 기반으로 삼은 폭력을 크게 약화시키는 데 영향을 미쳐왔다면, 무슬림과 힌두교도를 다른 집단으로 - 그리고 이용하기 좋게 적대적인 집단으로 - 나누지 않는 언어, 문학, 음악을 정체성의 힘으로 삼아온 조상들의 후손인 국경 반대편의 방글라데시에서도 그와 같은 건설적인 영향이 가능할 수 있다. 여기에서 보다 보편적인 관건은 우리의 다양한 정체성을 이해하면 그것이 단일 정체성, 특히 종교적 정체성에 기반을 둔 폭력의 선동과 맞서 싸우는 데 큰 힘이 된다는 점이다.

환경에 따라 좌우되는
빈곤과 폭력의 관계

빈곤과 폭력 사이의 경제적 관계는 아주 복잡해서 경제적 시각에서만 보는 경제 환원주의라는 단순한 접근법으로는 파악하기 힘들다. 예를 들어, 아프가니스탄의 폭력 역사는 국민들이 그동안 겪어온 빈곤이나 궁핍과 관계가 없을 수 없지만, 그렇다고 해서 그곳에서의 폭력의 원인을 전적으로 경제적 시각에서만 본다면 폭력 사에서의 탈레반과 종교 근본주의의 역할을 간과하게 된다. 서방 지도자들이 소련을 단 하나의 '악의 축'처럼 바라봤던 시절에 러시아에 맞서 싸운 아프가니스탄의 종교 극단주의자들에게 힘을 실어주기 위해 군사 지원과 선동을 펼쳤던 역사의 역할 역시 놓치게 된다. 한편 근본주의의 출현과 종파 간 폭력사태를 모든 경제적 관계와 분리해서 생각할 경우에도 역시 실수를 범하게 된다. 분리해서 생각할 것이 아니라, 서로 같이 작용하고 때로는 서로를 상쇄시키기도 하는 여러 상호 연결 요소들을 이해하려고 애써야 한다.

빈곤과 폭력 사이의 실증적 관계는 확실히 다른 여러 환경에 따라 좌우된다. 물론 지독한 빈곤과 엄청난 불공평이 존재하는 경제들을 보면 충돌과 대립의 증거가 결코 부족하지 않다. 하지만 비슷한 수준의 빈곤이나 불공평이 존재하는 또 다른 경제에서는 경제적 수렁에 깊이 빠져 무력한 상태로 보이는 지경에서도 심각한 정치적 소요가 일지 않기도 한다. 빈곤은 평화나 평안과도 공존이 가능하다. 그러므로 빈곤을 폭력과 연결 짓는 식의 인식과 추론에는 여러 가지 결함이 있음을 인정해야 한다. 물론 빈곤은 확립된 법과 규정을 거부하도록 자극할 수도 있지만, 빈곤이 반드시 사람들에게 폭력을 벌이도록 자극하고 실제로 행동에 옮기도록 부추기는 것은 아니다.

실제로 궁핍에는 경제적 무력만이 아니라 정치적 무력이 동반되기도 한다. 거기에는 박탈로 쇠약해진 피해자들이 극도로 허약해지고 낙심해서 싸울 여력도, 심지어 항의하고 원성을 쏟아낼 여력도 없는 경우들이 있다. 그런 점에서 보면 극심한 고통과 불공평에 믿기 힘든 평화와 귀를 먹먹하게 하는 침묵이 동반되어 왔던 일들도 그리 놀랄 일은 아니다. 실제로 극심한 기근에도 큰 폭동이나 분쟁, 무력 충돌이 없었던 사례가 있다. 그중 가장 평화로운 사례는 1840년대에 수년간 이어졌던 아일랜드 기근이었다. 당시에 선박들이 식량을 가득 싣고, 그 식량을 시장의 힘에 끌려(영국인들은 피폐된 아일랜드인들보다 고기, 가금류, 버터 등의 식재료를 살 돈이 많았다) 굶어죽어 가는 아일랜드 사람들은 외면하면서 배부른 영국 사람들에게 실어 나르느라 연이어 새넌 강을 지나다닐 때조차 굶주린 대중이 배를 나포하려 했던 시도가 거의 없었다. 사실 아일랜드인들은 너무 온순해서 탈인 그런 사람들은 아니지만, 어쨌든 기근이 이어지던 그 수년 동안 대체로 법과 질서와 평화가 지켜졌다. 영국 정부는 아일랜드에 지독한 악정을 펼치며 사태를 외면했을 뿐만 아니라 골치 아프게 아일랜드인 폭도의 폭력에 대처해야 할 필요도 없었던 셈이다. 당시에 아일랜드인들은 굶주림에서 벗어나기 위해 조국을 떠나 이민을 갈 방법을 찾느라 정신이 없었다(아일랜드의 기근으로 사망한 인구는 현존하는 자료상 모든 기근에서의 총 사망자수 중 가장 큰 비중을 차지하지만, 그 사망자 수에 맞먹는 인구가 기근 발발 이후 조국을 떠났고 그중 대부분이 미국으로 향했다). 이 대목에서 문득 스코틀랜드의 반항적인 족장 칼가쿠스 Calgacus가 1세기 로마의 영국 지배를 두고 했던 다음 말이 떠오른다. "그들은 세상을 황폐화시켜놓으면서 그것을 평화라고 말한다."

하지만 그렇다고 해서 아일랜드 기근으로 인한 빈곤, 기아, 불평등이 아일랜드의 폭력에 장기적 영향까지 미치지 않았다는 얘기는 아니다. 실제로 부당한 대우와 무시당한 기억이 아일랜드와 영국의 극심한 불화에 영향을 미치면서 1세기 반이 넘도록 영국과 아일랜드의 관계를 특징짓는 폭력 사태에 큰 몫을 했다. 경제적 궁핍이 곧바로 폭동으로 이어지지 않을 수는 있지만, 그렇다고 해서 빈곤과 폭력 사이에 아무런 상관이 없다고 생각한다면 오산이다. 이 문제에서는 시간에 따른 연관성, 그것도 대체로 아주 오랜 시간에 따른 연관성을 살펴봐야 하며 박탈과 학대에 대한 불만이 다른 요인들(이를테면, 아일랜드의 경우 영국과 거리를 벌리려는 애국적 정체성의 옹호)과 어떤 식으로 어우러지는지도 살펴봐야 한다. 아일랜드는 그 뿌리가 16세기에 쓰인 스펜서의 『페어리 퀸Faerie Queene』까지 거슬러 올라갈 만큼 영국에 대해 오랫동안 안 좋은 인상을 품고 있었는데 영국 통치하의 1840년대에 기근을 겪으며 그 인상은 더 나빠졌다. 영국은 아일랜드의 기아 근절을 위해 거의 나서지 않았을 뿐만 아니라 심지어 이런저런 식으로 기아를 더욱 악화시켰다. 아일랜드에서는 이 힘센 이웃 국가에 대해 깊은 분개심이 일어나는 지경에 이르렀다.

바로 여기에 중동의 경험과 유사한 면이 있다. 상황이 지금처럼 악화되도록 영향을 미친 요인들로 말하자면 판단 착오를 저지른 미국 행정부의 명백한 무능을 비롯해 여러 가지가 있다. 하지만 이 여러 가지 연관적 요인 가운데 식민지 시대에 서구 열강들이 중동에 자행했던 학대의 기억도 빼놓을 수 없다. 새로운 정복자들이 이 나라 저 나라를 연이어 정복하며 이 유서 깊은 국가들 간에 경계선을 자기들 마음대로 그렸다 지웠다 했던 그 시대의 기억 말이다. 이런 권력 남용은 당시의 19세기에는 당장 잦은 폭동으로 이어지지는 않았으나 피정복민들의 그 침묵은-즉, 짓밟힌 이들의 평화는-그 문제가 영원히 끝난 일로 묻히고 학대당한 끔찍한 기억이 잊히는 그런 의미는 아니었다. 테네시 윌리엄스의 『우유 열차는 더 이상 여기에 서지 않는다The Milk Train Does Not Stop Here Anymore』에서 플로라 고포스가 말했듯 "너무 빨리 지나가서 붙잡을 수 없는 현재의 순간을 제외한 모든 순간들에 대한 기억, 그것이 바로 인생이다." 마찬가지로 오늘날 짓밟고 유린하는 행위가 벌어지고 있는-이라크와 팔레스타인 등지에서의-새로운 사건들 역시 앞으로 오랜 시간이 지나도 쉽게 잊히지 않을 것이다.

광범위한 이해의
필요성

빈곤과 불평등이 폭력과 비교적으로 비직접적 관련이 있다는 견해가 (내 신념대로) 어느 정도 타당하다면, 정체성과 문화를 어느 한 부문만의 쟁점으로 보기보다는 정치 경제학 부분의 쟁점에도 해당되는 사항으로 바라봐야 한다.

폭력을 촉발시키는 중심축이 될 만한 요인들은 으레 (인종이나 국적이나 사회적 배경과 연관된) 나름의 문화 및 사회적 특징을 띠는 편이지만, 그 선동된 분노가 경제적, 정치적 불평등에서 역사적 관련성을 통해 극적으로 증대되고 확대될 가능성도 있다. 실제로 반투치족 운동을 벌였던 후투족의 잔학행위도 그 이전 시대에 르완다에서 투치족이 후투족보다 대체로 더 많은 특혜를 누렸던 사실을 이용한 사례였다. 빈곤과 불공평이 폭력을 부추기고 지속시키는 데 어느 정도 역할을 한다는 점은 틀림없지만, 나는 그 역할을 사회나 문화와는 별개로 오로지 박탈과 궁핍의 측면에서만 파헤쳐서는 안 된다고 본다. 그보다는 빈곤과 그 외의 사회적 특징들이 서로 상호 작용을 하는 보다 광범위한 틀을 통해 이해하려 해야 한다.

한편, 서방을 표적으로 삼은 알카에다의 극렬한 잔혹함은 아무리 역사를 환기시킨다 해도 정당화될 수 없지만 테러리스트들이 활동하며 내세우는 이름의 집단이 과거에 서방의 식민주의자들로부터 불공평한 대우를 당했던 사실은 잔혹 행위의 도발을 훨씬 더 쉽게 납득하게 한다. 과거를 이런 식으로 연결하는 것에 인종적 정당성이 없다고 해도, 여전히 그런 과거사는 사람들을 맹목적 분노로 내모는 데 큰 원인을 제공할 수 있다. 현재 세계 여러 지역에서는 다른 면에서는 평화적인 사람들이 테러에만큼은 관대함을 보이고 있는데 이는 현시대의 또 하나의 특이한 현상이며, 과거에 심한 학대를 당했다고 느끼는 이들에게서 특히 두드러진다.

군사적 힘, 정치적 권력, 경제적 힘의 불공평은 불만을 막대한 유산으로 남기기 쉽다. 이는 불공평이 자행되는 과정이 무력과 폭력 행사와 명백히 연관되지 않는 경우에도 마찬가지다. 예를 들어, 세계 경제와 사회 발전에서 수억 명의 사람들을 뒤처지게 만드는 불공평이나, 생명이 걸린 의약품이 정작 가장 절실한 이들에게 공급되지 못하는 상황을 발생시키는 세계 경제 메커니즘으로 인해 그 약이 필요한 수백만 명이 약이 없어 제대로 치료를 못 받는 불공평이 그러한 예다.

통합적 인지의
중요성

내가 여기에서 제시하려 했던 주된 논제는 경제적, 사회적, 문화적인 문제들에는 통합을 위한 진지한 노력이 필요하다는 점이다. 하지만 문명의 충돌을 내세우는 숙명론적 이론가들이나 경제 환원주의를 내세우는 성급한 옹호자들 모두 이런 노력에는 콧방귀를 뀐다. 정치 경제학적 특징뿐만 아니라 문화적, 사회적 요인들 역시 오늘날 세계에서 벌어지고 있는 폭력을 이해하는 데 중요하다. 하지만 이런 요인과 특징들은 서로 별개로 작동하지 않는다. 따라서 이런저런 요인 중 단 한 가지에만 집중하고 통합된 그림에서의 다른 중요한 면들을 무시하는 식으로 통찰력을 얻으려 해서는 안 된다. 그런 식의 지름길을 택하고픈 유혹이 들더라도 뿌리쳐야 한다. 어쩌면 무엇보다 중요한 사실은 다음이 아닐까 싶다. 지금까지 살펴본 폭력의 원인들이, 보다 참을 만한 사회질서를 이끌어내려는 인간의 모든 노력 앞에서 요지부동인 그런 불변의 대상이 아님을 수긍할 만한 근거가 충분하다는 것이다.[11]

곧잘 등한시되는 부분이지만 명확하고 충분한 이해를 위해서는 사회 기능과 작동 방식도 연관 지어 살펴봐야 한다. 실제로 넬슨 만델라의 지휘하에 남아프리카 공화국의 반아파르트헤이트 운동을 촉진시켰던 정치적 비전이 없었다면 현재의 남아프리카 공화국은 잔인하기로는 세계 최고 수준이었던 인종차별주의에 맞선 폭력적 복수로 점철되어 있을지 모른다. 마찬가지로 고디머의 표현대로 이른바 '조약을 통해 굳이 인정받을 필요도 없는 공통의 이상'이 (특히 마하트마 간디의 지도하에) 수용되지 않았다면 오늘날 1940년대의 폭동으로 어지럽던 시절과는 달라도 아주 다른 다종교 국가 인도를 상상하지도, 인구의 80퍼센트 이상이 힌두교도인 국가의 정치 제도가 시크교도 총리와 기독교도 집권당 수장에게 (그리고 최근까지 무슬림 대통령에게) 인도의 정사를 지휘하게 하면서 이런 일을 전혀 이상하게 느끼지 않는 그런 민주주의 정치를 지탱시킬 수 있으리라고 기대하기도 힘들었을 것이다.

마찬가지로 20세기 초의 세계대전의 잔학성은 그 이후의 20세기 후반기에 유럽 내에 그와 같은 국가 간 충돌이 가라앉도록, 그것도 그 1914년에서 1919년까지 암흑기의 참호와 전쟁터에서는 상상도 하기 힘들었을 법한 방식으로 가라앉도록 유도한 사회 분석을 촉진시켰다.

그리 놀라운 얘기도 아니겠지만, 분열은 폭력을 유도하는 수단으로 이용되기 쉬우며 때때로 경제적, 사회적 불공평이 인종적, 문화적 차이와 합해지면 더욱 격화되기도 한다. 역시 놀라운 얘기가 아닐 테지만, 그런 분열적인 사고 경향도 명확한 통찰력과 이해가 갖춰지면 극복할 수 있다. 또한, 아주 근사한 가능성이 있다. 한때는 저 너머 '너무 멀리'에 있어 보이는 일이 또 다른 때에 이르면 지극히 평범하고 전적으로 일상적인 일이 될 수도 있다. 이러한 인식은 대체로 중요하며, 특히 인간 안보 상황이 위기에 처해 있는 현대 세계에서 더더욱 중요하다.

우리는 왜
밤에도
깨어 있어야 하는가

≡

히렌 무케르지는 내가 아주 오래 전부터 매우 존경해온 영웅이다. 그에게는 훌륭한 자질과 미덕이 많았지만 그중 특히 나를 크게 감동시킨 세 가지가 있다. 그 첫 번째는 세계 어디에서든 어려움에 처한 인도인들을 보면 뜨거운 연민과 연대 의식을 발휘했던 태도다. 굶주림, 박탈, 실직, 착취, 불안정에 시달리는 인도인들에게 이 정치적 지도자는 언제나 그들을 강력히 변호해주는 힘 있는 목소리가 되어주었다. 나를 감동시킨 두 번째 면모는 그가 비평적 분석과 논증을 굉장히 신뢰했다는 점이다. 그리고 세 번째이자 특히 개인적으로 마음에 크게 와닿았던 면모는 히렌 무케르지의 산스크리트어에 대한 열정과 책에 대한 전반적 애정이었다. 어쩌면 이 부분에 대해서는 내가 편애적 관심을 갖고 있을지도 모르겠다. 나도 산스크리트어와 책에 마음이 아주 약하기 때문이다. 지금도 기억난다. 히렌 무케르지가 수차례의 국회 연설에서 산스크리트어 고전을 능숙하게 인용하며 고서들에 담긴 사상들이 현재의 새로운 문제를 푸는 데 빛을 던져주기도 한다고 강조할 때면 기운이 불끈

샘솟던 그 기분을. 도서관이나 서점으로 달려가서 그의 통찰력 있는 말들을 찾아서 읽어보라고 권하고 싶다.

내가 이 에세이에서 정한 주제는 인도에 만연한 불공평과 불공정의 범위다. 인도의 불공평과 불공정 문제는 우리가 밤마다 잠 못 이루며 고민해봐야 할 문제다. 인도는 전체적으로 급속한 경제 발전을 이루며 — 자동차에서부터 책에 이르기까지 — 소비 상품의 시장이 활발해지는 와중에도 불구하고 여전히 심각한 불평등과 씨름하고 있다. 따라서 정의와 불공평의 본질을 깊이 있게 들여다보며 인도의 불평등과 불공평이 지니는 본질과 그 질긴 생명력을 파헤쳐봐야 한다.

인도에서 요구되는 사회정의를 살펴볼 때는 합의 중심의 견해와 실현 중심의 견해를 구별해야 한다. 때때로 정의는 특정의 조직적 합의, 즉 일부 제도나 규정, 행동 규칙들의 관점에서 정의의 실현을 의미하는 실체가 개념화된다. 그런데 여기에는 짚어봐야 할 문제가 있다. 정의의 요구가 단지 제도와 규칙을 바르게 세우는 차원으로 그치느냐 하는 것이다. 더 나아가 제도와 규칙, 그 외의 영향력이 주어질 경우 사람들이 실제로 어떤 식의 삶을 영위할 수 있을지 등 사회적으로 실현될 양상에 대해서도 검토해볼 수는 없는 걸까? 나 자신이 지지하는 실현 중심의 견해에서 기본적으로 내세우는 주장은, 정의란 실현되는 실제 세계와 떼어놓고 생각할 수 없다는 것이다. 물론 제도와 규칙은 일어나는 일에 영향을 미치는 측면에서 아주 중요한 요소이며 실제 세계의 중요한 부분이기도 하지만, 실현되는 실상이 조직적 차원의 그림보다 훨씬 더 큰 그림이다.

이런 구별은 유럽과 같은 서방에서의 정의론을 비롯해 여러 정의론의 역사에서 아주 중요하다. 하지만 우선 인도의 지적 논쟁에서 확실한 위상을 발휘하고 있는 구별부터 살펴보며, 산스크리트어 문헌으로까지 거슬러 올라가보자. 모두 고전어 산스크리트어로 '정의'를 뜻하는 두 단어, 니티niti와 니야야nyaya는 사실상 위에서 말한 두 가지 견해의 서로 다른 중심 초점을 더 쉽게 구별해준다. 물론 니티와 니야야 같은 단어는 고대 인도의 다양한 철학적, 법적 논의에서 여러 가지의 의미로 쓰였던 것이 사실이지만 그렇더라도 니티와 니야야 각각의 중심 초점 사이에는 기본적인 차이가 있다.

니티라는 용어는 주로 조직의 적절성과 행동의 단정함을 가리킨다. 니티와는 달리, 니야야라는 용어는 정의의 실현에 대해 보다 포괄적인 개념을 의미한다. 이와 같은 차이상으로 보면 제도, 규칙, 조직의 역할은 니야야의 보다 폭넓고 포괄적인 관점으로 평가되어야 한다. 마침 우리가 가지고 있는 제도나 규칙만이 아니라 그것이 실제로 실현되는 세계와 떼려야 뗄 수 없이 이어진 니야야의 관점이 더 적절하다.

예를 들면, 인도의 초기 법 이론가들은 이름하여 마치아니야야matsyanyaya, 즉 '물고기 세계의 정의'를 거론하며 큰 물고기가 작은 물고기를 자기 마음대로 잡아먹을 수 있는 그런 정의를 멸시했다. 우리는 마치아니야야를 피하는 것을 무엇보다 우선시하면서, '물고기의 정의'가 인간의 세계로 침범하지 못하게 조심해야 한다. 여기에서 인식해야 할 중요한 부분은, 니야야에서의 정의 실현은 단지 제도와 규칙을 판단하는 문제가 아니라 사회 자체를 판단하는 문제이기도 하다는 점이다.

확립된 조직의 적절성이 어떠하든 큰 물고기가 작은 물고기를 마음대로 잡아먹는다면 그것은 인간의 정의에 대한 명백한 위반이다.

니티와 니야야를 더 분명하게 구별하기 위해 더 다루기 쉬운 예를 들어보겠다. 신성로마제국의 황제 페르디난트 1세는 16세기에 다음과 같은 유명한 말을 남겼다. "Fiat justitia et pereat mundus(세상이 망하는 한이 있어도 정의를 세워라)." 이 준엄한 격언은 니티로 – 그것도 아주 엄격한 니티로 – 상징될 만하며, (실제로 페리디난트 황제가 그랬던 것처럼) 옹호하는 사람들도 있으나, 니야야라는 더 넓은 틀에서 정의를 바라본다면 인류 전체의 비극을 정당한 세상의 본보기로 받아들이기는 힘들지 않을까? 정말로 세상이 망하면 정의를 세워봐야 무슨 큰 감동이 일겠는가? 이런 극단적 결과를 유도하는 준엄하고 엄격한 니티가 갖가지 궤변과 같은 주장으로 방어될 수 있다고 치더라도 그게 다 무슨 소용인가?

「마하바라타」 속
니티와 니야야

이런 구별은 대서사시 「마하바라타」의 크리슈나와 아르주나 사이의 논쟁과도 밀접히 관련되어 있다. 아르주나가 쿠루크셰트라에서 전투를 벌이는 것에 깊은 의문을 나타내면서 그 서사시 속 전투에서 실현될 법한 세계의 니야야에 대한 근거를 놓고 벌이는 논쟁이다. 아르주나는 자신들의 명분이 정당하며, 이것이 정당한 전쟁이라는 사실에 아무런 의심을 하지 않는다. 또 군사력, 특히 아르주나 자신의 전사로서나 대장으로서의 탁월한 실력을 감안하면 자신의 편이 반드시 이기리라고도 확신한다. 하지만 수많은 사람들이 이 싸움에서 목숨을 잃을 것을 생각하면 마음이 무겁다. 그 자신이 수많은 사람을 죽여야 할 것이며, 게다가 양쪽 진영에서 목숨을 잃게 될 이들 중에는 그가 아끼는 이들도 많을 것이라고 생각하면 마찬가지로 마음이 안좋다.

이런 식의 이야기가 이어지는 사이에 크리슈나는 아르주나와 반대주장을 펴며 그에게 어떤 결과가 나오게 되더라도 의무를 다해야 한다고 설득한다. 「마하바라타」의 바로 이 대목을 요즘 점점 두드러지는 경향에 따라 종교적 내용으로 간주하면 힌두교 경전 『바가바드기타』, 혹은 줄여서 『기타』의 틀에 따라 크리슈나의 가르침은 논쟁의 마무리로 간주된다(즉, 아르주나가 의혹을 품었으나 크리슈나가 그 의혹들을 떨쳐내는 것으로 이해된다). 하지만 내가 『논쟁을 좋아하는 인도인The Argumentative Indian』(한국에는 『살아 있는 인도』라는 제목으로 출간되었다_옮긴이)을 통해서도 언급한 바 있듯이 논쟁의 결론만 살피는 것은 논의를 전반적으로 이해하는 데 이상적인 방법이 아니며, 특히 논쟁을 좋아하는 인도의 풍부한 전통을 잘못 이해하는 일이 되고 만다.

나는 시인 발미키Valmiki의 총 7권으로 구성된 『라마야나』의 새로운 번역서에 써준 서문을 통해 이런 해석상의 문제를 더 깊이 들여다본 적이 있다. 내가 그 자리에서도 밝혀놓았다시피, 이 서사시의 사회적, 도덕적 내용은 어떤 특정 논쟁에서 결국 누가 이기게 되는지에만 주목하는 식으로는 그 내용을 제대로 이해할 수 없다. 이 서사시의 지적 내용에는 그 이상의 풍부한 의미가 담겨 있기 때문이다. 「마하바라타」는 크리슈나와 아르주나 모두에게 각자의 주장을 전개시킬 여지를 부여해주고 있다. 사실상 「마하바라타」의 마지막 부분의 비극적 장면, 그러니까 그 서사시 속 전쟁 이후, 전투와 살육을 치른 후의 (합동 장례식에서 장작더미에 불이 붙어 타오르고, 여인들이 사랑하는 이들의 죽음을 슬퍼하며 흐느끼는) 부분은 아르주나가 품었던 깊은 의혹을 어느 정도 입증해주는 장면으로 볼 수 있다.

이 예를 꺼낸 요지는 아르주나가 싸우길 거부했던 것이 옳은 판단이었음을 주장하려는 것이 아니다. 그보다 이 문제는 균형 있게 따져보아야 할 부분이 많다는 점과 인간 생명을 중심으로 삼는 아르주나의 관점은 결과가 어떻든 명백히 싸울 의무가 있음을 환기시키는 것만으로 일축될 수 없다는 점이다. 사실 이 문제에는 두 개의 중요한 입장으로 구성된 이분법이 내재되어 있으며, 두 입장은 각자 다른 방식에 따라 옹호될 만한 여지가 있다. 나는 개인적으로 이 판단과 관련해서는, 실현 세계를 살피는 니야야와 인간 생명의 중요함에 마음이 더 크게 쏠린다 (참고로 그런 면에서는, 나는 아르주나가 사람들과 세상에 실제로 일어나는 상황에 초점을 맞춘 것에 공감한다).

초월적 제도주의와
현실적 계몽주의

이번에는 정의론 계통으로 다시 돌아가 보자.

사회정의는 전 세계 곳곳에서 오랜 세월에 걸쳐 논의되어온 주제이지만 그 원칙은 특히 18세기와 19세기의 유럽 계몽주의 시대에 이르러 크게 뒷받침되었고, 특히 여러 면에서 미국 독립 전쟁과 프랑스 혁명의 지성적 배경과 밀접히 연관된 반항적 사고방식의 지원이 컸다.

하지만 이런 사고를 주도하는 이들 사이에서 제기된, 정의에 대한 여러 가지 논증 방향에는 본질적으로 이분법이 형성되어 있다. 그중 한 접근법에서는 완벽한 사회적 합의를 찾아내는 일에 초점을 맞추며 제도의 특징을 지어주는 것이 정의론의 임무라고 여겼다. (그 무엇으로도 초월 불가능한 이상적인 사회적 합의의 청사진을 찾는다는 의미에서) 일명 '초월적 제도주의transcendental institutionalism'라고 불리는 이런 접근법은 17세기 토머스 홉스의 이상적 사회계약에 대한 초창기 주장으로 그 뿌리가 거슬러 올라가며, 정의에 대한 대체적 접근법은 다수의 계몽주의 작가들에 의해 아주 철저히 분석되면서 특히 장 자크 루소와 임마누엘 칸트가 가장 설득력 있는 분석을 내놓았다.

이런 초월성 중심의 관점과는 달리 다른 수많은 계몽주의 철학가들은 여러 사회적 합의와 실현의 비교를 공통 특징으로 삼은 다양한 접근법을 취했고, 이런 접근법의 주장들 대다수는 명백한 불공평의 사례들을 제거하는 쪽에 특히 초점을 맞추며 절대적으로 정당한 사회적 합의의 특성에 대해서는 초점을 두지 않았다. 이러한 비교식 사고의 다양한 형태들은 마르키스 드 콩도르세Marquis de Condorcet(프랑스의 철학자, 수학자, 정치가_옮긴이), 애덤 스미스, 제러미 벤담, 메리 울스턴크래프트Mary Wollstonecraft(18세기 영국의 작가, 여권신장론자_옮긴이), 존 스튜어트 밀, 칼 마르크스 등 18세기와 19세기에 신사상을 이끈 수많은 이들의 저서에서도 찾아볼 수 있다. 이들은 서로 아주 다른 비교 방식을 제시했음에도 한 가지 공통 특징이 있었다. 이런저런 식으로 사회의 개선과 극심한 불공평 제거 방법을 찾아낼 수 있는 사회적 비교를 제시했다는 점이었다. 이 두 번째 부류의 사상가들은 그 중심 초점이 세상을 니야야의 관점에서 비교 평가하는 데 있었다면, 앞의 첫 번째 부류의 사상가들은 제도와 조직의 이상적인 니티를 찾아낸다는 맥락에 따라 정당한 합의의 초월성 평가에 초점을 맞추고 있었다.

두 접근법, 즉 초월적 제도주의와 현실 중심적 비교의 차이는 아주 크고도 중대하다. 사실 오늘날의 주류 정치철학에서 정의론을 연구할 때 주로 이용하는 접근법은 초월적 제도주의다. 전통적 제도주의에 관한 한 가장 설득력 있고 의미 있는 설명은 20세기의 선도적 정치철학가인 존 롤스의 저서에서 찾아볼 수 있지만, 그 외에도 수많은 현대의 걸출한 정의론 이론가들 또한 초월적 제도의 노선을 취하는 경향을 보이고 있다. 실제로 정당한 제도에 대한 특징 규정이 현대의 대다수 정의론에서 중심축으로 자리 잡았다(롤스의 '정의의 원칙'은 철저히 제도적 관점에서 정의되어 있다). 나는 이에 대해 급격한 변화가 필요하다는 주장을 하고 싶다. 정의의 개념에서는 실현의 관점이 너무나 중요한 요소이기 때문이다. 이 자리에서는 더 구체적인 철학적 주장을 펼치지 못해 아쉽지만 그 부분에 대해서라면 『정의의 개념The Idea of Justice』에 아주 상세히 담겨 있으니 참고를 권한다.[1]

시급히 해결해야 할
문제들

실현 중심의 관점은 완벽함을 추구하는 쪽에 초점을 두는 관점보다, 세상에서 명백한 불공정을 막아야 하는 중요성을 더 쉽게 납득시켜준다. 마치아니야야의 사례에서 확실히 보여주고 있다시피, 정의라는 문제는 나무랄 데 없이 완벽히 정당한 사회나 사회적 합의를 성취하려는-아니면 성취하고자 꿈꾸는-그런 차원만의 문제가 아니다. (마치아니야야의 끔찍한 상황을 피하는 것처럼) 누가 보아도 가혹한 불공정을 막는 문제이기도 하다.

예를 들어, 18세기와 19세기에 노예제 폐지 운동을 펼쳤을 당시에 동참자들은 노예제가 폐지되면 세상이 나무랄 데 없이 완벽히 정당해지리라는 환상에 따라 움직였던 것이 아니었다. 오히려 이들이 내세운 주장은 노예제를 두는 사회는 전적으로 불공정하다는 것이었다. 이는 절대적으로 명백한 주장이었다. 반면에 완벽할 정도로 정당한 사회상은 (성취하는 일은 고사하고) 찾아내기도 아주 힘들기 마련이다. 노예제 폐지 운동은 극심한 불공정 예방과 정의 증진의 문제였지, 완벽하도록 정의로운 사회를 찾아 초월 중심적 질문에 대한 답을 구하는 문제가 아니었다. 노예제 반대 운동은 바로 그런 주장을 바탕으로 삼아 노예제를 참을 수 없이 부당하다고 판단하면서 그 명분 추구를 다른 무엇보다 우선시했다.

이런 역사적 사례를 발판 삼아 오늘날의 인도와 연관 지어 생각해볼 만도 하다. 내 개인적인 견해에 따르면, 오늘날 인도에서도 그 사례에 못지않게 중대한 의미를 지니는 심각한 불공정 현실들이 존재한다. (세계 최악의 수준이라 할 만큼의) 심각한 아동 영양 결핍, 사회 빈곤층에 대한 기초 의료 혜택의 결핍, 현격히 높은 비율의 인구가 기초 학교 교육 기회를 누리지 못하는 문제 등이다. 니야야가 요구되는 그 외의 어떤 문제이든, 니야야의 정의에 기반을 둔 이성적 인간애를 따른다면 이런 가혹한 박탈을 시급히 제거하도록 요구하지 않을 수 없다.

이는 정치철학만의 문제가 아니라 정치 실천의 측면에서도 중요한 문제다. 그것이 석윳값 상승이든, 다른 나라와의 협정 서명으로 국가의 주권을 잃을지 모른다는 두려움이든 당장 불만을 끓어오르게 만드는 새로운 문제는 사람들을 아주 쉽게 선동한다. 물론 이것들도 중요한 문제이긴 하지만 나로선 어처구니없는 또 다른 문제가 있다. 암묵적 승인, 즉 우리 인도에서 가장 불리한 환경에 처해 있는 이들의 지독한 불행이 지속되는 것에 대해서는 정치적 목소리가 상대적으로 거의 전무하다는 점이다. 지금 인도에서는 사회의 약자층이 막대한 박탈 속에서 벗어나지 못하고 있는 상황이 비교적 쉽게 목소리를 낼 수 있는 사회적 사건들에 떠밀려(물론 이런 사건들도 중요할 수 있겠지만 아무튼) 정치적 관심 밖으로 밀려나고 있으며, 이는 결과적으로 정부가 인도에서 가장 심하고 지속적인 불공정을 가장 시급하게 근절시키도록 압박할 힘을 크게 약화시키고 있다. 밤잠을 설치며 고민할 만한 이런 문제가 이런 식으로 뒤로 밀린다는 점을 생각하면 참으로 당혹스러운 일이 아닐 수 없다.

사회정의의
실현

그것이 자유 시장 문제나 국영기업 문제이든, 아니면 세계화된 경제 관계에 대한 지지나 반대의 문제이든 간에 규칙과 제도에 대해 우리가 선호하는 방법에 매달리기보다 사회의 실제적 실현에 더 관심을 기울이느냐 그렇지 않느냐에 따라 실질적인 차이가 나타날까? 사람들의 삶에 미칠 영향을 검토하는 식으로 우리가 선호하는 그 방법을 평가해본 사례는 없을까? 그리고 사회적 실현에 미치는 영향의 측면에서 제도와 규칙이 더 잘 작동하도록 만들 수는 없을까? 지금부터 이러한 의문들을 다소 다른 두 가지 구체적 제도의 맥락에서 검토해보자. 그 하나는 (특히 심각한 박탈에 처해 있는 계층의 경우에) 정의의 증진에서 노동조합이 맡는 사회적 역할이고, 또 하나는 민주주의의 특징과 실제 세계에서 민주주의가 사회정의에 기여하는 점이다.

먼저 노동자들이 결성한 노조가 국가의 사회구조에서 차지하는 위상을 생각해보자. 인도의 노동인구 가운데 노조에 소속되어 있는 비율은 소수에 불과하다. 그렇다면 지금 논의 중인 차이의 규명에서 가장 먼저 설명하는 사례로는 좀 약하지 않느냐고? 그렇지 않다. 사실, 인도의 거의 모든 사람들의 삶은 이런저런 식으로 노조 가입 근로자들, 특히 학교 교육과 기초보건에서부터 철도 서비스와 우편 서비스에 이르는 공공 부문 근로자들의 활동에 영향을 받고 있다. 따라서 이들의 정당한 역할을 사회적 구현을 유도하는 데 있어서 중대한 쟁점으로 삼아야 한다. 하지만 적절한 의문을 제기하기에 한 가지 어려움이 있다. 노조에 대한 반응은 아주 다른 두 가지의 경향을 띠며, 솔직히 말해서 그 두 가지 반응 모두 아주 유익하기 때문이다. 노동조합주의를 격렬히 비판하는 이들은 (노조는 적을수록 좋다는 투로) 노조를 귀찮은 존재로 여기며 드러내놓고 경멸한다. 반면에 노조에 대한 반감이 비교적 적은 이들은 노조가 추구하는 목표가 포괄적이든 편협하든 상관없이 노조를 별 문제시 하지 않는다 – 노조의 개조 필요성을 전혀 느끼지 않는다. 내 견해는 노조와 관련해서 필요한 일은 노조에게 맡기는 것이다. 단지 각자의 노조에서 내세우는 특정 이익의 수호자로서가 아닌 국민 전반을 위한 사회적, 경제적 발전의 중요 파트너로서 통합적 역할을 맡는, 일종의 건설적 파트너십 구축이다. 여기에서의 핵심은 노조의 건설적 역량에 대한 올바른 인식과 연계된 노조의 사회적 책임 문제다.

인도에서 시급한 관심이 요구되는 분야 중 하나는 공공 서비스 제공의 효율성이다. (내가 10여 년 전에 받은 노벨상 상금 덕분에 세울 수 있었던 자선재단인) 프라티치 트러스트에서 실시했던 몇 가지 조사를 포함해 여러 건의 실증적 조사를 통해 최근 들어 뚜렷이 드러난 인도의 공공 서비스에는 커다란 틈이 있다. 우리의 조사에 따르면 인도의 공공 서비스는 특히 초등학교 등록률이 늘어난 점 등 몇 가지 칭찬할 만한 부분이 있긴 하지만, 초등학교 및 보건 서비스에서 태만과 책임감 부족의 사례가 눈에 띄도록 빈번하다.

국립 초등학교의 운영 실태를 한번 살펴보자. 우리가 조사한 바로는 대다수 초등학교 교사들이 맡은 임무를 다하고 학생들에게 헌신하고 있기는 하지만 충격적일 정도의 결근율과 지각률을 나타내는 교사들도 많았다. 한편, 초등 교육에서는 불필요한 개인 과외 의존 현상이 부유층 가정에 크게 만연해 있기도 하다. 학습지도 태만도 문제다. 이런 태만은 학생 대부분이 취약 계층인 경우, 즉 남의 밭일을 도와주는 노동자나 저소득 가정 출신인 경우 특히 심각해서 그 조사 결과는 당혹스러울 지경이었다. 이런 학습지도 태만은 가난하고 불리한 환경에 처한 아이들의 학교 교육에 지대한 영향을 미치고 있다. 집안에서 처음으로 학교에 들어간 아이들은 자신의 권리를 잘 몰라서 목소리를 높이지도 못한다.

인도의 여러 지역에서 학교 교육 시찰 제도가 상당히 심각하게 붕괴되어 있는 점은 이 문제의 해결을 더욱 힘들게 하므로 행정적 개혁도 시급히 요구되는 실정이다. 하지만 이 문제는 단지 행정적 변화만으로는 해결이 불가능하다.

기초보건 서비스의 운영에 있어서도 상황은 비슷하다. 인도에서는 극빈층조차 민간 의료인에게 – 더러는 사기꾼 돌팔이 의사에게까지 – 의존하고 있는데, 이는 공공 보건 제도가 불충분한 탓만이 아니라(이는 그 자체로 문제가 되며, 특히 시골 지역에 공공 보건 시설을 늘려야 할 필요성이 시급하다), 사실상 정부에서 재정 지원을 해주면 효과가 있을 법한 기존의 공공 제도가 제대로 운영되지 못하는 탓이기도 하다. 결론적으로 말해 직무 문화를 개혁하고 책임감을 키워야 하며, 이런 측면에서 노조가 아주 긍정적이고 건설적인 역할을 할 수 있다.

물론 노조의 적극적 협력으로만 공공 부문의 전반적인 직무 수행을 변화시키기란 쉬운 일이 아니다. 하지만 그러한 방향 전환과 변화의 필요성은 시급하고도 상당히 중요한 만큼 사회에서 노조가 차지하는 위상을 더 적극적으로 인식하고 존중해야 한다. 노조도 국가의 발전에서 자신들이 맡은 역할을 펼치기 위한 결의를 더욱 키워야 한다. 노조의 책임은 오로지 노조원들의 복지 증진과 노조 집단의 이익 추구라고 흔히 생각되지만, 전 세계적으로 보면 종종 노조 운동이 더 폭넓은 목표와 책임을 위해 일어나고 있기도 하다. 나는 믿는다. 인도에는 그러한 변화가 필요하며, 그러기로 진지하게 마음먹는다면 그런 변화가 전적으로 실현 가능하다고. 실제로 우리가 제한적이나마 노조와 공동 행동을 시행한 경험에 비춰보건대 충분히 기대해볼 만하다고 확신한다.

인도에는 비관주의, 즉 사실상 숙명론이 너무 팽배해서 이미 자리 잡힌 제도의 운영 방식이나 행동 패턴은 바꿀 수 없다는 생각이 만연해 있는 듯하다. 하지만 인도가 큰 실책에 빠져 있다 해도 인도에는 여전히 이성적인 호소와 주장에 적극적으로 응할 수 있는 굳건한 역량이 있다.

민주주의, 실현과 실천

이제 마지막으로 민주주의에 대해 살펴보자. 전 세계의 빈국들 가운데 가장 먼저 민주주의를 채택했고, 순탄한 시기는 물론 힘겨운 시기에도 경계를 늦추지 않고 꿋꿋이 민주주의를 지탱하고 수호해온 측면에서 볼 때 인도는 충분히 자부심을 가질 만하다. 하지만 민주주의 자체는 정기적인 투표와 선거를 비롯한 조직상의 민주주의적 필요조건을 갖춘 하나의 제도로만 간주될 수도 있고, 아니면 공적 숙의

熟議를 바탕으로 세계에서 실제로 일어나는 상황의 측면에서 바라볼 수도 있다. 내가 『논쟁을 좋아하는 인도인』에서도 주장했다시피, 내가 생각하는 민주주의는 실제의 사회 상황에 영향을 미치는 것의 타당성에 대한 공적 논증을 통해 공적 결정이 내려지는 제도다(이 문제에 대해서는 『정의의 개념』에서 보다 상세하게 다뤘음을 밝혀둔다). 사람들이 실제로 영위하는 삶에 맞춰지는 니야야의 중심 초점도 어느 정도는 민주주의 자체의 요건에 적용시켜야 한다. 정당한 제도적 합의에 초점을 두는 니티에게만 민주주의를 전적으로 내맡기면 안 된다.

실제로 인도에서의 민주주의 제도의 성패는 이런 제도의 기능 방식과 결부될 가능성이 높다. (이제는 많은 사람들 사이에서 논의되고 있는) 민주주의 제도 성공의 가장 간단한 사례를 꼽는다면, 바로 영국의 지배로부터 독립하기 전까지 일상사처럼 굳어져 있던 그 대규모 기근의 근절이다. 지금껏 전 세계적으로도 폭넓게 관찰되어온 바에 의거하더라도, 기근은 제 기능을 하는 민주주의에서는 좀처럼 발생하지 않는다.

민주주의는 어떤 식으로 이런 결과를 유도할까? 투표와 선거의 측면에서 찾으면 답은 풀리지 않는다. 기근의 영향을 받거나, 심지어 삶에 위협을 느끼는 인구의 비율은 대체로 아주 낮은 편으로, 통상적으로 10퍼센트 이하 수준이다(이보다 훨씬 낮은 경우도 많다). 따라서 기근이 맹위를 떨치거나 심각한 상황일 때 불만을 품은 기근 피해자들만 집권 중인 현 정권에 반대표를 던지는 것으로 가정한다면 집권 정권은 계속 탄탄한 입지를 유지하고 크게 위협받지 않을 수 있다. 기근이 집권 정권에게 정치적 참사로 작동하느냐 마느냐는 공적 논증의 범위와 매스컴의 역할에 달려 있다. 말하자면 실제로 기근이 발생했을 경우 - 또는 기근에 이르기 직전의 상황일 경우 매스컴이 나서면서 수많은 일반 대중의 마음이 움직여 '무관심한' 정부를 성토하는 시위와 항의를 벌이게 될 때 집권 정권에게 타격이 가해진다는 얘기다. 기근 예방의 성공은 민주주의 제도에 대한 찬사이며, 그 제도가 활용되어 제 기능을 하게 한 과정에 바쳐진 찬사다.

이번에는 민주주의 제도가 제대로 성공하지 못한 사례와 아예 실패한 사례를 몇 가지 들여다보자. 대체로 인도의 민주주의는 기근을 비롯한 여러 위급 상황의 심각성에 대비해볼 때 만성적 박탈과 지속적 불공평의 문제를 시급히 다루는 대처 능력이 적정 수준에 크게 못 미쳤다. 민주주의 제도는 그것이 긴박하고 돌발적이기보다는 (기근처럼) 만성적이고 오랫동안 지속돼온 문제인 경우에 반대자들이 강력한 정책적 대응을 요구할 수 있는 기회가 된다. 교육, 기초보건, 기초 영양 섭취, 본질적인 토지 개혁, 남성과 여성의 평등에 관련된 인도의 사회정책은 적어도 부분적으로나마 정치에 참여하는 공적 논증과 정치적 압력의 범위가 부족했음을 반증한다.

인도에서 만성적 박탈이 사회적 문제로 시급하게 다뤄져온 분야는 몇몇 소수에 불과하다. 이런 추세를 들여다보면 경제적 성과, 사회적 기회, 정치적 목소리, 공적 논증이 서로 긴밀하게 연결되어 있다는 일반적 결론을 부인하기 어렵다. 실제로 최근에 정치적, 사회적 목소리가 보다 과감히 소리를 높인 그 몇몇 소수 분야에서는 변화의 신호가 크게 감지되고 있다. 예를 들어, 최근 몇 년 사이에 성 평등의 문제는 (대체로 여러 분야에서의 여성운동의 주도로) 훨씬 적극적인 정치 참여가 이뤄졌으며, 아직 갈 길이 멀다고는 해도 이런 발전은 사회적, 경제적 기회의 측면에서 여성과 남성 사이의 불균형을 줄여나가는 과감한 정치적 노력에 힘을 실어주고 있다.

최근에는 광범위한 인권 요구 중심의 조직적 사회운동을 통해 낮은 카스트 계층과 카스트에 속하지 않은 계층의 존중과 공평한 대우를 받을 권리, 전 국민의 학교 교육권, 식량권, 기초보건 의료 수급권, 정보권, 고용 보장권, 환경 보존에 대한 관심 촉진 등이 화두로 떠오르고 있다. 이들 각 분야는 최선의 추진책을 놓고 논쟁의 여지가 있는데, 바로 이를 통해 민주주의의 공적 논증의 역할 뿐만 아니라 사회적 활동도 민주주의의 작동에서 선거와 투표 등의 제도 못지않은 필수적인 요소라는 점이 확실히 부각된다.

민주주의 국가의 정부는 대중의 비판과 정치적 질책의 대상이 되는 문제 중 최우선 현안에 대응하면서 정권 교체의 위협에 대처해야 한다. 인도의 소외 계층이 겪고 있는 해묵은 박탈 문제는 사실상 편향된 정치적 압력으로 인해 그 해결의 길이 가로막혀 있다. 특히 사회적 선동이, 목소리를 내는 인도 중산층 사이에서 직접적이고 요란한 불만을 유발하는 새로운 문제에 치중되어 있어서 더욱 심각하다. 극심한 박탈, 열악한 교육률, 빈곤층의 의료지원에 대한 무관심, (특히 아이들과 젊은 여성의) 세계 어디에서도 그 예를 찾을 수 없을 정도의 영양 결핍 상태 등 인도의 보편적이고 참담한 고질적 문제보다 (비교적 부유층이 구매하는 소비자 상품의 높은 가격, 미국과의 핵무기 협상으로 인해 인도의 정치적 주권이 위태로워질지 모른다는 두려움 등) 그 중요성에 상관없이 무조건 새로 떠오른 일부 특정 문제에만 집중되면 민주주의 통치에 대한 압력은 크나큰 불공평과 불공정의 근원인 고질적이고 극심한 박탈에 집중되는 것이 아니라 오히려 새롭게 부상한 기타 문제들에 특별 우선권을 부여하는 식으로 무자비하게 행사되고 만다. 정의의 실현과 충분히 넓은 시각의 니야야의 관점은 정의론만이 아니라 민주주의의 실천에서도 중요하다.

맺음말

결론적으로 정의의 개념은 정의론을 바라보는 오늘날의 대다수 주류 이론처럼 이상적인 제도를 추구하는 초월적 탐색의 틀을 취하기보다는 삶의 질 향상이나 우리가 살아가는 실제 세계의 향상과 밀접하게 결부되어 있다. 완벽한 제도를 얻는 일은 불가능하지만, 인간의 삶과 실제 세계를 향상시키는 일은 확실히 가능하다. 하지만 이에 못지않게 다음과 같은 점도 인식해야 한다. 사회의 전 계층으로부터 협력을 유도하여 이런 제도가 강력하게 잘 작동되도록 기틀을 다져놓아야 한다는 것. 정의의 근거를 세우는 일에 동참하는 것은 더없이 시급하게 해결해야 할 가장 최우선 과제를 선별하는 데 특히 중요하다. 이를 위해서 바람직한 첫걸음은 마땅히 우리가 밤잠을 설치며 고민할 만한 문제가 무엇인지 더 분명하게 – 그리고 훨씬 더 자주 – 생각해보는 일이다.

타고르가
세상과 우리에게
남긴 것

뛰어난 작곡가 겸 시타르 연주가 라비 샹카르Ravi Shankar는 『라가 말라 Raga Mala』에서 라빈드라나트 타고르를 "서양에서 태어났다면 셰익스피어나 괴테만큼이나 떠받들어졌을 만한 사람"이라고 평했다. 물론 이는 호소력 짙은 주장이다. 같은 벵골인인 라비 샹카르에 의해, 본질적으로 따지자면 벵골인으로 밝혀진 이 작가의 위대함에 새삼 주목하게 된다. 오늘날 인도 외의 세계, 특히 서방에서는 큰 반향을 일으키지 않을 만한 주장일지 모르겠지만 벵골의 대중에게 타고르는 예나 지금이나 계속 누구도 넘볼 수 없는 위대한 문인으로 추앙받는다. 그의 시, 노래, 소설, 평론 등의 글들은 방글라데시든 인도든 벵골어를 쓰는 지역에서 수억 명의 문화 환경을 어마어마하게 풍요롭게 해주고 있다. 그의 명성은 벵골 외의 인도에서도, 심지어는 (중국과 일본을 비롯한) 아시아의 다른 지역에서도 어느 정도 인정받고 있다. 그러나 그 나머지 세계 특히 유럽과 미국에서 타고르는 확실히 유명인은 아니다.

하지만 타고르의 글이 유럽과 미국에서 20세기 초반에 일으켰던 열광과 흥분은 정말로 대단했다. 1913년에 라빈드라나트 타고르에게 노벨상을 안겨준 『기탄잘리』가 수상 소식에 힘입어 1913년 3월에 런던에서 영어로 번역 출간된 후 11월까지 무려 10쇄가 인쇄되었다. 타고르는 수년이 지나도록 여러 유럽 국가에서 유명세를 떨쳤고, 그가 나오는 행사에는 언제나 그의 얘기를 듣고 싶어 몰려온 사람들로 성황을 이뤘다. 하지만 그 후 타고르 광풍이 꺼지면서 1930년대 무렵엔 그 뜨겁던 열풍이 사그라들었다. 실제로 1937년 무렵 영국의 소설가 그레이엄 그린은 이렇게 말하기도 했다. "라빈드라나트 타고르로 말하자면, 아직도 그의 시를 아주 진지하게 여기는 사람은 예이츠 빼고는 아무도 없을 것이다."

타고르의 탄생 150주년을 맞은 지금 시점에서 이런 현상에 대해 살펴보는 것도 의의가 있는 일이다. 현대 영문학에서 이 작가를 꽤나 홀대하고 있다는 점을 감안하면, 한 베테랑 뮤지션에게 셰익스피어와 괴테에 비견되어 평가되기도 한 작가가 오늘날 서방 국가에서 별 열정을 일으키지 못하는 이유를 한 번쯤 파헤쳐볼 만하다. 여기에는 확실히 미스터리한 면이 있다.

타고르의 언어

어떤 면에서 보면 당연한 얘기일 테지만, 타고르의 고국 독자들은 그의 글, 특히 시와 노래에서 벵골어를 모르는 사람은 포착하기 힘든 무언가를 감상할 수 있다. 영어권에서 타고르의 최고 홍보자라 할 만한 W. B. 예이츠조차도 타고르가 직접 쓴 영어 번역본을 좋아하지 않았다. "타고르는 영어를 잘 못한다." 예이츠는 이렇게 말하며 (그가 으레 그렇듯) 그 근거로 다음과 같은 지론을 덧붙였다. "인도인은 영어를 잘 못한다"고. 예이츠는 『기탄잘리』의 영어판 제작에서 자기 나름의 판단에 따른 타고르의 그런 불리함을 극복해주기 위해 아주 흔쾌히 도움을 주기도 했다.

사실 (잠시 뒤에 자세히 얘기할 테지만) 예이츠가 도와준 번역에도 심각한 문제가 있긴 하지만 보편적 장애물 또한 있다. 즉, 시가 워낙 번역하기 까다롭기로 유명한 장르라는 보편적 사실로 인한 장애물 말이다. 아무리 노력하고 아무리 실력이 뛰어나다 해도, 한 언어에서 다른 언어로 옮기면서 그 시 특유의 매력을 그대로 살리기란 - 아주 불가능하지 않다 해도 - 굉장히 어렵기 마련이다. 원문인 벵골어로 타고르의 시를 알고 있는 사람들이라면 어떤 번역판에서든 정말로 만족감을 느끼기가 대체로 힘들다. 아무리 훌륭히 번역이 되었다 해도 마찬가지다. 이런 장애물에 더해 - 이른바 '라빈드라상기트Rabindrasangeet'라는 - 혁신적 스타일의 서정적 노래 형식을 취하는 타고르 시의 대부분이, 사색적 표현과 그에 어울리는 가락이 함께 어우러진 벵골어 대중음악으로 변형되어 왔다는 사실까지 고려해야 한다.

게다가 벵골어 문학에 미친 타고르의 영향은 워낙 막대하고 아주 깊어서 그의 독창적 언어 자체는 벵골어권 독자들에게 깊은 의의를 가진다. 타고르를 제외하고 논하자면 거의 의심의 여지없이 가장 명망 높은 벵골의 시인 카지 나즈룰 이슬람Kazi Nazrul Islam은 그를 '세계의 시인'

으로 칭송하며 한결같은 존경을 표했다. 나즈룰은 타고르가 벵골의 언어를 완전히 탈바꿈시켜 놓았다고 주장하기도 했다. 실제로 타고르는 자신의 글을 통해 여러 면에서 현대 벵골어를 새로운 형태로 재건했다. 타고르보다 앞선 시대에 그런 영향을 미친 작가는 소수에 불과했다. 즉, 그의 시대로부터 1,000년 전으로 거슬러 올라가 초기 현대 벵골어의 독특한 특징을 처음 확립시켰던 불교의 고대문학 『차리아파다Charyapada』의 작가들 외에는 유례가 없었던 대단한 영향이었다. 타고르가 벵골어 산문에 미친 영향은 벵골어 시에 미친 영향에는 조금 덜 미칠지 몰라도, 시에 못지않게 아주 막대하다.

타고르가 국내에서는 인정을 받는 데 반해 해외에서는 관심을 못 받는 이런 대조적 현상에는 언어가 한 요소로 작용하고 있을 뿐만 아니라 벵골 문화 전반에서 언어가 차지하는 각별한 의의와 남다른 위상도 또 하나의 연관 요소다. 여기에서는 벵골어가 방글라데시와 인도 사이의 정치적 경계 양측에 거주하는 벵골인들에게 한 집단 정체성으로 아주 막강한 영향을 미쳐왔다는 점을 짚고 넘어가야 한다. 사실 과거의 동東파키스탄에서 일어났던 정치적 분리주의 운동이 독립 쟁취를 위한 전쟁으로 이어지며 마침내 방글라데시라는 새로운 세속 국가(국가가 공식적으로 종교 문제에 관하여 중립을 유지하는 국가_옮긴이)가 형성되었는데, 이 분리주의 운동은 원래 벵골어를 지키기 위한 '바샤 안돌란bhasha andolan(언어 운동)'으로부터 시작되었다.

이곳 아대륙에서의 분할통치가 종식된 지 몇 년 지나지 않은 1950년대 초인 1952년 2월 21일에 대규모 시위로 시작된 이 분리주의 운동은 훗날 방글라데시가 된 국가의 역사에 결정적인 순간으로 남게 되었다. 현재 2월 21일은 방글라데시에서 매년 언어운동의 날Language Movement Day로 기념하는 날이자, 유네스코가 국제 모국어의 날International Mother Language Day이라는 국제 기념일로 지정한 날이다. 언어는 벵골에서 무슬림과 힌두교도들을 결속시키는 아주 강력한 정체성으로서의 역할을 해왔으며 이렇게 언어를 통한 일체감이 벵골의 정치 및 국경 양쪽의 정교 분리에도 지대한 영향을 미쳐왔다.

언어와 주제가 뛰어나게 어우러진 라빈드라나트 타고르의 작품은 벵골어 독자들을 매혹시켜왔다. 많은 벵골인들이 벵골 이외 지역 사람들이 타고르의 글을 감상하고 즐기지 못한다는 사실에 대해 놀라움을 드러내기까지 하는데(이와 관련된 그럴듯한 음모론들까지 돌고 있을 지경이며, 그 중엔 머리털이 곤두설 정도의 오싹한 음모론도 더러 있다), 이런 식의 몰이해는 적어도 어느 정도는 언어가 유도할 수 있는 크나큰 차이를 과소평가하는 탓이다. 영국의 소설가 E. M. 포스터는 타고르가 아직 붐을 일으키고 있던 때인 1919년에 이미 타고르의 걸작 벵골어 소설 『가레 바이레 Ghare Baire』의 영어판 『가정과 세계The Home and the World』(훗날 사티아지트 라이 Satyajit Ray 감독의 손을 거쳐 뛰어난 영화로 제작되기도 함)의 번역을 검토하면서 언어의 장벽을 지적했다. 포스터는 이 소설의 영어판에 별로 끌리지 않는다고 털어놓으며 "주제는 너무 아름답지만" 그 특유의 매력은 "번역본에서는 자취를 감추었다"라고 했다.

언어의 중요성은 서방에서의 타고르의 시들한 인기를 풀어내는 확실한 단서 한 가지를 제공한다. 하지만 이것 하나만으로는 설명이 부족하다. 먼저, 타고르의 논픽션 산문은 뱅골인을 비롯한 그 외 인도인들에게도 주목을 끌고 있지만 해외에서는 그와 비슷한 추앙을 받지 못하고 있다. 이런 논픽션 산문이 시나 소설보다 번역하기가 훨씬 쉽다는 사실에도 불구하고 말이다(사실 타고르는 이런 글들을 자신이 직접 영어로, 그것도 사실상 불만거리를 찾기 힘들 만큼 아주 잘 쓰인 영어로 자주 소개하기도 했다). 타고르는 정치, 문화, 과학, 사회, 교육 등 굉장히 폭넓은 주제에 대한 자신의 전반적 생각을 소개했는데 이런 글과 강연들은 그의 고국에서는 수시로 인용되고 있는 반면, 현재 방글라데시와 인도 외에서는 웬만해선 인용되는 경우가 없다. 결론적으로 말해 방글라데시와 인도 외의 지역에서 타고르에 대한 관심이 부족한 것에는 틀림없이 언어의 장벽 이외의 뭔가가 있다는 얘기다.

이는 다음과 같은 의문을 품게 만든다. '타고르가 가졌던 전반적 생각이 서방에서는 어떤 의의를 가졌고 얼마나 중시되었을까?' 이런 의문은 타고르의 탄생 기념일을 축하하면서 정말 흥미롭게 다뤄볼 만한 부분이다. 나는 이 의문의 초점을 타고르에 대한 국내와 해외에서의 평가 차이를 납득시켜줄 만한 이유를 탐색하는 방향보다는 그 의문 자체의 중요성에 맞춰보려 한다. 하지만 이 평론의 마지막에서는 잠깐 '추리극'으로 다시 되돌아가 탐색의 시간도 가져보려 한다.

간디와 타고르

타고르가 가장 관심을 가졌던 문제로는 개방

적인 논증과 인간의 자유에 대한 찬양을 꼽을 만하다. 이는 타고르에게 당대의 뛰어난 동료 작가들과는 다소 다른 위상을 부여해주는 면모다. 일례로 타고르는 마하트마 간디를 아주 존경하며 간디의 리더십에 몇 번이나 감탄을 표했으며, 위대한 영혼을 뜻하는 '마하트마'라는 호칭의 타당성을 어느 누구보다 옹호했다. 하지만 타고르는 간디의 의견에 자주 반대하는 견해를 밝혔고, 간디지Gandhiji('간디 선생님'이라는 의미를 가진, 마하트마 간디의 존칭 겸 애칭_옮긴이)가 적절한 논증에서 벗어날 때마다 두 사람은 격렬한 입씨름을 벌이곤 했다. 그러한 한 예는, 간디가 수많은 사람이 목숨을 잃은 1934년의 비하르의 지진 참사를 불가촉천민 관습에 반대하는 또 하나의 공격 수단으로 삼았을 때였다(간디는 이 지진을 "신이 우리의 죄를 벌하기 위해 보낸 신성한 응징"이라고 말했다). 이때 타고르는 강력히 반박하다가 이렇게 덧붙였다. "그런 발언이 더욱 불행한 이유는, 그런 식의 비과학적 견해가 수많은 동포에게 선뜻 받아들여질 위험이 있기 때문입니다."

또 하나의 사례는, 간디지가 모든 사람이 – 인도 전통의 구식 물레인 – 차르카charkha를 하루에 30분씩 돌려야 한다고 주장했을 때였다(간디는 간디지가 서양의 지배에 저항하는 상징이 된 차르카를, 개인 수양의 뛰어난 방법만이 아니라 대안적 경제의 바탕으로 간주했다)(간디는 인도의 모든 가정이 차르카라는 고풍스러운 가내공업을 부활시키기를 원했다_옮긴이). 타고르는 이런 주장에 강력히 반대했다. 그는 이런 식의 대안적 경제를 경시하며, 오히려 인간의 가난뿐만 아니라 허드렛일까지 덜어주는 등의 역할을 그 근거로 내세워 현대 기술을 찬양했다. 또한 개인 수양을 내세우는 주장에도 큰 회의감을 드러냈다. "차르카를 돌리는 일에는 생각이 필요 없어요. 별 생각도 안 하고, 별 힘도 쓰지 않으면서 그냥 그 구식 물레를 마냥 돌리기나 할 뿐이죠." 타고르는 간디지가 적절한 산아제한 방법으로서 금욕을 옹호하는 것에도 반대 입장을 취하며 예방적 방법을 통한 가족계획을 지지했다. 그런가 하면 간디지가 "『크로이처 소나타Kreutzer Sonata』(톨스토이의 소설로, 타락한 현대의 결혼생활과 성애를 통렬하게 비난한 작품_옮긴이)의 작가만큼이나 성을 혐오하는" 것에 대해 우려를 나타내기도 했다. 한편 두 사람은 현대 약물의 역할에 대해서도 견해가 첨예하게 엇갈렸는데, 간디는 이 점에서 그다지 우호적이지 않은 입장을 취했다.

타고르의
원칙들

이런 쟁점의 대다수는 오늘날의 문제와도 여전히 깊이 연관되어 있다. 하지만 여기에서 주목해야 할 부분은 타고르가 이런저런 분야에서 제시한 특정 견해들이 아니다. 그보다는 그가 그런 견해의 틀로 삼았던 원칙들, 즉 비평적 논증의 필요성과 인간의 자유의 중요성을 중심으로 삼았던 그런 원칙들에 주목해야 한다. 바로 그 원칙이 타고르의 교육 이념에도 영향을 미치면서, 그는 교육이 국가의 발전에서 가장 중요한 요소라는 주장을 펴기도 했다. 타고르는 일본의 경제 발전을 평가하면서 학교 교육의 증진이 일본의 괄목할 만한 발전에서 큰 역할을 했음을 짚어냈는데, 그로부터 한참 뒤에 경제 발전 관련

표준 문헌에도 그의 이런 견해를 그대로 반영하는 분석이 실리게 된다. 한편 다음의 발언에서는 타고르가 교육의 역할을 다소 과장한 듯한 인상도 느껴진다. "오늘날 인도의 심장부에 자리 잡은 그 높디높은 불행의 탑은 오로지 교육의 부재를 토대로 세워진 것이다." 하지만 그가 교육의 혁신적 역할을 발전 과정의 중심축으로 여겼던 이유는 선뜻 이해가 간다.

타고르는 평생을 인도의 교육 증진에 매진하면서 어디를 가든 교육 증진을 주장했다. 그런 그가 가장 많은 시간을 쏟아부었던 일도 바로 그 자신이 산티니케탄에 세운 학교의 일이었다. 그는 대단히 진보적인 이 남녀공학 학교를 위해 꾸준한 모금 활동을 펼쳤다. 솔직히 털어놓자면 이 대목을 쓰는 나로선 어느 정도 편견이 없다고는 말할 수 없다. 내가 바로 그 학교에 다녔기 때문이다(인도에서 선도적인 남녀공학 학교에 들었던 이 학교에서, 나의 어머니 역시 몇십 년 전에 공부를 했다). 전해오는 이야기에 따르면 타고르는 1913년 11월에 자신이 노벨 문학상 수상자로 선정되었다는 소식을 듣기가 무섭게 학교 위원회 회의를 열어 다른 사람들에게 그 소식을 알리며 학교에 필요한 새로운 배수구 시설 마련을 위한 모금 방법을 논의했다. 이때 그가 노벨상 수상 소식을 전한 발언도 참 별났다. "배수구 시설에 필요한 돈을 마련할 방법이 생긴 것 같습니다."

타고르는 그 특유의 교육관에 따라, 세계 전역으로부터 지식을 습득하고 그 지식을 오로지 분별 있는 검토를 통해 평가해야 한다는 점을 특히 힘주어 강조했다. 그런 점에서 나는 산티니케탄의 학교에 다녔던 것이 큰 혜택이었다고 생각한다. 타고르의 그런 교육관 덕분에 교육의 지리적 경계가 인도와 대영제국에만 국한되지 않고 유럽과 아프리카, 라틴 아메리카에 대해서도 많은 것을 배웠다. 그뿐만 아니라 그 밖의 아시아 국가들에 대해서도 더 폭넓게 배울 수 있었다. 산티니케탄 학교는 인도의 교육 시설로는 처음으로 중국어를 교과목으로 채택했는가 하면, 어머니는 거의 반세기 전에 이 학교에서 유도를 배우기도 했다. 학교 내에는 인도네시아의 바틱(양초와 파라핀염을 이용한 전통 염색 기법_옮긴이)과 그림자 인형극 같은 다른 나라들의 예술, 공예, 음악을 가르쳐주는 시설도 잘 갖춰져 있었다.

타고르는 인도에서 차츰 옹호 받고 있던 종교적 사상이나 공동체적 사상에서 탈피하기 위해 평생토록 무던히 노력하기도 했다. 그가 타계한 1941년 이후의 몇 년 사이에 이런 사상은 최악으로 치닫고 말았고, 그 바람에 이 아대륙이 돌연 힌두교도-무슬림 폭동에 휩싸이면서 인도의 분할이 피하기 어려운 지경에 이르고 말았다. 타고르는 이런저런 종교의 일원이라는 단일 정체성에 기인해 폭력이 발생하는 것에 충격을 금치 못하면서, 정치적 선동가들이 보통은 관대한 사람들에게 적개심을 조장시키고 있다고 확신했다. "요즘 들어 야심과 외부 선동에 동요된 이익집단이 파괴적인 정치적 목적을 위해 공동체적 동기를 이용하고 있다."

세상을 떠나기 직전까지 인도와 세계의 사태에 점점 우려와 좌절이 쌓여가던 타고르였으나, 안타깝게도 그는 살아서 세속주의가 된 인도나 방글라데시가 출현하는 순간을 지켜보지 못했다. 방글라데시는 공동체적 분리주의를 단호히 거부했던 타고르의 신념에 감화되어 타고르의 노래 '나의 금빛 벵골Amar sonar Bangla'을 국가로 채택했고, 인도가 이미 타고르의 또 다른 노래 '모든 국민의 마음Jana gana mana adhinayaka'을 국가로 제정한 터라, 타고르는 두 독립국 국가의 원작자로 등극했는데, 이는 아마도 인류 역사상 유일한 사례일 것이다.

이 모든 얘기는 현대의 세계를 '문명의 충돌'로 바라보는 이들로서는 아주 혼란스럽게 느껴질 것이다. 대체로 종교적 근거에 따라 규정되며 서로 극렬히 대립되는 '무슬림 문명', '힌두교 문명', '서구 문명'의 개념으로 세계를 바라보는 그들로선 그럴 만도 하다. 게다가 라빈드라나트 타고르가 자신의 문화적 배경에 대해 "힌두교와 이슬람교와 영국의 세 문화의 합류점"이라고 표현했던 부분에 대해서도 당혹감을 느낄 것이다. 타고르의 조부인 드와르카나트Dwarkanath는 아랍어와 페르시아어에 능통하기로 유명했고, 타고르는 산스크리트어 및 (종교와 문학에 두루 관련된) 고대 고전에 조예가 깊은 데다 페르시아 문학뿐만 아니라 이슬람 전통에 대한 학식이 풍부한 가정에서 성장했다. 타고르는 (무굴 제국의 황제 악바르가 심혈을 기울여 애썼던 것처럼) 여러 종교의 '통합'을 이루기 위해 애를 쓰는 정도까지는 아니었지만, 논증과 인간의 자유를 중시하는 태도를 취하면서 사회 분열에 대한 분리주의적이고 편협한 인식을 수긍하지 않았다.

타고르가 남긴
교훈

　　　　　타고르는 공동체주의와 종교 파벌주의에 반대하며 강한 목소리를 내는 한편, 국수주의에 대해서도 그에 못지않게 반대 의견을 분명히 표명했다. 그는 영국의 제국주의에 대해 지속적인 성토를 이어가면서 인도의 과도한 국수주의 표출에도 비판을 가했다. 또 일본의 문화와 역사를 대단히 높이 샀음에도 불구하고 말년에는 일본의 극단적 국수주의와 중국과 동남아시아 국민에 대한 학살 행위에 일침을 가하기도 했다.

　타고르는 영국 국민과 문화를 공공연히 비난할 때는 인도 지배에 대한 비난을 분리시키기도 했다. 마하트마 간디는 영국 문명을 어떻게 생각하느냐는 질문을 영어로 받았을 때 그 유명한 익살스러운 대답으로 이렇게 말했다. "그런 게 있다면 참 좋았을 텐데요." 이 이야기의 신빙성에 대해서는 다소 논란이 있지만, 그 사실 여부를 떠나서 이 발언은 간디지가 영국의 위대함에 대해 품었던 유쾌한 회의론과 잘 들어맞았다. 하지만 이런 식의 발언은 타고르의 입에서는 농담으로라도 나올 수 없었다. 그는 영국의 인도 지배의 합법성을 전적으로 부정했으나, 인도가 "셰익스피어의 희곡과 바이런의 시, 그리고 무엇보다도 19세기 영국 정치의 관대한 자유주의를 중점으로 삼은 토론"을 통해 무엇을 얻었는지에 대해 분명히 지적하기도 했다. 타고르가 간파했듯, 비극은 "그들 자신의 문명에서 그야말로 으뜸으로 삼을 만한 가치, 즉 인간관계의 존엄성 지지가 영국이 통치하고 있는 이 나라에는 발을 붙이지 못하고 있다"는 사실에서 비롯되었다.

타고르는 세계를 아이디어와 혁신 교환의 거대한 장이라는 관점에서 바라보며 이렇게 주장했다. "우리가 인간의 성과물을 통해 이해하고 즐기는 것은 그것이 무엇이든, 또 그 유래가 어느 곳이든 곧바로 우리의 것이 된다." 또 다음과 같이 밝히기도 했다. "나는 다른 나라의 시인과 예술가들을 내 나라의 시인과 예술가와 똑같이 인정할 수 있을 때면 나 자신의 인간애에 뿌듯함을 느낀다. 인간의 그 모든 위대한 영광을 내 것처럼 즐기는 순수한 기쁨을 느끼고 싶다."

이와 같은 생각은 우리가 살아가는 분열적 세계에서 그 중요성이 여전히 이어져왔다. 이 점이 '타고르가 우리에게 전해주는 교훈은 무엇일까?'라는 질문에 대해 적어도 부분적인 답을 제시해주고 있는데, 여기에서 또 한 번 서방에서 초반에 타고르 열풍이 일었다가 어느 사이엔가 그 열기가 시들어버린 불가사의함에 더욱 더 관심의 초점을 기울이게 된다. 그래서 그 점에 대해 짧게 살펴보며 글을 마무리하려 한다.

타고르에 대한 진실과 오해

서방에서의 타고르의 인기에 대한 불가사의를 설명하려면 타고르의 서방 추앙자들이 그를 소개했던 단면적 방식에 대해 살펴봐야 한다. 여기에는 W. B. 예이츠와 에즈라 파운드 같은 유럽에서의 타고르의 주요 후원자들이 그를 소개하며 내세웠던 우선 사항과도 어느 정도 관련이 있었다. 내가 1997년에 「뉴욕 리뷰 오브 북스」에 게재했던 에세이 「타고르와 그의 인도」에서도 논의한 바 있다시피, 두 사람 모두 신비주의적 종교성을 부각시켜 소개하는 방향에 공을 들이면서 타고르의 작품들이 담고 있는 전반적 균형과는 크게 어긋나게 타고르를 소개했다. 예이츠의 경우, 타고르의 시의 번역에 자신의 주석을 붙이는 것도 우선 사항으로 삼아 독자가 '주요' 종교적인 요점을 파악하도록 확실히 해놓음으로써, 타고르의 표현 속에 다채롭게 담긴 인간에 대한 애정과 신에 대한 애정 사이의 모호한 의미는 전혀 부각시키지 않았다.

하지만 이 불가사의한 수수께끼에 대한 또 하나의 부분적 답은, 타고르의 시가 서방에서 선풍적 인기를 끌게 되었을 당시 유럽이 처해있던 특수 상황에서 찾아볼 수도 있다. 타고르가 노벨상을 받았던 1913년 12월은 제1차 세계대전(1914~1918)이 시작되어 유럽에서 믿기 힘들 만큼 혹독한 전투가 치러지기 직전이었다. 유럽의 수많은 지성인과 문학계 인물들은 제1차 세계대전에서 행해진 잔학함과 학살을 목격하자 관심을 돌려 다른 곳에서 통찰력을 찾으려 했다. 바로 그 당시에 타고르의 목소리는 많은 이들의 그런 욕구에 더할 나위 없이 잘 맞는 목소리로 다가왔다. 그러한 예에 드는 한 사람이 바로 뛰어난 실력을 지닌 반전 시인 윌프레드 오언이었다. 그가 전쟁터에서 전사한 후 그의 수첩이 고향으로 돌아왔을 때 어머니 수전 오언은 그 안에서 타고르의 유명한 시를 발견했다. 윌프레드가 전쟁터로 떠나기 전에 작별 인사로 건넸던 ('세상 떠나는 날, 이 말을 나의 작별 인사라 여겨주오'로 시작되는) 바로 그 시였고, 수전이 타고르에게 써 보냈듯, "직접 친필로 적고 – 밑에 당신의 이름도 함께"라고 그 수첩에 담겨 있었다.

타고르는 이내 유럽에서 메시지를 – 말하자면 20세기 초에 유럽에서 빈발하고 있던 적개심과 전쟁의 끔찍한 곤경에서 유럽을 구해줄 수 있을 만한 메시지를 – 전해주는 현인처럼 인식되었다. 이것은 타고르의 조국 사람들이 느꼈던 다면적이고 창의적인 예술가이자 분별 있는 사상가로서의 타고르와는 전혀 달랐다. 타고르가 조국 동포들에게 맹목적 믿음을 버리고 비평적이고 성실한 논증의 활용에 의지하라고 촉구했을 때조차 예이츠는 타고르의 목소리를 철저히 신비주의적 측면에서 묘사하고 있었다. "우리는 우리 자신의 이미지를 마주했다…… 그리고 아마도 문학작품 속에서 처음으로, 꿈을 꾸듯 우리의 목소리를 들었다." 이러한 큰 격차가 서방의 타고르 작품 감상에 큰 영향을 미치고 있다.

타고르는 논증이 그런 용기를 요구할 때면 언제든 전통적 믿음에서 벗어날 용기를 내야 한다고 주장했다. 「카르타르 부트Kartar bhoot(대장의 망령)」라는 타고르의 재미있는 단편소설에 바로 이런 용기의 중요성이 잘 담겨 있다. 이 소설은 마을 사람들로부터 흔들림 없는 굳건한 추앙을 받던 현명하고 아주 존경스러운 대장이 살아 있는 동안 사실상 독재자나 마찬가지가 되었다가 죽은 후에는 더 지독한 독재가가 된다는 것이 그 줄거리인데, 죽은 대장이 과거에 남긴 권고가 변경할 수 없는 명령으로 굳어져 버릴 때 사람들의 삶이 얼마나 터무니없이 제약받을 수 있는지를 잘 보여준다. 결국 마을 사람들은 말할 수 없이 힘겨운 하루하루에 정신이 피폐해진 나머지 죽은 대장에게 자신들을 속박에서 자유롭게 해달라고 기도한다. 대장은 여기에 응답하길, 자신은 그들의 마음에만 존재하니 그들이 원하면 언제든지 스스로 자유로워질 수 있다고 일러준다. 타고르는 현재의 논증 범위를 넘어서는, 과거에 얽매이는 것을 정말 싫어했다.

하지만 타고르 자신은 신비주의적 현인으로 잘못 인식되고 있던 그런 식의 추앙에 대해 별 거부의 노력을 보이지 않았다. 실제로 그는 동방의 메시아로 한창 추앙받던 1920년에 벗인 C. F. 앤드루스에게 보낸 편지에서 "이 사람들은 잠깐도 제정신으로 있는 걸 못 견디는 중증의 술주정뱅이들 같아요."라고 써 보냈으면서도 공개적으로 별 항의를 나타내지 않으면서 동조하는 듯한 모습을 보였다. 어쩌면 타고르의 자의식 내부에서 어느 정도 갈등이 벌어져 정말로 동방이 서방에게 전해줄 메시지가 있다는 믿음을 즐겼던 것인지도 모르겠다. 이런 믿음은 사실 타고르의 다른 논리적 헌신과 신념들과도 아주 잘 들어맞았다. 한편 서방의 지성인들이 예이츠나 파운드 같은 타고르 후원자들의 주도하에 타고르의 특징으로 여겼던 그런 식의 종교성(그레이엄 그린은 자신이 타고르에게서 신과 접신한 이의 '수정 같이 밝은 눈'을 보았다고 생각하기도 했다)은, (종교적 측면에서든 그 밖의 측면에서든) 개방적이고 관대한 타고르의 신념에 실제로 담겨 있었던 특징과도 크게 어긋나는 면이 있었다.

실제로 타고르의 종교적 성향은 그가 쓴 다음의 시가 가장 잘 상징해주고 있다고 여겨진다.

염송과 찬불의 노래는 그만 접고 실천을 이야기하라!

문을 모두 닫아걸고

어두운 절집 한 구석에서 너는 홀로 누구에게 예배하고 있는가?

눈을 뜨고 너의 불佛이 네 앞에 있지 않음을 보라!

그는 농부가 밭 갈고 있는 굳은 땅과

길 닦는 이가 돌을 깨는 곳에 있다.

그는 옷에 흙먼지를 뒤집어쓴 채로

해가 뜨나 비가 오나 그들과 함께한다.

타고르의 사고에서는 두려움의 근원이 아닌 애정의 근원이며 멀리
떨어져 있지 않은 신이 큰 역할을 맡고 있지만, 그는 어떤 식으로든 신
비주의에 따르는 것이 아닌 명쾌하고 분별적인 논증에 따르면서 전적
으로 세속적 질문을 바탕으로 삼고 있다. 타고르의 이런 진면목은 서방
의 독자로부터 ─ 그리고 (타고르의 신비주의를 내세웠던) 후원자들이나 (타
고르를 꺼려했던) 비난자들에게도 ─ 거의 주목을 받지 못했다. 버트런드
러셀은 (1960년대에 작가 니마이 차터지Nimai Chatterjee에게 보낸 편지에서) 자신
은 타고르의 '뜻도 모호한 실없는 소리' 같은 '신비주의적 분위기'는 별
로 마음에 안 든다면서, "수많은 인도인들이 별 뜻도 없는 그런 식의 글
들을 그토록 추앙하다니 안타깝다"는 말까지 덧붙여 썼다. 버트런드 러
셀 같이 다른 면에서는 동정심을 잘 보이던 작가가 라빈드라나트 타고
르를 스투펜드라나트 베고르Stupendranath Begorr라는 극도로 이상한 허구
인물로 둔갑시켰을 정도였다면, 타고르의 논리적 아이디어가 마땅한
주목을 받길 기대하는 것 자체가 너무 무리였으리라.

한편 타고르가 조국과 세계에 대해 품었던 미래상에는 논증의 강조와 자유의 칭송이 담겨 있었다. 논증과 자유는 더 활발한 토론을 벌인다면 오늘날의 세계에서 아주 건설적인 역할을 펼쳐줄 만한 논제다. 타고르가 조국과 전 세계에 대해 품었던 그 미래상은 다음의 감동적인 시에도 잘 요약되어 있다.

마음에 두려움 없이 머리를 높이 치켜들 수 있는 곳
지식은 자유롭고
서로 좁은 담을 쌓아 세계가 조각조각 갈라지지 않는 곳

타고르의 뛰어난 아이디어는 고국에서는 높이 평가받으며 호소력을 발휘했으나, 서방에서는 선입관과 편견의 벽을 뚫지 못한 채 별난 작은 상자 안에 그를 가두어 넣었다.

서방에서 타고르를 잘 수용하지 못하는 일면은 '서로 좁은 담을 쌓아 조각조각 갈라진' 세계의 한 사례로 볼 수 있을지도 모른다. 또 현재 조각조각 일그러진 모습들이, 여러 사회와 상황들 속에서, 그리고 '마음에 두려움 없이 머리를 높이 치켜들 수 있는' 세계를 위한 논쟁에서 저마다 별개의 형태를 띠며 나타나 있다. 타고르는 이런 모든 장벽을 극복하고 싶어 했다. 끝내 그 바람을 크게 이루지는 못했으나, 그가 그토록 강하게 옹호했던 개방적이고 두려움 없는 논증에 힘쓰는 일은 그가 살았던 그 시대에 못지않게 오늘날에도 여전히 중요하다.

열두 번째
이야기

나의
일곱 가지 소원

당연한 일일 테지만, 나는 '지 자이푸르 문학 페스티벌'에 초청을 받았을 때 내로라하는 인물들이 참석하는 그런 귀한 자리에서 개막사를 발표할 생각에 긴장이 되었다. 그런데 10일쯤 전에 여러 신문에서 일제히 인도가 세계의 '엘리트 클럽'에 당당히 진입했다는 내용의 기사가 실렸던 기억이 났다. 특히 「타임스 오브 인디아」는 '인도, GSLV-DV 발사에 성공하며 엘리트 클럽에 진입하다'라는 헤드라인을 뽑았다. 그 순간 나는 인도의 한 국민으로서 엘리트 클럽에 진입할 수 없을까봐 마음 졸이던 두려움이 말끔히 걷혔다. 하지만 문제는, 내가 GSLV-DV가 무엇인지, 또 뭘 하는 물건인지 잘 몰랐다는 것이다. 그래서 조사를 해봤더니 GSLV-DV는 통신위성 GSAT-14를 싣고 발사된 로켓 발사체였다. 그 생각이 떠오르고 나자 그 위성이 바로 나에게 필요했던 그것이라는 감이 왔다. 그래서 나는 결심했다. GSAT-14 통신위성을 이용해 내 삶의 정거장 저 너머로 소통을 나눠보기로.

구름 위 높고 높은 곳에서 나는 아주 인상 좋은 인물과 마주쳤는데 그녀는 자신을 중간계의 여신이라고 소개했다. "중간계 여신치고는 위압감이 없고 인상이 너무 좋으세요." 내가 말하자 그녀가 대꾸했다. "아직 거대계의 여신을 안 봐서 그런 소리를 하는 거야." "그럼 저를 그 여신에게 인사시켜 주세요. 그런데 정말 여신이 맞으세요?" "그럼, 맞고말고. 나는 좀 전에도 말했다시피 중간계의 여신이야. 그렇지만 네가 본 대로 나는 그렇게 격식을 따지는 편이 아니니까, 나를 그냥 GMT라고 불러도 돼. 그게 내 애칭이거든." "GMT라면 시간과 관련된 그 GMT인가요?" 내가 묻자 그녀가 대답해주었다. "그래, 나는 너에게 정확한 시간을 알려줄 수 있지. 그게 내 특기 중 하나야. 하지만 그보다 더 대단한 특기도 있어. 네 나라를 위해 네가 바라는 소원을 – 그것도 한 가지 이상의 소원을 – 들어줄 수 있다는 거야." "정말 대단하시네요. 그럼 제가 일곱 가지 소원이 있는데 일주일 동안 제 나라를 위해 하루에 한 가지씩 소원을 들어주시면 안 될까요? 제발 그렇게 해주세요!" "그래, 좋아. 그런데 뭐가 그렇게 급하지?" GMT의 물음에 내가 사정을 설명했다. "제가 곧 자이푸르 문학 페스티벌에 가야 해서요. 자이푸르 문학 페스티벌이 워낙 유명한 행사라 여신님도 아실 거예요, 그렇죠?" "그래, 잘 알지. 하지만 나에게서 거대계의 여신에게로 소관이 넘어가서 이제는 정말로 커졌지. 어쨌든, 내가 도와주지. 자, 문학에 대해 중간 크기의 소원을 말해봐."

나는 곧바로 소원을 말했다. "인도에서는 언어, 문학, 음악, 예술에서의 고전 교육이 심각하게 등한시되고 있어요. 이제 산스크리트어를 배우는 사람은 찾아보기도 힘듭니다. 고대 페르시아어나 라틴어나 그리스어나 아랍어나 히브리어나 타밀어를 배우는 사람도 마찬가지입니다. 균형 있는 교육을 위해 진지하게 고전 공부를 장려해야 합니다. 인도는 갈수록 상업 중심 사회가 되어가면서 이제는 인간애가 끼어들 틈이 너무 없습니다. 정말 큰 문제죠. 안 그런가요, 여신님?" 그러자 여신이 말했다. "하지만 너의 마을 산티니케탄에 살던 라빈드라나트 타고르는 과학 교육이 경시되고 있다며 자주 불만을 털어놓았었는데. 너는 여기에 대해 뭐라고 반박할 테냐?" "그것은 과거의 문제였고 이것은 현재의 문제입니다. 라빈드라나트의 불만은 그 당시에는 맞았지만 이제는 인도 도처에서 똑똑한 학생들이 과학이나 전문 기술을 배우고는 있는데 그 과정에서 인간애가 경시되어서 탈입니다."

여신이 물었다. "그러면 인도 교육에서 인간애가 더 큰 역할을 하길 바라는 것이냐?" "그와 비슷합니다." "'그와 비슷하다'니, 말이 모호하구나. 네 생각을 더 명확히 말해보아라." GMT의 채근에 내가 말했다. "더 명확하게요? 더 정확하게 말해보라는 얘긴가요, 여신님?" 내가 되묻자 GMT가 말했다. "아니다. 너는 지금 사람들이 자주 저지르는 실수를 범하고 있다. 명확한 진술을 위해서는 그 중요성을 정확히 환기시켜야 한다고 추정하는 실수 말이다. 본질적으로 모호한 관심사에 대해 제대로 진술하려면 - 물론 세상의 중대한 관심사들 대부분이 모호하다만 아무튼 - 그 모호함을 '포착해야지' 다른 뭔가에 대한 정확한 진술을 대신 가져다 붙여서는 안 된다. (아리스토텔레스라고 하는 사람이 2,000년도 더 전에 설파했던 것처럼) 필연적으로 모호할 수밖에 없는 생각을 명확하게 이야기하는 요령을 알아야 한다. 그리고 그것이 인간애가 중요한 이유의 하나이기도 하다. 소설의 경우는 어떤 가정상의 수치와 공식을 내세워 진실을 정확히 포착한 것처럼 행세하지 않고도 진실을 짚어낼 수 있다. 자 그럼, 이번엔 두 번째 소원을 말해보아라."

"그럼, 이번엔 정치 얘기 좀 해도 될까요?" 내가 묻자 GMT는 놀라는 기색도 없이 대꾸했다. "나는 네가 무슨 소원을 말할지 짐작이 간다. 네가 좌파적 견해를 가지고 있다는 것을 알고 있으니까. 아무튼 나는 네가 인도에서 좌파를 지지하는 사람이라고 알고 있는데, 그렇지?" "정말 모르시는 게 없네요, 여신님. 맞습니다. 하지만 제가 정치에서 간절히 바라는 소원은, 세속주의를 표방하고 공동체주의를 내세우지 않는 힘 있고 건강한 우파 정당입니다." "그 이유가 무엇이냐?" 여신이 살짝 얼떨떨해하는 모습을 보이며 물었다. "종교주의적 정치에 의존하지 않고 하나의 종교적 공동체를 다른 공동체들보다 우위에 놓지 않는, 냉철하면서도 친시장적이고 친기업적인 그런 정당이 맡아줘야만 할 중요한 역할이 있기 때문입니다." 그러자 GMT가 말했다. "인도에는 과거에 아주 똑똑한 사람들의 주도로 그런 정당이 활동했었던 것으로 또렷이 기억하는데, 아니냐?" 내가 대답했다. "예, 맞습니다. 스와탄트라당Swatantra Party이라는 당이었고, 그 리더들 중에는 미누 마사니Minoo Masani라는 상당히 현명한 사람도 있었습니다. 하지만 그 당은 해산되었습니다. 그 당이 다시 부활했으면 하는 게 제 소원입니다." "잠깐, 내가 기억을 더듬어보니 이 미누 마사니라는 사람은 비공동체주의 정치를 지지했고 프랑스 혁명가들이 '형제애'라고 불렀던 그런 인류 동포주의를 지지했던 것 같은데? 그리고 한 번은 공개 연설에서 형제애에 대해 노골적인 발언을 했었지, 아마." "예, 맞습니다. 그 사람은 철저히 세속주의였고 형제애를 열렬히 지지했습니다. 하지만 마사니는 1946년 어느 유쾌한 발언 중에 자신은 형제애를 경애해 마지않지만 프랑스 혁명 이후로 형제애라는 말이 오용되고 있는 점을 감안해서 그 단어를 입에 올리지도 않는다고 밝히기도 했지요. 그 후 1946년 12월 17일에 인도 제헌의회에서도 '저는 제 형제를 소개할 때도 사촌이라고 소개하는 사람입니다'라고도 말했고요."

"그럼 그 당이 네가 바라는 당이겠구나?" 여신의 질문에 내가 대답했다. "아닙니다. 절대로 아닙니다. 하지만 그런 정당과 아주 흡사한 정당이 생겨서, 인도 유권자들에게 세속주의적이고 친기업적인 견해를 지지할 만한 기회가 마련되었으면 좋겠습니다. 그렇게 되면 인도의 정치에 아주 유익할 겁니다. 우파의 친기업적 견해에 대한 지지를 끌어내기 위해 종교주의적 정치와의 동맹에 기생해야 할 필요가 없어질 테니까요."

"알았다. 하지만 설명은 짧게 해주면 좋겠구나. 시간이 그다지 많지 않으니까. 지금 네가 나와 이야기를 나누는 것이지 자이푸르 페스티벌에서 강연을 하는 것이 아님을 잊지 말거라. 그러면 세 번째 소원은 무엇이지?" "좌파 정당이 힘이 더 세지는 것도 좋겠지만, 그와 더불어 가난에 찌들고 학대받고 있는 인도 국민들의 극심한 박탈 문제를 해소하는 방향으로 보다 냉철한 판단을 내리고 훨씬 더 많은 관심을 쏟았으면 좋겠습니다." "하지만 미국의 제국주의에 맞서 싸울 책무에 대한 우선시는 어쩌고?" GMT가 묻더니 말을 계속 이었다. "이제는 소련이 붕

괴된 데다 시장경제에서는 중국이 미국을 압도해가는 중이고 중남미와 베트남이 경제, 사회적 발전을 하면서 앞으로 치고 나오는 형국이니, 확실히 미국 제국주의와의 싸움의 책임을 떠맡을 만한 정치 집단은 세계에서 인도의 좌파 정당이 유일하지 않겠느냐. 인도의 좌파 정당들은 그런 이성적 우선 과제에 대해 매진하는 과정에서 자신들의 의석수가 줄어드는 것까지 감수하며 여러 가지 의회 활동을 벌여왔다. 나로선 그들 정당이 지금과 같은 생각을 고치게끔 해달라는 소원은 들어주기가 쉽지 않구나."

"저는 그들이 생각을 바꾸길 바랍니다. 좌파가 정말로 집중해야 할 문제는 가난에 찌든 인도 국민들의 끔찍한 상황을 개선시키는 일입니다. 시대에 뒤진 제국주의 개념에 매달리거나 다른 정당들과 규합하여 일부 중산층을 대상으로 한 더 값싼 편의 제공을 선동하기보다는 그런 쪽에 더 힘써야 합니다." "또 강연하듯 설교로군! 그래도 내가 워낙 인내심이 있는 여신이니 너의 동포들에 대한 불만을 기꺼이 들어주마. 자, 계속해서 네 번째 소원을 말해보아라."

"매스컴이 빈곤층의 곤궁한 처지에 보다 적극적으로 관심을 보여주면서 화려한 연예계나 휘황찬란한 기업계 관련 보도 쪽으로는 덜 치우쳤으면 좋겠어요. 보조금이 경제적 자원을 낭비하고 있다는 식의 불만 제기가 틀린 얘기는 아니지만, 언론에서는 대체로 부유층 대상 보조금에 대한 비난은 제대로 하지 않은 채 실업자들과 굶주리는 이들을 위한 보조금에 맹비난을 쏟아내고 있어서 문제입니다. 고용 지원금과 식품 보조금의 재정적 무책임에 대한 신문이나 뉴스보도만 접하다 보면, (인도 국민의 3분의 1이 전기 시설을 아예 이용하지 못하는 상황에서) 전기 시설을 이용할 만큼 운이 좋은 이들에 대한 전기 보조금, 디젤 보조금, 비룟값 인하, (대다수 인도 국민이 이 가스를 이용할 만한 설비도 갖추지 못하고 있는 상태에서의) 조리용 가스의 저가 공급 등의 부문에 들어가는 정부 자금이 빈곤층 대상의 식료품 및 고용 지원에 들어가는 비용보다 몇 배나 많다는 사실을 짐작조차 못할 정도입니다. 최근에 조사된 수치에 따르면, GDP 대비 식품 보조금과 고용보장제도NREGA에 들어가는 비용은 각각 0.85퍼센트와 0.29퍼센트입니다. 이 수치는 전기 시설 이용층을 대상으로 한 여러 형태의 전력 보조금의 총비용이 GDP 대비 1퍼센트가 넘어 2퍼센트에 근접할 만한 수준이며, 비료 보조금이 0.66퍼센트이고 연료 보조금(디젤, 조리용 가스 등)이 0.97퍼센트 수준이라는 점과 비교해서 검토해봐야 합니다. 결론적으로 말해 맹비난을 받고 있는 빈곤층 대상의 식품 보조금과 고용보장제에 투입되는 비용은 GDP의 1.14퍼센트 가량인 반면, 상대적으로 부유한 대상에 지원되는 전기, 연료, 비료 등의 보조금에 들어가는 비용은 GDP 대비 최소한 2.63퍼센트이고 추정상 3.63퍼센트에 근접한 수준입니다. 빈곤층에게 식품을 지원해주고 실업자에게 직장을 마련해주기 위해 할당되는 비용의 세 배가 넘는다는 얘기입니다."

나는 여기서 멈추지 않고 말을 계속 이었다. "하지만 신문과 방송에서는 인도의 공적 자원을 축내는 것이 빈곤층 대상의 식품 및 취업 지원 보조금인 양 보도되기 일쑤입니다. 잘 사는 계층을 대상으로 한 보조금에 들어가는 정부 자금이 두 배에서 세 배까지나 더 많은데도 말입니다. 사실, 정부가 보건 부문에 지출하는 비용이 (중국이 GDP의 3퍼센트 가깝게 지출하는 것에 비해) GDP의 1.2퍼센트에 불과한 탓에 전반적인 보건 부문, 식품 보조금, 고용 보조금에 들어가는 정부의 총지출액이 비교적 부유한—그리고 훨씬 발언권이 높은—이들에게 지원되는 전력, 디젤, 조리용 가스, 비료 등에 지출되는 정부 보조금보다 훨씬 적습니다. 세계에서 가장 열정적인 매스컴이 최빈곤층의 곤궁한 처지에는 그토록 침묵하다니 정말 슬픈 일입니다. 인도 국민의 3분의 1은 전기시설을 전혀 이용하지 못한 채로 살고 있습니다. 매스컴은 2년 전 7월의 어느 날 전력 관리상의 심각한 행정 실책으로 6억 명이 전기를 쓰지 못했던 사태에 대해—충분히 그럴 만도 한—호들갑을 떨어댔지만 이 보도에서는 간과한 사실이 있었습니다. 그 6억 명 가운데 2억 명은 애초부터 전기시설을 이용할 수도 없는 처지여서 전기를 써본 적도 없는, 그러니까 늘 정전 속에 살아가는 이들이었다는 사실입니다."

"알았으니까 그쯤에서 그만하고, 다음 소원을 말해보아라." "제가 바라는 다섯 번째 소원은 입에서 술술 나올 만한 이야기입니다. 제가 수십 년 동안이나 입이 아프도록 불만을 토로해왔던 박탈의 문제이니 그럴 만도 하죠. 그러면 지금부터 쭉 읊어보겠습니다. 모든 아이들이 제대로 된 학교에 다녀야 하고, 모든 국민이 예방 치료로부터 시작되는 의료 혜택을 누려야 하고, 남자들에 비해 박탈된 삶을 살아가는 여자들의 여건이 개선되어야 하며, (아동의 영양결핍률이 세계 최악인 이 나라에서) 영양 결핍에 시달리는 아동이 없어져야 합니다. 전체 아동의 3분의 1이 배제되는 것이 아니라 모든 아동이 면역 관리를 받아야 합니다. 또 인도가 세계의 엘리트 클럽에 진입한 것으로 봐도 될 만한 이 시점에서도 여전히 절반의 국민이 노천에서 배변해야 할 필요가 없도록 모든 국민이 집에 화장실을 갖춰야 하고, 전반적으로 양질의 고등교육과 지속가능한 환경이 수립되어야 합니다."

가만히 듣고 있던 GMT가 말했다. "한 가지 소원으로 여러 가지를 줄줄 늘어놓는구나. 하지만 이 몸이 마음 넓이가 중간쯤은 되는 여신이니, 속 좁게 굴지 않으마. 하지만 네가 부탁한 것들 모두는 너의 동포들이 경제성장을 촉진하도록 자원을 현명하게 사용하기 시작하면 들어주기가 아주 쉽겠구나. 그리고 그렇게 된다면 일석이조의 효과가 생기기도 할 것이다. 그런 식으로 지원 체계에 변화가 일어나면 결과적으로 인적 재능이 향상될 테고, 또 그런 인적 재능은 장기적 관점에서 높은 경제성장을 지탱하는 데 유익하게 작용할 테니 말이다. 그 근거가 뭐냐고? (중국인, 일본인, 한국인 등의 아시아인들에게 물어보면 잘 알려줄 테지만) 궁극적으로 경제 성장에서 가장 중요한 요소는 건강하고 교육 수준이 높은 노동력의 보유이기 때문이다. 인도가 동아시아 발전을 지켜보면서도 놓쳐왔던 가장 중요한 교훈이 바로 그 부분이다."

"그 점에 대해서는 저도 동감이니 이쯤에서 접고, 또 하나의 소원을 말씀드리겠습니다, 여신님. 이번 소원은 인도에서의 특정 판결과 관련된 것으로, 최근 판결을 통해 다시 중요 범죄로 취급당하게 된 동성애적 개인행동의 문제입니다. 과거 1861년에 영국의 지배자들이 그런 행동을 형사상 범죄로 규정하면서 수많은 사람들이 경찰에 협박을 받거나 처벌을 받을까봐 벌벌 떨며 살아야 했지요. 형법전 제377조의 그 조항은 델리 고등법원에 의해 인도의 헌법에서 보장된 개인의 권리에 반하는 것으로 판결이 뒤집혔지만, 그 후에 – 딱 두 명의 법관이 판결을 내리는 – 인도 대법원이 그 파기 판결을 다시 파기시키면서 엄연한 개인적 행동을 또 다시 사회적 범죄로 내몰아버렸습니다. 그 '파기 판결의 파기 판결'을 파기해주시면 안 될까요, 여신님?" 내 간청에 여신이 대답했다. "어디 보자. 인도의 대법원에 다시 재고해보라고 어떻게 설득할 수 있을까나? 그래, 구름 위 여신의 탄원보다 인도 국민들의 목소리에 더 귀를 기울여보라고 하면 되겠구나."

"자, 그러면 이제 다음 소원을 들어볼까?" 여신이 이어서 물었다. "그래도 될까요? 인도의 민주주의가 부여하는 기회의 면으로나 인도의 근성 면에서 볼 때 우리 인도에는 저력이 있습니다. 제 소원은 인도가 그점을 깨달았으면 하는 것입니다. 실제로 인도의 민주주의는 최근에 암아드미 당Aam Aadmi Party이 잘 활용해오고 있습니다(제대로 된 공약을 수립하는 부분에서는 아직 배울 점이 많은 당이긴 하지만요). 우리 인도는 부패가 심하지만, 이제 부패 문제는 (민주주의에서는 장기적 해결책으로서 가장 좋은 방법인) 선거의 주요 쟁점으로 떠올랐고 그에 따라 앞으로는 여러 면에서 행정적 개혁의 요구가 기대됩니다. 또 한편으론 인도는 이미 여러 가지 성과를 이뤄내기도 해서, (수많은 사람들이 심심찮게 떠들어대는 것처럼) 이곳 인도에서는 기업들 말고는 아무도 일도 안 한다거나, 특히 정부가 제대로 하는 일이 없다는 등의 얘기는 사실이 아닙니다. 인도는 영국의 지배가 종식되기 전까지 기근의 나라였지만 독립 이후로는 기근을 한차례도 겪지 않았습니다. 또 인도는 몇 년 전에 에이즈 최대 감염 지역이 될 것으로 예측되었으나 공적 관심과 사회적 참여 덕분에 그런 위협을 물리쳐내기도 했습니다.

어디 그뿐인 줄 아십니까? 소아마비 근절이 정치적으로 민감한 쟁점으로 부각된 이후 필요한 조치가 행해지면서 인도는 이제 소아마비 청정국이 되었습니다. 지난 가을에는 벵골만에서 형성된 초대형 사이클론이 덮쳐왔는데 그 규모가 미국의 카트리나보다 몇 배나 컸는데도 정부가 100만 명에 이르는 해안가 주민들을 적기에 대피시키면서 우려되었던 참사는 일어나지 않았습니다. 인도의 사회적 성취의 기록이 저조한 편이긴 하지만 변화를 이루기 위해 분발하는 곳에서는 – 이를테면 케랄라, 타밀나두, 히마찰프라데시 같은 주들처럼 – 예외 없이 교육과 보건 수준이 크게 향상되면서 높은 경제 발전도 이뤄왔고, 그 결과 옛날에는 가난했던 이런 주들이 이제는 인도에서 가장 부유한 주의 반열에 올라 있습니다. 노력을 기울이면 우리도 해낼 수 있다는 얘깁니다.

성 불평등의 문제도 빼놓을 수 없습니다. 현재 인도에서는 강간 문제에 많은 관심이 쏟아지고 있는데, 이런 관심 자체가 사회의 개선을 보여주는 증거입니다. 하지만 몇 가지 제대로 인식되지 못하는 부분들이 있습니다. 보고된 수치에 따르면 인도의 강간 범죄율은 낮은 수준입니다(미국과 영국이 10만 명당 각각 27명과 29명인 데 비해 인도는 1.8명입니다). 물론 이곳 인도에서는 특히 피해자들이 빈곤층과 취약 계층의 사람들인 경우 실제 발생 건수가 보고된 수치보다 크게 높을 것으로 추산되긴 합니다. 하지만 보고된 수치를 10배로 올리더라도 인도는 여전히 영국과 미국을 비롯해 세계 대다수 국가들보다 낮습니다. 따라서 인도에서 중점을 두어야 할 부분은 높은 강간 건수가 아닙니다. 그보다는 경찰이 협력 의지를 갖고 피해자들을 도와주도록 하며 사회가 연약한 여성들 특히 빈곤층이나 취약 계층, 하층 카스트 출신의 여성들에게 가해지는 성폭력에 더 많은 관심을 갖도록 유도하는 일이 중요합니다. 지금 현재 성폭력 문제 개선을 위해 빈곤층 여자들을 대상으로 하는 매춘 인신매매를 막는 등의 몇몇 조치가 취해지고 있기는 합니다. 하지만 더 많은 조치가 필요하며 그것은 우리가 노력하면 얼마든지 해결 가능한 일입니다.

인도는 낙태 문제로도 큰 걱정거리를 떠안고 있습니다. 뱃속의 여아에 대한 선별적 낙태가 너무 빈발해서 출산아의 남녀 성비가 유럽 국가들에 비해 크게 불균형적입니다. 하지만 인도 주들의 거의 절반 - 구체적으로 말해 인도의 남부와 동부의 전체 주(케랄라와 타밀나두에서부터 서벵골과 아삼에 이르는 주들)는 - 출산아의 남녀 성비가 유럽의 수준에 가깝습니다. 사실, 북부와 서부의 전체 주들의 남녀 성비가 유럽보다 크게 불균형한 탓에 인도의 평균이 그렇게 깎이는 것입니다. 이렇게 인도는 내부적 모범 사례들을 통해서도 배울 점들이 많습니다. 그러니 GMT 님, 인도인들이 패배주의를 덜어낼 수 있게 도와주시면 안 될까요?" 내가 물었다.

여신이 대답했다. "그 일은 내가 어떻게 해줄 수가 없다. 패배주의적 사고방식을 바꾸는 것은 인도인들 스스로가 해야 할 일이야." "그거 참, 실망이네요." 나는 좌절감을 토로했다. "그럴 것 없다. 내 말은, 스스로 해결할 수 있는 문제라는 뜻이다. 어느 누구의 도움도 필요 없다. 문제

가 무엇이고, 어떻게 해결될 수 있을지만 알면 돼." 그 말에 나는 투덜
거렸다. "하지만 저희의 문제가 무엇이고 해결 방법이 무엇인지 확실해
진다 해도 모든 인도인들이 인도의 진짜 문제에 관심을 갖도록 그 지식
을 어떻게 공유하죠?" "글쎄, 소셜미디어가 도움이 되겠지. 그리고 무
엇보다도 중요한 일은 책을 더 많이 읽어야 한다는 점이다. 그리고 참,
이제 자이푸르 페스티벌에 가야 할 시간이 다 되어가고 있다. 즐거운
시간이었다!" 선량한 여신은 그 말을 마치더니 홀연히 구름 너머로 사
라졌고, 나는 세계적으로 보도되어 유명세를 탄 GSLV-DV에 실려 발
사되었던 작은 GSAT-14로 돌아왔다가 곧장 축제의 장소로 왔다. 그리
고 지금 이 자리에서 여러분 모두를 만나게 되어 기분이 좋다. 함께 해
주셔서 고맙습니다, 여러분!

마지막 그러나
아직 끝나지 않은
이야기

날란다 대학의
부활을 축하하며

새롭게 재건된 유서 깊은 – 세계 최고最古의 대학 – 날란다 대학에서 수업이 개시되었을 때 고등교육의 역사에서 뜻깊은 순간이 열렸다. 이 날의 수업 개시 행사는 전 세계로부터 주목을 받았다. 특히 서기 1088년에 세워진 볼로냐 소재의 대학으로, 유럽에서 가장 오래된 대학을 품고 있다는 자부심을 가진 이탈리아의 관심이 컸다. 말이 나온 김에 굳이 역사를 비교하자면 유럽 최고의 이 대학이 문을 열었던 1088년 무렵, 5세기 초에 세워진 날란다 소재의 이 대학은 이미 600년이 넘도록 교육의 임무를 수행해오면서 매년 수천 명의 학생들을 가르치고 있었다. 아무튼 이탈리아에서 판매 부수가 가장 높은 신문 「코리에레 델라 세라Corriere della Sera」는 인도의 훨씬 유서 깊은 이 대학의 부활에 대해 'Ritorno a Nalanda(날란다의 귀환)'라는 헤드라인을 달아 격찬하는 기사를 실었다.

그날이 세계에서는 유서 깊은 교육기관을 기리는 축하의 순간이었다면, 나 개인적으로는 깊은 감회에 젖었던 순간이었다. 나는 거의 70년

전의 그때를 떠올렸다. 쉽게 감동하던 아이 시절의 그때, 나는 오랜 역사가 깃든 날란다 대학의 유적을 경외 어린 눈으로 지켜보다가 그 위대한 대학이 다시 복원될 수 있을까 하는 생각이 들었다. "정말로 완전히 없어진 거예요?" 나의 산스크리트어 선생님이자 생애 첫 역사 선생님이기도 했던 할아버지 푼디트 크시티 모한 센에게 내가 물었다. "아닐 게다. 이곳은 오늘날에도 우리에게 아주 유익한 역할을 해줄 수 있을 만한 저력이 깃든 곳이다." 늘 문화적 낙천주의를 북돋아주던 할아버지다운 대답이었다.

유서 깊은
날란다

1,500년도 더 전에 날란다에서 수업이 열렸을 당시, 이곳은 현재 전 세계 대학에서 행해지는 그런 수준의 가르침을 전수하던 세계 유일의 고등교육 기관이었다. 날란다는 완전히 새로운 장을 열며 여러 중요 분야에서 고등교육을 전수하는 독보적 교육 시설로서 입지를 다졌다. 그러면서 차츰 현재의 대학과 같은 시설로 발전했다. 인도 전역뿐만 아니라 중국, 일본, 한국 등 불교와 관련이 있는 여러 아시아 국가들에서도 학생들이 몰려들면서 7세기쯤에 이르렀을 무렵엔 기숙 학생의 수가 1만 명에 이르렀다. 날란다는 불교 교육만이 아니라 언어와 문학, 천문학과 관찰과학, 건축과 조각, 의학과 공중 보건을 비롯해 다양한 여러 학문을 가르쳤다. 단지 인도만이 아닌 세계적으로도 바로

그와 같은 대학이 필요했고, 날란다는 전적으로 독창적인 방식으로 존재감을 과시하면서 승승장구했다. 날란다는 고대 세계의 절반에 이르는 넓은 지역에서 학생들을 끌어들였다. 날란다에서는 물론이요, 날란다의 모범에 자극받아 교육기관들이 우후죽순 생겼던 인접 지역의 비하르에서도 발굴되는 오랜 유적들을 통해서 밝혀지고 있다시피, 날란다는 이전까지 없던 새로운 가치를 세계에 도입시키고 있었다.

물론 고대 인도의 서쪽 끝자락(현재의 파키스탄)의 아프가니스탄 바로 인접 지역에 위치한 탁샤실라(현재의 탁실라)에도 유명한 불교 교육시설이 있었다. 하지만 탁실라의 이 교육시설은 말 그대로 종교적인 신학교였다 – 이처럼 학과가 다소 편협하긴 했으나 그 분야에서만큼은 아주 쟁쟁한 명성을 떨쳤다. 확실히 아프가니스탄의 동쪽 끝자락과 인접지인 고대 인도에는 학문이 아주 융성했었던 듯하다. 그리고 보면 기원전 4세기의 인도의 위대한 – 그리고 최초의 – 문법학자 파니니도 아프가니스탄 국경 지역 출신이었다. 하지만 탁실라는 날란다를 비롯해 뒤따라 생겨난 비하르의 – 비크람실라Vikramshila, 오단타푸리Odantapuri 등의 – 교육시설처럼 다양한 분야(특히 세속적 학과)에 대한 고등교육을 체계적으로 가르치려는 시도는 하지 않았다. 물론 날란다가 세계 최고의 대학으로 인정되고는 있지만, 탁실라도 그 나름대로 날란다에 묻혀 퇴색되지 않을 만큼 명성 높은 곳이다.

솔직히 고백하자면 나는 11세 때 날란다를 처음 찾았다가 경이로움과 감격에 휩싸였던 개인적 인연이 있었음에도 불구하고, 날란다 인근의 텔하라 발굴 현장에서 1,000년도 더 전의 강의실과 학생 기숙사가 발굴되는 과정을 지켜보는 순간에 벅찬 감동을 느꼈다. 대체로 오래된 역사 유물을 발굴할 때는 강의와 지도 용도로 사용 가능하고-아마도 사용되었을 것으로 추정되는-널찍한 일련의 방들과 학생들의 숙소로 사용 가능한 혹은 사용되었을 것으로 추정되는 작은 침실들은 웬만해선 발견되리라고 기대하기 힘들다. 그런데 발굴 작업이 진행되면서 여러 용구, 조각상, 램프, 장식품 같은 수많은 발굴물이 출토됨과 동시에 바로 이런 기대하기 힘든 시설들이 눈앞에 드러났다. 대학 캠퍼스에서 태어났고 거의 평생을-산티니케탄과 델리에서 캠브리지, 옥스퍼드, 하버드로-이 캠퍼스 저 캠퍼스를 옮겨 다니며 지내왔던 나로서는 1,000년도 더 된 유물의 발굴에서 강의실과 학생 숙소가 그렇게 인상 깊게 발견될 수 있다는 것에 특히 더 전율을 느꼈다.

날란다의 이 구舊 대학은 한 불교 재단에서 운영했는데, 그 터전이었던 비하르 주는 당시에-불교의 종교·문화적 중심 발원지로 위상을 떨치며-번영을 누렸을 뿐만 아니라 이 비하르 주의 수도였던 파탈리푸트라(현재 판타)는 기원전 3세기부터 천년 넘게 인도 아대륙 초장기 제국들의 수도로 군림했었다. 한편 날란다가 고대 중국인들이 중국 이외의 지역으로 고등교육을 받으러 찾았던 유일한 학습시설이었다는 점은 자못 흥미롭다. 게다가 날란다는 입학 자격 기준이 높은 고등교육 시설이어서 학생들은 보조 교육기관 망을 거쳐 이곳에 입학하기도 했다. 날란다에서 10년간 수학했고 (중국과 인도의 의술을 비교하여) 최초의 국가 간 의학 체계에 대한 비교연구를 글로 남겼던 유명 인물 의정義淨(서기 635~713년)을 비롯해 일부 중국 학생들은 먼저 수마트라(당시의 스리비자야 제국의 근거지)에 가서 산스크리트어를 배우고 나서 날란다에 들어갔다. 7세기 무렵에 비하르에는 주로 날란다를 보고 자극받아 생겨난 불교 관련 대학들 네 곳이 더 있었고 이곳 네 대학도 날란다와 협력 관계였지만 그중 한 곳인 비크람실라는 10세기에 이르러 고등교육 분야에서 날란다를 위협할 만한 경쟁자로 부상했다.

구 날란다는 700년이 넘도록 성황리에 교육을 전수하다가 1190년대에 서아시아의 침입으로 잇따른 공격을 당해 파괴되고 말았다. 침입자들은 날란다뿐만 아니라 비하르의 다른 대학들도 폐허로 만들어놓았다. (속설로 회자되는 것처럼) 정말로 무자비한 침입자 바크티아르 킬지 Bakhtiar Khilji가 정복군을 이끌고 인도 북부를 휩쓸고 지나가며 날란다를 약탈한 장본인인지에 대해서는 논란이 분분하지만, 침입자들에게 무참히 짓밟혀 파괴되었다는 점은 정설로 받아들여지고 있다. 전해지는 바에 따르면 당시에 날란다의 모든 교사들과 수도승들은 죽임을 당했고, 캠퍼스는 철저히 파괴되었으며 특히 캠퍼스 여기저기에 놓여 있던 부처를 비롯한 불교 인물들의 훌륭한 조각상들을 부수는 일에는 침입자들이 각별한 공을 들였다고 한다. 필사본들로 가득 채워져 있던, 9층 높이로 추정되는 도서관은 전해내려 오는 소문에 의하면 불길에 휩싸여 3일이나 탔다고 한다. 날란다가 파괴된 시기는 1167년에 옥스퍼드 대학이 설립된 직후였고, 1209년에 케임브리지 대학이 설립되기 이전이었다. 또 입지가 탄탄했던 무슬림 왕들(특히 무굴 제국의 왕들)에 의한 고등교육의 장려가 이뤄진 것은 한참 후의 일로, 그 무렵 날란다는 아무 흔적도 남아 있지 않았다.

날란다의
복원

        날란다의 고대 고등교육 시설을 현대의 대학원으로 재건하는 계획은 범아시아적 주도로 이뤄졌다. 구 날란다의 재건 계획의 싹은 특히 싱가포르를 위시한 해외와 국내에서 - 구체적으로 판타와 델리에서 - 돋았고, 그 공식적 구상은 2007년에 필리핀 세부에서 열린 동아시아 정상회의(East Asia Summit, 아세안ASEAN(동남아시아 국가 연합) 국가들과 더불어 중국, 인도, 일본, 한국, 호주, 뉴질랜드를 위시한 그 외의 동아시아국가들 다수가 참석한 자리)에서 이뤄졌다. 날란다의 재건을 앞에서 이끈 멘토 그룹은 나중에 이 대학의 집행위원회를 맡게 되었는데, 집행위원회 구성원들은 인도만이 아니라 중국과 일본에서부터 싱가포르, 태국, 영국에 이르는 다양한 국가 출신들로 이뤄졌다.

    프라나브 무케르지Pranab Mukherjee(인도의 외무부 장관, 13대 대통령 역임)가 집으로 찾아와 나에게 날란다 멘토 그룹의 의장을 맡아달라고 부탁했을 때 당연히 나는 영광스러웠으나 이미 연구 지도와 관련해서 맡아하던 책무들이 있던 터라 상당히 부담스럽기도 했다. 한편으론 그 직무가 막중한 책무가 되리라고 인식했고, 또 한편으론 이뤄지길 늘 바라왔던 - 아니, '꼭 이루어져야만 할' 일을 추진시킬 유일한 기회라는 점도 인식했다. 2004년에 출간되어 거의 모든 아시아 언어로 번역된『논쟁을 좋아하는 인도인』에서도 나는 날란다의 역사를 언급했었는데, 당시에 내가 아시아 이곳저곳을 돌아다닐 때 책의 다른 부분보다 이 내용에 특히 이목이 집중되었고 더 많은 질문이 쏟아졌다. 나로선 (내가 존경할 만한 정치인으로 여기던) 프라나브 무케르지의 부탁을 거절하기 힘들었을 뿐만 아니라, 날란다의 복원에 대한 답변으로서 '어쩌면 언젠가는'이라는 말을 당당하고 확신에 찬 '바로 지금'이라는 말로 바꿀 수 있는 기회를 뿌리치기도 힘들었다.

멘토 그룹과 그 이후의 집행위원회가 주축이 되어 진행된 날란다 대학의 복원은 인도와 해외의 지원을 받으며 이뤄졌다. 인도 정부는 막대한 재정적 지원을 했고, 당시 국무총리 만모한 싱Manmohan Singh은 강력한 지지를 표명하는 동시에 날란다의 철저한 학문적 독립성을 약속하기도 했다. 2014년 초에 싱 정권은 날란다가 재정적 안정을 다지도록 날란다의 정기적 경비를 2021년까지 지원하겠다는 약속도 했다.

비하르 주의 총리 니티시 쿠마르Nitish Kumar가 그 자신이 품은 (또 당시의 주 부총리 수실 모디Sushil Modi의 강력한 지지를 받은) 날란다에 대한 장기적 비전에 따라 앞장서면서 비하르 주 정부로부터도 많은 지원을 받았다. 특히 비하르 주 정부에서는 구 대학의 재건을 위해 구 날란다에서 15킬로미터가량 떨어진 라지기르Rajgir에 대규모 부지를 기부해주었다.

날란다 재건을 위한 지원은 여러 아시아 국가로부터 이어졌으나 그 중 싱가포르의 역할이 대단히 두드러졌다. 2007~2008년에 싱가포르 아시아문명박물관Asian Civilizations Museum에서 열린 '날란다의 발자취Nalanda Trail'라는 장대한 전시회는 동아시아 정상회의에서 구 날란다의 재건에 대해 토의가 활성화되는 데 큰 힘을 실어주었다. 참고로 이 전시회는 날란다가 중대한 역할을 맡기도 했던 아시아의 불교 전통과 업적에 관련된 물품과 역사적 기록들을 모아 상당히 통합적인 방식으로 진열하여 매우 인상적이었다. 싱가포르는 관련 지역에서의 연구를 위해 날란다-수리위자바 센터Nalanda-Sriwijaya Centre라는, 동남아시아연구소Institute of Southeast Asian Studies와 연계된 연구 단체를 설립하기도 했다

당시의 싱가포르 외무부 장관 조지 여George Yeo는 날란다 재건 운동에 누구보다 앞장섰다. 그는 멘토 그룹과 그 후의 집행위원회에 선뜻 합세해주었는데 나는 이 기회를 빌려 조지의 현명한 조언과 통찰력이 없었다면 우리의 활동이 훨씬 더 어려웠을 것이라는 - 정말로 말도 못할 만큼 힘들었을 것이라는 - 점을 밝히고 싶다. 그는 날란다 대학의 국제자문단 의장을 맡아, 이 자문단에 아시아 최고로 꼽히는 유명 인사들을 영입하기도 했다. 이번 기회에 한마디 더 밝히자면, 인도를 비롯한 여러 아시아 국가 출신의 쟁쟁한 실력자들이 모인 통찰력 있고 성실한 집행위원회는 이 프로젝트의 구상과 기획에 아주 큰 도움이 되었다.[1] 이런 집행위원회의 의장을 맡은 일은 나로서는 더없는 행운이었다.

진행 보고서

800년의 세월을 넘어 구 날란다를 재건한다는 것은 쉬운 일이 아니다. 하지만 이 일은 고파 사바르왈Gopa Sabharwal 부총장과 안자나 샤르마Anjana Sharma 학장의 강한 추진력에 힘입어 착착 진행 중이다. 두 사람의 범상치 않은 행정적 리더십 하에 커리큘럼 수립, 교수 선정, 학생 선발, 임시적 강의 지도안 설정, 교내 편의 설비, 기타 행정 서비스 등에서 이미 달성된 그 많은 성과를 보면 정말 놀라울 지경

이다. 아직 해야 할 일들이 남아 있어 여전히 새로운 날란다를 세우기 위한 과정이 전력을 다해 진행되고 있고, 이러한 힘든 착수 단계의 과정들은 뛰어난 열정과 효율성을 통해 이뤄지고 있다.

새 캠퍼스의 건축은 적합한 건설사 선정을 위한 철두철미한 검토 작업이 마무리되어(인도의 유명한 바스투 실파 컨설턴트Vastu Shilpa Consultants가 이 혁신적 책무의 협력사로 최종 선정되었다) 초기 단계인 설계와 구상 과정이 완료되면서 이제 곧 착공에 들어간다. 하지만 (추후의 증축을 위한 공간을 남겨놓으며 진행될) 이 과정이 전부 완료되려면 2년이 더 걸리기 때문에 신新 날란다는 라지기르의 임대 부지에서 작은 규모로 운영을 시작했다. 수업은 약속대로 2014년 9월에 개시되었고 수업 개시 행사에는 외무부 장관 수시마 스와라지Sushma Swaraj가 참석해 자리를 빛내주었다. 그녀는 외무부 장관의 권한으로 인도 정부와 날란다 대학 사이의 다리 역할을 하고 있다.

날란다의 학생과 교수진은 아직 초반이라 규모가 작음에도 불구하고 이미 국제적 특징을 뚜렷이 띠고 있다. 학생들은 (인도와 부탄의 여러 지역에서 온) 인근 지역 출신과 (일본을 비롯해) 먼 지역 출신들이 두루 섞여 있다. 교수진도 이미 인도 출신뿐만이 아니라 미국, 독일, 뉴질랜드, 한국 등지의 해외 출신들도 포진되어 있다. 날란다의 교수 급여는 미국이나 유럽에 비해 크게 낮지만 세계 여러 지역의 학계에서 보내오는 문의들로 미뤄보건대, 고대 대학의 복원에 적극 동참하거나, 아니면 적어도 시험 삼아 참여해보고픈 이들의 관심이 상당하다는 것을 알 수 있었다.

날란다 대학의 교육 영역 선정 과정은 예산 고려와 각 분야의 상대적 중요성 등 양면을 반영하면서 날란다의 전통상 중요한 부분과 현재 기준상 국내외적으로 필요한 부분을 비교 검토하는 측면에도 주목하고 있다. 이른바 '날란다의 발자취'와 관련된 역사를 비롯해 아시아에 특히 중점을 둔 역사 교육이 필요하다는 점은 아주 확연하다. 그리고 이런 역사 교육은 영감의 관점에서나 연구의 초점 선정 면에서 현대와도 연관성을 띠고 있기도 하다.

신 날란다 대학은 역사학부와 함께 환경 연구 및 생태학 학부도 개설했다. 이 분야는 인도에서뿐만이 아니라 아시아에서도 전반적으로 등한시되고 있다. 토지, 수질, 숲의 관리 문제를 비롯해 지역 내의 환경적, 생태학적 문제에 대해 더 폭넓게 이해하고 분석함으로써 지구온난화 등 세계 전반에 영향을 미치는 환경적 위협들에 대해 급속도로 확산되는 인식에 발맞춰야 할 필요성이 높다.

그동안 부총장과 학장은 날란다의 교육 및 연구 계획 마련을 위해 국제적 협력을 얻는 데 힘써왔다. 그에 따라 현재 날란다는 환경 연구와 생태학 분야의 발전을 위해 예일 대학의 삼림학부와 일리노이 대학 어바나-샴페인 캠퍼스로부터 협력을 받고 있다. 역사 연구 분야에서도 태국의 츨라롱콘 대학, 싱가포르의 동남아시아연구소, 중국의 베이징대학, 미국의 미네소타 대학과 협력 중이다.

집행위원회는 이어서 새롭게 추가할 학부 선정 작업에 착수했다가, 특히 비하르 주 내에서 경영뿐만 아니라 사회 발전과 연계된 측면에서의 경제학부에 대해 수요가 높다는 결론을 내렸다. 그에 따라 집행위원회는 2016-2017학년도에 경제학부를 개설하기로 단호한 결정을 내렸다. 경제학부와 마찬가지로 필요성이 높은 공중보건학부의 개설 제안도 검토 중에 있다. 현재 인도는 공중 보건이 상당히 혼란스러운 상태이며 공중 보건에 대한 교육은 혀를 내두를 정도로 등한시되고 있다. 이런 상황이 더욱 경악스럽게 느껴지는 이유는 앞에서도 소개했던 7세기의 날란다 재학생 의정이 인도의 공중 보건에 대단한 흥미를 느꼈을 뿐만 아니라 중국과 인도의 의술을 비교하면서 (그것도 의정으로선 중국이 확실하게 인도를 능가한다고 생각하고 있었던 순수의학의 비교에서) 인도의 공중 보건에 대해 감탄을 드러내기도 했던 사실 때문이다. 인도의 공중 보건에 대한 의정의 찬사는, 날란다가 고등교육 시설로서 운영되기 직전인 5세기 초에 인도를 방문했던 또 한 사람의 중국인 법현法顯이 인도, 그중에서도 특히 파탈리푸트라에서의 무료 공공 병원과 의료 서비스에 대해 소개한 기록에도 똑같이 담겨 있다.

날란다에서는 불교 연구와 철학과 비교종교학을 아우르는 학부 개설도 고려 중이다. 인도 안팎에서 이른바 날란다의 발자취를 통해 전반적인 불교 사상과 불교가 아시아 전역에 미친 영향에 대해 가르치거나 공부하고 싶어 날란다에 들어오고 싶어 하는 이들의 관심이 높다. 그에 따라 날란다에서는 이런 관심을 충족시키는 한편 학문적이고도 철학적인 관점에서 비교종교학을 공부할 기회도 제공해줄 학부를 계획 중에 있다.

앞으로 더 잘 되길 바라는 기대에 대해서나 지금까지 잘 해왔는지에 대해 논의할 때는, 이전의 결정을 재검토해볼 필요성은 없는지 살펴봐야 한다. 날란다 대학의 등록금은 원래 연간 30만 루피로 고정되어 2년

과정의 석사 코스에 60만 루피가 들도록 책정되어 있었다. 첫 석사 과정을 밟는 학생들에게 50퍼센트의 보조금이 지급되지만 대다수 인도인들에게나, 아시아 빈국 출신의 학생들에는 30만 루피도 여전히 상당히 높은 학비였다. 이는 의욕을 크게 좌절시키는 요인이다. 특히 인도의 표준 대학 상당수의 등록금이 매우 저렴한 편임을 감안하면 더더욱 그렇다. 사실, 날란다에서 초반에 책정했던 수준의 이런 높은 등록금은 이제 인도에서는 기술전문대학과 경영전문대학 같은 전문교육 분야에서는 아주 일반화되어 있지만 이런 전문교육을 받는 사람들의 미래 예상 급여는 날란다에서 – 또는 그 외의 대학에서 – 일반 교육을 받는 학생들이 기대할 법한 수준보다 훨씬 높은 편이다. 역사나 불교연구 부문에서 학문 경쟁을 벌이는 학생들이 전문 경영인과 숙련된 엔지니어들이 대체로 받는 수준의 높은 급여를 기대하지 못하는 편이라고 해서 날란다가 그런 일로 수치심을 느껴야 할 이유는 없다.

현재 등록생 수, 즉 날란다의 신입생 수가 적은 데는 몇 가지 이유가 있다. 그 한 가지는 신생 학교여서 약속한 시기에 맞춰 제대로 개교할지에 대한 의심으로 다수의 잠재적 입학지원자들이 지원을 포기한 탓이었다. 또, 입학 기준이 높아서 많은 지원자들이 합격하는 데 어려움을 겪었다. 하지만 무엇보다 큰 이유는 등록금이었을 것이다. 실제로 입학에 관심을 갖고 있었던 수많은 학생들이 재정 형편상 날란다에 들어오기 곤란하다고 밝혔다. 집행위원회는 적정 등록금 수준에 대한 여러 제안들을 (비용 면에서나 대학의 교육 기회 제공 면 등 여러 가지에 중점을 두어) 고려해봐야 했지만 지난 1월의 최종 위원회 회의에서 논의 후에 기존

에 설립된 남아시아 대학South Asia University의 등록금 수준에 맞춰 등록금
을 인하하기로 결정했다. 그리고 그에 따라 위원회에서는 표결을 통해
연간 등록비를 30만 루피에서 6만 루피 이하 수준으로 대폭 낮췄다.

이런 변화 덕분에 날란다는 더 많은 학생들에게 실현 가능한 선택이
되었다. 하지만 대폭 낮추어 새롭게 책정된 이 등록금조차 빈곤층 출신
의 재능 있는 잠재적 학생들에게는 여전히 너무 높은 수준이다. 따라서
이는 선별적 학생 지원 규정을 마련할 만한 강력한 근거가 된다. 게다
가 상당히 높은 수준의 등록생 결원이 생기면 막대한 자금이 투입된 캠
퍼스와 기타 편의시설이 적절히 활용되지 못할 것이라는 점이나 날란
다 복원의 구상이 앞으로도 목표를 점차 확장시켜 나가야 하는 점에서
기부금 모금 노력 등의 지원 방안이 필요하다. 이를 통해 상대적으로
가난한 배경의 재능 있는 학생들이 날란다에서 공부할 수 있도록 재정
지원을 해야 한다.

정부와
학문적 독립성

'날란다의 귀환'은 세계에서 가장 오래된 대학
에서 수백 년의 간극을 넘어 가르침이 재개되는 주목할 만한 순간이었
다. 하지만 최근 몇 달 사이에 – 다소 다른 차원의 일로 – 또 다른 흥분
거리가 있었는데, 바로 날란다의 운영에 대한 정부의 개입과 학문적 독
립성에 대한 위협이 얽힌 일이었다. 그동안 새로 선출된 인도 정부와

날란다 대학 (총장인 나 자신을 비롯한) 집행위원회 측과의 관계가 삐걱거려왔다. (비하르 주정부, 동아시아 정상회의와 협력하여) 날란다 대학의 복원을 주도했던 이전 정부는 2014년 봄 총선에서 참패를 하고 말았다. 그런데 새로운 국무총리인 바라티야 자나타 당BJP의 나렌드라 모디Narendra Modi는 오래 전부터 힌두투바 운동과 인도 극우단체 라시트리야 스와얌세바크 상Rashtriya Swayamsevak Sangh(RSS)의 이념을 적극적으로 지지해온 한 사람으로 아탈 비하리 바즈파예Atal Bihari Vajpayee 같은 이전의 BJP 대표들보다 더 극단적인 인물이다. 그 점을 감안하거나, 또 내가 세속주의 국가를 이끌 만한 자격을 놓고 모디 국무총리에 대한 의혹을 거리낌 없이 밝혀온 사실로 미뤄보나, 나로선 선거 압승 후에 모디 정권에서 나의 날란다 대학 총장직에 대해 정부 차원의 반감을 드러낸 일이 그다지 놀랍지는 않았다. (내가 그동안 다른 여러 명의 BJP 대표들과는 개인적 관계가 좋은 편이었음에도) 그 반감은 집권당의 정치적 우선 사항에 따라야 하는 문제보다는 날란다 대학의 학문적 독립성과 관련된 문제에 더 쏠려 있었다.[2]

날란다의 집행위원회는 내가 참석하지 않은 채로 싱가포르의 조지여가 주재하여 열린 지난 1월의 회의에서 나에게 총장직을 계속 맡기는 안을 만장일치로 천거했으나 정부의 권고에 따라 행동해야 하는 참관자(인도의 대통령)로부터 승인을 받지 못했다. 사실 외무부 장관은 위원회 위원들과 면담을 가진 자리에서 내가 더 이상 총장직의 적임자가 아니라며 다른 사람을 생각해보라고 못 박아 밝히기까지 했었다.

이것은 개인에 대한 반대의 문제처럼 보일 수도 있다. 적어도 어느 정도는 정말로 그런 문제인 것에 틀림이 없다. 하지만 여기에는 고등교육 기관의 학문적 독립성이라는 더 큰 문제가 얽혀 있다. 새 정부가 여러 학문적 기관에 자신들의 견해를 강요하려는 시도에 열을 올리면서 최근 몇 달 사이에 학문적 독립성에 심각한 위협을 받아온 학문 기관은 날란다만이 아니다. 또 날란다 집행위원회의 결정에 정부가 개입한 것도 이번 총장 해임 건이 처음이 아니었다.[3] 지난해에 (위임된 권한에 따라) 집행위원회에서 통과시킨 날란다 운영 규정 가운데 다수는 여전히 보류 상태였다. 그런 규정들이 효력을 발휘하려면 그 전에 거쳐야 하는 공식적 절차대로 대학의 참관자(인도의 대통령)에게 승인을 얻어야 하는데 그 과정이 제대로 이뤄지지 못한 탓이었다. 정부는 보다 적극적인 시도까지 벌이며 집행위원회와 아무런 협의도 없이 – 그리고 아무런 통보도 없이 – 느닷없이 규정을 대폭 개정하려 들기도 했다. 하지만 이 조치는 법적 이유 때문에 – 특히 개정안이 인도 의회에서 통과시킨 날란다 대학법의 일부 규정에 어긋난다는 사실 때문에 – 뜻대로 되지는 못했다.

하지만 정부의 총장 해임 시도는 그보다는 큰 성과를 거뒀다. 정부가 날란다 집행위원회의 결정을 불승인하면서 집행위원회와 정부 사이는 사람들 입에 자주 오르내리는 화젯거리가 될 정도까지의 긴장 관계로 이어졌다. 나는 집행위원회로부터 만장일치로 지지를 받은 일에는 감사했고 감동도 받았지만, 얼마 지나지 않아 확신이 굳어졌다. 나의 총장 재임 문제를 둘러싼 정부와 날란다 집행위원회 사이의 갈등이 결국엔 날란다 재건에서 시급히 처리할 일들에 장애가 될 것이라고. 또 내가

(집행위원회의 결정에 따라) 총장직을 유지할 수 있다고 해도 정부가 꼬치꼬치 간섭하면 날란다 재건을 끌고 가야 할 리더의 역할을 제대로 수행하지 못할 테고, 그렇게 되면 새롭게 출범한 이 대학에 이로울 것이 없겠다고. 그래서 나는 올해 7월 중순에 임기가 끝나면 (재임을 지지해준 집행위원회의 따뜻한 호의는 감사하지만) 스스로 물러나기로 결심했다.

사실, 나는 총장 개인의 정체성personal identity은 특별히 중요하지 않다고 굳게 믿는다. 임명된 사람이 총장이 될 만한 자격이 있는 사람이기만 하다면, 또 그 사람이 날란다의 복원 이면에 깔린 비전을 이해하고 날란다가 인도나 그 밖의 지역에서 현시대에 맞는 고등교육을 제시해야 한다는 점을 인정하기만 한다면 개인적 정체성은 크게 의미가 없다고 본다. 하지만 반드시 확실하게 짚고 넘어가야 할 부분이 있다. 리더는 리더로서의 자격에 더해 그때그때의 정치에 휘둘리기보다는 대학의 학문적 독립성이 존중되도록 지킬 줄 알아야 한다는 것이다.

날란다와 인도 정부 간의 갈등은 인사 문제로 비춰질 수도 있지만 사실상 원칙의 문제다. 특히 날란다 같은 고등교육 기관이 선거에서 승리한 정치인들의 의지와 변덕에 고분고분 따를 필요가 없도록 학문적 독립성이 존중되어야 한다는 원칙 말이다.

날란다에 가해지는 간섭은 인도 전역의 학문 기관의 수장 자리를 놓고 현 정부가 보이는 전반적 간섭 패턴과 딱 들어맞는다. 예를 들어, 올해 1월에 저명한 물리학자 산디프 트리베디Sandip Trivedi가 인도에서 가장 명망 높은 과학 연구소라고 할 만한 타타 기초연구소(Tata Institute of Fundamental Research, TIFR)의 소장이 되었을 때, 그것이 합당한 절차에 따라 구성된, 인도의 가장 유명한 과학자로 손꼽히는 C.N.R. 라오C.N.R. Rao의 주재 하에 열린 선발위원회에 의해 선출된 것임에도 국무총리실에서 타타 기초연구소 측에 트리베디를 해임시킬 것을 통보해왔다. 역시 1월에 있었던 사례로 인도델리공과대학Indian Institute of Technology Delhi의 유명한 총장 라구나트 세바온카르Raghunath Shevaonkar가 이 대학의 결정에 대한 정부의 간섭을 폭로하며 자리에서 물러난 일도 있었다. 3월에는 인도의 뛰어난 핵 과학자이자 인도 원자력위원회Indian Atomic Energy Commission의 전 위원장이기도 했던 아닐 카코드카르Anil Kakodkar가 정부의 간섭에 항의하며 인도봄베이공과대학Indian Institute of Technology Bombay의 집행위원회 위원장직에서 물러났다. 2월 말에도 정부가 작가인 A. 세투마다반A. Sethumadhavan에게 (수십 년 전에 '교육부 산하 자치단체'로 설립된) 국립도서재단National Book Trust의 회장직에서 물러나라고 요구하며 출판계에서 영향력이 높은 이 자리에 힌두트바주의자이자 「타임스 오브 인디아」에서 'RSS의 대변기관'이라고 평했던 잡지 「판차야니아Panchajanya」의 전 편집장 발데브 샤르마Baldev Sharma를 앉히려고 했다.

내가 주장하고 싶은 것은 정부가 '정부의 자원을 지원받는 자치 기관'과 '현 집권 정부의 직접적인 명령과 지시를 받는 기관' 사이의 차이를 제대로 구분하지 못하고 있다는 점이다. 유럽의 대학들은 수백 년 전부터 정부가 자율성을 존중해주면서 학문적으로 뛰어난 성과를 거두도록 힘을 실어주었다. 영국도 자국 내에서 학문적 독립성을 지키는 데 상당한 공을 기울이고 있다. 비록 과거에 영국의 인도 식민지 지배자들이 공립 학문 기관들의 독립성을 침해하는 일이 비일비재했음에도 말이다. 그러고 보면 인도 정부는 식민지 시대의 모델을 더 선호하는 모양이다.

물론 인도의 집권 정부가 자신들의 견해를 내세워 학계의 문제에 간섭하는 경우가 이번이 처음은 아니다. 이전 UPA 정부의 비간섭 성적도 썩 좋은 편은 아니었다. 하지만 현 정권 하에서는 너무 꼬치꼬치 간섭이 이뤄지고 있다-그리고 대체로 정치적 극단으로 치닫고 있다. 게다가 국가적으로 중요한 기관의 수장직에 선발된 사람들은 힌두트바에서 우선시하는 것들을 선전하는 일에 기를 쓰고 매달려왔다. 예를 들면, 인도역사연구위원회(Indian Council of Historical Research, ICHR)의 신임 위원장 옐라프라가다 수데르샨 라오Yellapragada Sudershan Rao는 역사 연구 방면에서는 유명하지 않을지 모르지만 자신의 힌두트바 중심적 견해를 펴는 방면으로는 유명한 인물이다. 한 예로, 라오는 자신의 논문「인도의 카스트 제도: 재검토Indian Caste System: A Reappraisal」에서 - 그의 말마따나-"착취적 제도로 잘못 알려진" 카스트 제도에 대한 지지 견해를 밝혀 놓은 바 있다. RSS의 산하 기구인 아킬 바라티야 이티하스 산칼란 요자나Akhil Bharatiya Itihas Sankalan Yojana(ABISY)와 라오의 강한 유대는 학계에서 우려할 만한 문제가 되어왔고, 네 명의 ABISY 운동가가 인도 역사연구위원회에 임명된 이후로는 우려의 목소리가 더욱 심각해졌다. 인도 역사연구위원회의 공식 간행물(「인도역사의 고찰Indian Historical Review」)의 편집장이자 유명한 역사학자인 사비아사치 바타차리아Sabyasachi Bhattacharya는 변질된 인도 역사연구위원회에서는 함께 일을 못하겠다며 사퇴하기까지 했다.

마찬가지로 모디 정권이 임명한 인도문화교류위원회의 신임 위원장 로케시 찬드라Lokesh Chandra는 「인디언 익스프레스」에서 "실용적인 관점에서 보면 (모디에게) 마하트마 간디가 자리를 내줘야 한다"고 밝힌 바 있다. 찬드라는 모디가 사실상 '신의 화신'이라는 견해를 밝힌 적도 있다. 이 인도문화교류위원회의 위원장은 한국 문명에 대한 논평에서는 600만 명의 한국인들이 그 뿌리를 거슬러 올라가면 인도 아요디아Ayodhya의 왕자가 조상이라는 믿음을 피력하기도 했다.

이런 와중에 현재, 날란다 대학에는 타협의 가능성이 떠오르는 것 같다고 조심스럽게 기대해볼 만한 상황에 이르렀다 – 이 글을 쓰고 있는 이 시점에, 동아시아 사람 특히 날란다의 재건에서 주요 설계자로 활동해온 조지 여가 총장이 될 가능성이 강해졌기 때문이다. 하지만 이것은 우연히 찾아온 행운이 아니며 이 문제에 대한 대중의 관심이 이렇게 되기까지 중요한 역할을 했다. 날란다의 운영에 대한 정부의 간섭 문제는 (총장 해임을 둘러싼 쟁점이 매스컴에서 자주 화제로 오르내리면서) 초반부터 정치 이슈로 다뤄지며 대중의 비평적 관심을 크게 끌어냈다. 정부와 집행위원회 사이의 대치 상황을 둘러싼 논쟁이 자주 언론에 보도되며 대중의 대대적 감시를 받게 된 덕분에 다른 여러 학문 기관의 경우와는 달리 정부의 영향에 제약이 가해졌다. 또 한편으론 이런 상황 전개는 외무부 장관 수시마 스와라지가 모디 정권의 수많은 학계 간섭의 특징인 일방적 극단주의를 따르지 않고 자신의 결정에 따라 공개적으로 방어할 수 있는 해결책을 내놓도록 촉구하기도 했다.

날란다 대학 집행위원회에 다른 아시아 국가들 출신의 여러 지식인들이 포진되어 있는 상황 역시 편협한 강요를 회피하는 데 도움이 되었다. 내가 (7월 중순까지) 계속 의장을 맡고 있는 집행위원회에서는 5월 초에 열린 회의에서 위원회의 비인도인 출신 아시아 위원 중에서 한 명을 총장으로 임명시키자는 안을 내놓으며, 싱가포르의 조지 여를 제1순위자로 선정하고 또 다른 두 명의 저명한 아시아인(중국의 왕 방웨이와 일본의 나카니시 스스무)을 예비후보로 정해두었다. 설득 끝에 여는 정부에서 날란다 운영에 요구되는 독립성을 부여해준다면 총장직을 수락하기로 했다. 이 글을 쓰는 지금 그가 날란다 대학의 차기 총장이 될 가능성이 꽤 높아 보인다. 여가 뛰어난 지성과 행정 능력을 겸비한 데다 날란다 대학의 비전에 헌신적인 점을 감안하면 이것이 좋은 해결책이 되리라고 본다.

따라서 이제 해피엔딩의 가능성이 엿보인다. 하지만 아주 중요한 문제가 아직 남아 있다. 정부에서 우리의 희망에 부응해주어야 한다. 부디 우리 희망대로, 여가 날란다를 그 고유의 비전에 맞는 학문 기관으로 성장시키는 데 필요한 독립성을 얻게 되길 바란다.

날란다 복원의
의의

신 날란다 대학은 잠시 동안은 작은 규모로 운영되겠지만 약속일을 어기지 않고 수업을 개시한 일은 만족스러운 점이다. 하지만 성공적으로 출발했다고 해서 날란다 대학 복원 전체 프로젝트를 비평적으로 검토해볼 필요성이 사라진 것은 아니다. 현 세계에서 날란다의 의의는 무엇일까? 구 날란다가 대학으로서 역할을 시작했을 당시에 세계에는 그 외의 대학은 전무했고, 그만큼 날란다의 필요성은 명백했다. 반면에 현재 날란다는 세계의 무수한 고등교육 기관 중한 곳이다. 인도에만 대학의 수가 이미 687개이며 이 글을 쓰는 지금도 또 다른 대학들이 생겨나고 있을지 모른다. 이런 상황에서 대학 한 곳이 더 생긴다고 무슨 의의가 있을까?

복원된 날란다 대학은 앞으로 단지 하나의 새로운 대학에 그치지 않고 아주 특별하고, 심지어 독보적인 대학으로 도약하려는 목표를 가지고 있다. 하지만 다음과 같은 의문이 들지 모른다. '날란다 대학이 오랜 역사적 연계성을 빼면 도대체 어떤 점에서 특별하다는 걸까? 좀 도발적으로 표현하자면, 구 날란다의 영광은 이해하지만 오래 전에 사라진 과거의 잔해로 현재를 어지럽히기보다는 과거의 그 막대한 위업을 기리며 그냥 쉬면 안 되는 걸까? 과거보다는 미래를 바라봐야 하는 게 아닐까?' 이 모두는 충분히 품을 수 있는 의문들이다.

소수의 주목할 만한 예외는 있지만 인도의 대학들이 비교적 뛰어나지 못한 한 가지 영역이 있는데, 바로 독창적 연구다. 인도델리공과대학 같이 교육 측면에서는 아주 성공적인 기록을 세우고 있는 대학들을 포함해 인도의 대학들에서는, (안타깝게도 실제로 그런 경우는 많지 않지만) 교육의 질이 양호한 경우조차 연구 실적은 비교적 한정되어온 편이다. 날란다 복원의 아이디어를 앞장서서 지지했던 전 인도 대통령 압둘 칼람Abdul Kalam이 이 새로운 대학에 특별히 촉구했던 우선 과제의 하나도 연구 지향이다.

　확실히 연구의 최종적 성과를 성취하기까지는 시간이 걸리기 마련이지만, 이 새로운 대학에서는 연구 기회를 마련하고 지켜나가면서 그런 우선 과제에 대한 요구를 마음에 새겨야만 한다. 그런 맥락에서 볼 때 구 날란다의 영감을 자극하는 특징이 큰 도움이 된다. 당시에 아시아 전역에서 수천 명의 학생들을 날란다로 불러들였던 것은 새로운 아이디어와 인식적인 새로운 시도가 이 유명한 교육기관에 생기를 불어넣었던 덕분이었다. 현재 날란다 대학에서 교직을 구하는 이들의 (그리고 날란다에서 공부하고 싶어 하는 이들의) 관심과 배경으로 미뤄보건대, 어느 정도는 그런 찬란한 역사적 기억이 여전히 날란다에 오고 싶어 하는 이들을 자극하고 있는 듯하다. 적당한 기회가 마련되면 꿈은 정말로 현실이 될 수 있다.

　구 날란다의 근본적인 특징을 파헤쳐보면 오늘날에도 여전히 큰 의의를 갖는 무언가가 또 있다. 날란다의 전통은 양질의 교육을 펼쳤던 전통만이 전부가 아니라－물론 교육의 전 단계에서 양질의 운영이 크게 결여된 오늘날의 인도에서는 이런 전통 자체가 아주 중요한 문제이기도 하지만－국제적 협력을 추구했던 전통도 있었다. 지역과 국가의 장벽을 넘어 지식을 배우려는 체계적 시도가 그러한 한 예였다. 싱가포르의 아시아문명박물관에서 이름 붙인 대로 '날란다의 발자취'에는 그 저변에 여러 국가와 여러 역사적 배경의 사람들을 불러 모았던 아이디어의 교류와 소통이 바탕에 깔려 있었다. 지난 수세기 사이에 이와 같이 세계를 '하나'로 바라보는 관점의 필요성이 점점 강하게 부각되어 왔다.

날란다의 발자취에서는 만인을 위한 경계 없는 깨우침을 설파했던 석가모니의 가르침에 초점을 맞춤으로써 영감을 얻은 심오한 열정이 느껴진다. 사실 이런 가르침과 관련된 쟁점은 7세기의 어느 대화에서도 제기되었는데 바로 날란다의 가장 유명한 중국인 학생 현장玄奘(서기 602~664년)이 공부를 마치고 중국으로 돌아갈 생각을 하던 때의 대화에서였다. 날란다의 스승들은 현장에게 날란다에 남아서 학생들을 가르쳐보라고 권했다. 이때 현장은 그 권고를 사양하면서, 중요한 이유로 깨우침을 혼자 즐기지 말라고 한 부처의 가르침을 들었다. 사람이 뭔가를 배우면 다른 사람들과 함께 나누는 것이 도리이니 고향으로 돌아가 그 도리를 행해야 한다는 요지였다. 나는 중국, 일본, 한국, 태국을 비롯한 동아시아 여러 지역에 걸쳐 불교의 깨우침이 넓게 확산될 수 있었던 이유가 단지 이국의 사상을 강요하는 식으로서가 아니라(확실히 어느 정도는 그랬지만) 주로 깨우침을 함께 나누며 새로운 공감을 형성하는 식으로 다가갔기 때문이라고 본다.[4] 여기에는 오늘날의 아주 분열적인 세계에서 관심을 갖고 주목해야 할 만한 원대한 비전이 깃들어 있다. 날란다의 교육은 폭넓고 관대해서 비불교도 사회로부터도 지지를 끌어냈다(한 예로 인도의 굽타 왕조 같은 힌두교도 황제들도 날란다의 후원자였다). 날란다에서는 불교가 아닌 종교의 원전뿐만 아니라 세속주의적 문제에 대한 교육도 이뤄졌다. 그리고 현장이 기록으로 남겨 놓았듯, 날란다에서의 교육은 설교를 통한 지식을 '전수'하는 방식만이 아니라 여러 가지 주제에 대해 긴 토론을 나누는 방식으로도 이뤄졌다. 실제로 날란다가 혁신적이고도 아주 효율적인 토론식 교육 장르를 수립했다는 인식이 널리 확산되어 있기도 했다.

부처가 강조했던 식으로 세계에 대해 비평적이되 비대결적인 관점의 필요성은 과거나 지금이나 마찬가지다.[5] 이제는 아침에 신문을 펼쳐들면 세계 곳곳에서 여러 집단들이 이런저런 식으로 그들 각자의 과거를 해석하는 방식과 연계되어 분열적이고 때로는 대결적인 양상으로 치닫는 폭력 사태에 관한 기사들이 하루가 멀다 하고 눈에 띈다. 과거가 아니라 미래만 바라봐야 한다고 말하는 것은 과거가 우리 현재 속에도 존재한다는 사실을 간과하는 소리다. 실제로 오늘날의 세계는 과거의 해석이 협력보다는 대결을 부추기는 데 이용되면서 격앙과 폭력이 빚어지는 경우가 다반사다. 내가 간절히 바라는 바대로 복원된 날란다 대학이 현대의 세계에서 독보적인 대학으로 떠오르고 넓은 마음으로 역사와 문화를 연구하는 일에 꾸준히 매진한다면 국가, 공동체, 종교 간의 경계를 넘어서서 세계를 이해하는 일에 중대한 기여를 할 만한 입지를 다지게 될 것이다.

앞에서도 언급했다시피, 신 날란다가 개설한 두 가지 학부 중 하나가 바로 역사 학부인데 그 커리큘럼은 특히 아시아에서 국경 너머로 이뤄진 상호 작용과 협력의 역사에 특별히 중점을 두고 있다. 그리고 이쯤에서 확실히 밝혀두지만, 날란다에서의 역사적 연구에 대한 노력은 '그것이 아무리 조화의 윤리라 해도' 특정 윤리를 부추기는 방향이 아니라 정확하고 진실한 이해를 추구하는 방향을 취하고 있다. 평화와 상호 협조를 위한 윤리적 노력을 펼칠 때는 평화와 협력을 역행시킬 만한 여러 가지 요인과 인과적 영향을 간과해서는 안 된다. 엄격한 인식과 더불어 냉철한 윤리적, 정치적 주장을 통해 실질적 근거도 이끌어내야 한다. 현장 같은 학생들이 유명한 스승 실라바드라Shilabhadra를 그토록 존경했던 - 또 현장이 중국으로 돌아간 후에도 꾸준히 이 스승의 안부를 물을 정도였던 - 이유 중 하나는 그(실라바드라)가 어떤 식으로든 인식론(지식의 한계와 타당성에 관계되는 지식의 본성과 근거에 대한 연구 또는 이론_옮긴이)의 요구를 외면하지 않고도 시대를 초월한 윤리적 논증을 제시할 수 있었기 때문이다. 이런 논증을 살펴보면 확실히 현대의 날란다에 아주 큰 도움이 될 만한 탁월한 비전이 깃들어 있다.

정확성을 놓치지 않으면서 역사에 재개입할 경우 어떤 식의 새로운 이해를 기대해볼 수 있을까? 그 답은 하나의 예를 들어 얘기해보겠다. 내가 지난 10월에 신 날란다의 교수 및 학생들과 함께 가졌던 영예로운 토론 자리에서 나왔던 다음의 얘기다. 아시아와 유럽 사이의 교류와 친교 역사를 이해하는 데 중요하게 살펴볼 만한 요인은 일명 실크로드의 영향이다. 장장 4,000마일(약 6,437킬로미터)에 달하는 이 실크로드는 아시아와 유럽 사이에 거래 물품이 옮겨지던 통로였고, 실크가 중국의 주요 수출품이라 이런 이름이 붙여졌다. 원래 한漢 왕조 시대인 기원전 3세기에서 서기 3세기 사이에 개척된 실크로드는 당시에 교역과 상업의 측면에서뿐만 아니라 사람들과 아이디어가 서로 섞여 교류하는 측면에서도 굉장히 중요했다.

여기에서 품어볼 만한 비평적 의문은, 실크로드의 중요성에 대한 의문도 아니요 국경 너머의 사람들을 서로 연결해주는 교역의 중대한 역할에 대한 의문도 아니다. 둘 다 쟁점이 아니다. 인간의 교류 측면에서 교역과 상품 거래에 과도한 초점을 맞추고 그와 관련해서 실크로드의 역할을 과대 해석할 경우, (날란다의 발자취가 일으키고 지탱시켰던 대대적 문명적 상호 작용을 비롯해) 사람들이 국경과 경계선 너머로 상호 작용하는 데 영향을 미친 다른 요인들을 경시하게 될 소지가 생길 수 있다.

사실 최근에는 구 날란다 자체를 실크로드의 부산물로 보려는 시도까지 종종 이뤄지고 있다. 나는 그것이 굉장한 오산이라고 주장하고 싶다. 날란다가 실크로드상에 위치하지 않았거니와 심지어 실크로드와는 별 연관성도 없었기 때문만이 아니다. 주요 이동 대상이 교역 상품이 아닌 또 다른 차원의 상호 작용이라는 점에서 날란다가 중심축이었기 때문이기도 하다. 교역이 사람들을 서로 어우러지게 한다면, 관심사는 지식과 깨우침을 서로 어우러지게 한다. 종교적, 윤리적 열의와 더불어 수학, 과학, 공학, 예술은 사람들이 이런 분야에 대한 인간적 관심사를 좇아 육지를 지나고 바다를 건너는 등 지역을 넘어 이동하도록 이끌었다. 여기에서의 중요한 핵심은 이런 여정 이면의 동기가 상업적 이득의 추구가 아니라 아이디어의 탐색이었다는 점이다. 실크로드가 그 주된 사례이듯, 세계적 교류를 교역의 프리즘을 통해서만 들여다보는 경향에 묻혀 사색적 맞물림 역시 1,000년에 걸쳐 사람들이 국가와 지역을 넘나들도록 이끌었다는 사실이 퇴색되어서는 안 된다. 실크로드는 세계 역사에서 제 가치를 높이 인정받고 있다(실크로드의 일부 구간인 창안長安-톈산天山 회랑 도로망은 유네스코 세계유산으로 등재되어 있기도 하다). 그에 반해 날란다의 발자취가 미친 거대한 영향은 아직 그 가치를 제대로 이해받지도 못했다(사실 날란다는 유엔으로부터 세계유산으로 인정되는 식의 대우도 아직 못 받았다).

세계의 사색적 상호 연결이 지니는 중요성을 감안하면 이것은 과거의 역사에 대한 문제이자 지적으로 맞물린 세계의 현대적 비전에 대한 문제다. 구 날란다는 세계적 상호 작용에서의 굳건한 전통 중 하나이며 이런 상호 작용은 오늘날에도 그 필요성이 높다. 구 날란다에서 몇 킬로미터 거리에 세워지고 있는 신 날란다의 캠퍼스는 오래된 도시 라지기르의 끝자락에 자리 잡고 있다. 사실, 라지기르는 석가모니가 몇몇 초기 추종자들에게 설법을 했던 곳으로 당시엔 라자그리하Rajagriha로 불렸다. 그리고 부처 사망 직후에 첫 번째 결집Buddhist Council이 행해져 해결되지 못한 불화에 계속 매여 있기보다는 여러 논쟁과 주장의 차이를 해소할 방법이 논의되었던 장소도 바로 이 고대 도시였다.

개인적으로 나에겐 라지기르가 아주 친숙한 곳이다. 학창 시절에 두어 분의 선생님들을 따라 산티니케탄의 다른 학생들과 자주 장대한 라지기르 언덕 기슭에서 캠핑을 하며 부처의 오랜 발자취를 찾곤 했다(그때 남녀공학인 산티니케탄의 학생들 사이에서 부처의 발자취를 찾는 데에는 별 관심도 없이 서로 풋풋한 로맨스가 싹트기도 하고 시들기도 하는 모습을 종종 보면서 재미있어했던 기억도 난다). 내가 반세기도 더 지나 날란다의 재건과 관련된 일로 라지기르를 다시 찾았을 때 그곳은 도시화로 인해 어지럽게 변해서 옛 모습은 거의 찾아볼 수 없었다. 하지만 부처의 발자취는 그대로 느껴졌고, 여전히 역사적 기억을 자극시켜 기원전 6세기의 결집과 함께 토론과 대화를 통해 의견 차이를 해결하려 했던 그 개척적 노력이 떠오르게 했다.

이런 결집 중에는 기원전 3세기에 아소카 황제의 초청으로 파탈리푸트라Pataliputra에서 회합하였던 그 후의 (제3차) 결집이 가장 유명한데 이는 그 규모 때문이기도 하고, 당시에 토론을 통해 해결되었던 어려운 쟁점의 중요성 때문이기도 하다. 하지만 날란다와 바로 인접한 라지기르는, 19세기에 월터 배젓이 존 스튜어트 밀을 지지해 이름 붙인 이른바 '토론을 통한 통치'의 사례로서는 아마도 세계 최초로 추정되는 제1차 결집 장소로서의 의미가 있다. 고대 라지기르 인근에 세워졌던 구 날란다는 바로 그런 토론의 전통에 속했고 (현장과 다른 이들이 밝혔듯이) 토론을 교육의 주요 수단으로 삼기도 했다. 날란다에는 영감을 자극하고 교훈을 주는 한편, 현대 세계에서도 여전히 의의가 있고 유익한 우선 과제에 관심을 모으게 해주는 역사가 깃들어 있다. '날란다의 귀환'은 지역적 축하 그 이상의 의미가 될 만하다.

들어가는 글 | 개인적이고도 사회적인 이야기

1 이 에세이들의 선별 및 편집에 애를 써준 프라티크 칸질랄과 안타라 데브 센에게 감사의 마음을 전하고 싶다.

2 그런 나로선 행복하게도, 현재 나는 하버드 대학에서 에릭 매스킨(Eric Maskin)과 함께 한 해씩 번갈아가며 격년으로 사회선택이론을 가르치는 즐거움을 누리고 있다. 또 최근에는 매스킨과 내가 (뛰어난 수학자) 배리 메이저(Barry Mazur)와 공동으로 '수학적 모형에 따른 논증'을 주제로 삼은 강의를 맡게 되면서 그 즐거움이 더해지기도 했다. 하버드 대학의 수학과와 경제학과가 공동으로 마련했던 대학원 과정의 이 강의는 재능 있고 열의에 찬 학생들로 가득했다.

3 나는 박물관 측에 성별 비교를 위해 아이들의 몸무게를 재는 데 썼던 체중계를 제공하고 싶은 마음이 들기도 했다. 당시에 내 연구 조교가 이를 드러내며 가만히 있지 못하는 아이들에게 물려 제대로 몸무게를 재지 못할 때마다 내가 대신 나서서 몸무게를 쟀던 것을 주책없이 뿌듯해했던 기억 때문이었다(당시에 나는 물리지 않고 몸무게를 재는 방면으로는 그 근방에서 알아줄 만한 전문가가 되었다).

4 이 내용에 대해서는 내가 진 드레즈(Jean Drèze)와 공저로 펴낸 *An Uncertain Glory: India and Its Contradictions*(Delhi and London: Penguin; and Princeton: Princeton University Press, 2013)를 참고하길 권한다.

5 Ashok Rudra, 'Emergence of the Intelligentsia as a Ruling Class in India,' *Economic and Political Weekly* 24권 3호(1989년 1월 21일)

6 가디너 해리스는 「뉴욕 타임스」에 실린 기사 글에서 나의 공동 저서인 『불확실한 영광』에 대해 거론하다가 나에게 이렇게 물은 적이 있었다. "왜 신문들은 당신이 UPA의 경제정책을 지지한다고 말하는 걸까요? 당신이 그렇게도 줄기차게 그 정

책을 비난하고 있는데도 말입니다." 나는 그때 해리스에게 딱히 흡족한 설명을 내놓지는 못했던 것 같지만, 어쨌든 내 나름대로 그 이유를 추측하자면 BJP 주도의 연립정부 NDA에 비판적인 사람은 무조건 UPA와 UPA의 경제 프로그램 지지자로 간주해버리는 그런 사람들이 있어서가 아닐까 싶다!

7 이 부분에 대해서는 드레즈와 센의 공저『불확실한 영광』중 제6장 '인도의 보건 위기'를 참고하길 권한다. 빈곤의 이해를 위한 이분야異分野 간 접근법에 대한 필요성과 관련해서 디파 나라얀(Deepa Narayan)의『권리 위임의 측정: 여러 분야에 걸친 관점(*Measuring Empowerment: Crossdisciplinary Perspectives*)』(Washington, DC: World Bank, 2005)도 참조를 권한다.

≡ **첫 번째 이야기** | 달력을 통해 본 인도의 역사

출처: 첫 게재,『리틀 매거진 : 개별판』, 제1권 제1호(2000), 4~12쪽.

1 다음을 참조 바람. *The Oxford Companion to the Year*, eds Bonnie Blackburn and Leofranc Holford-Stevens (Oxford: Oxford University Press, 1999), p. 664.

2 다음을 참조 바람. M.N. Saha and N.C. Lahiri, *History of the Calendar* (New Delhi: Council of Scientific and Industrial Research, 1992).

3 다음을 참조 바람. Saha and Lahiri, *History of the Calendar* (1955), pp. 252-3; also S.N. Sen and K.S. Shukla, *History of Astronomy in India* (New Delhi: Indian National Science Academy, 1985), p. 298.

4 라플라스의 이 주장은 다음에서 인용하였다. W. Brennand, *Hindu Astronomy* (London, 1896), p. 31.

5 다음을 참조 바람. O.P. Jaggi, *Indian Astronomy and Mathematics* (Delhi: Atma Ram, 1986), Chapter 1.

6 E.M. Forster, 'Nine Gems of Ujjain', in *Abinger Harvest* (Harmondsworth: Penguin Books, 1936, 1974), pp. 324-7.

7   다음을 참조 바람. Irfan Habib (ed.) *Akbar and His India* (Delhi: Oxford University Press, 1997).

두 번째 이야기 | 놀이와 목소리: 침묵을 깨는 힘

출처: 첫 게재, 『리틀 매거진 : 목소리』, 제1권 제5호(2000), 4~9쪽.

1   George Ifrah, *From One to Zero* (New York: Viking, 1985).

2   Gita Mehta, *Snakes and Ladders: Glimpses of India* (New York: Nan A. Talese, Doubleday, 1997), pp. 15-16.

3   C. Panduranga Bhatta, *Dice-Play in Sanskrit Literature* (Delhi: Amar Prakashan, 1985), p. 1.

세 번째 이야기 | 편협함이 우리를 억누를 때

출처: 이 에세이는 아마르티아 센이 2001년 5월 28일에 파리의 프랑스 대학에서 '사회적 정체성의 개념(The Idea of Social Identity)'이라는 제목으로 연설했던 내용을 바탕으로 쓴 글이다. 첫 게재, 『리틀 매거진 : 소속감』 제2권 3호(2001), 6~12쪽.

1   나는 2001년 2월 26일 뉴델리에서 있었던 도라브지 타타 기념 강연(Dorabji Tata Memorial Lecture)에서도 '인도인의 정체성'에 대한 개념에 특별히 초점을 두어 다뤘던 바 있다. 다음도 참고 바란다. 'The Indian Identity', *The Argumentative Indian: Writings on Indian History, Culture and Identity* (London: Allen Lane, 2005).

2   공동체주의적 관점에서의 '발견'이라는 견해에 대해 보다 설득력 있는 설명이 필요하다면 다음을 참고 바란다. Michael Sandel, *Liberalism and the Limits of Justice*, 2nd edition (Cambridge: Cambridge University Press, 1998), pp. 150-2.

3   Pierre Bourdieu, *Sociology in Question* (London: SAGE, 1993), pp. 160-1.

4   V.S. Naipaul, *A Turn in the South* (1989).

5 이 문제에 대해서는 2000년도 영국학사원(British Academy) 강연, '다른 사람들 (Other People)'에서도 어느 정도 다룬 바 있다. 강연문 전문이 궁금하다면 다음을 참고 바란다. http://www.britac.ac.uk/events/archive/other_people.cfim.

6 이 문제에 대해서는 다음에서도 다룬 바가 있다. *Reason before Identity* (Oxford and New Delhi: Oxford University Press, 1999). 또한 다음에서도 상세히 다룬 바 있으니 함께 참고하길 권한다. *Identity and Violence: The Illusion of Destiny* (New York: W.W. Norton and Company; and London and New Delhi: Penguin, 2007).

7 카리브해 문화와 정치에서의 정체성 갈등에 대한 부분은 2001년 3월 23일에 트리니다드 섬에서 열렸던 에릭 윌리엄스 기념 강연(Eric Williams Memorial Lecture), '정체성과 정의(Identity and Justice)'에서도 다룬 바 있다. 이 강연문은 다음의 저서에 수록되었다. *The Face of Man, Volume 2: The Dr. Eric Williams Memorial Lectures 1993-2004* (Republic of Trinidad and Tobago: Central Bank of Trinidad and Tobago, n.d.).

≣ **네 번째 이야기** | 기아: 해묵은 고통과 새로운 실책들

출처: 첫 게재, 『리틀 매거진 : 기아』 제2권 제6호(2001), 8~15쪽.

1 M.S. Swaminathan, 'Bridging the Nutritional Divide: Building Community Centred Nutrition Security System', *The Little Magazine: Hunger*, volume II, issue 6 (2001).

2 이 부분과 관련해서는 『리틀 매거진 : 기아』(2001)에 게재된 다음의 두 글을 참고 바란다. S.R. Osmani, 'Hunger in South Asia: A Study in Contradiction'; Peter Svedberg, 'Hunger in India: Facts and Challenges'. 다음의 저서도 함께 참고하길 권한다. Peter Svedberg, *Poverty and Undernutrition: Theory, Measurement and Policy* (Oxford: Clarendon Press and Oxford University Press, 2000).

3 진 드레즈와 나는 다음의 두 공저를 통해, 잘못된 공공 정책의 공식화 및 지속과 관련해서 공개 토론회의 부족이 어떤 작용을 하는지에 대해 다룬 바 있다. Drèze and Sen, *India: Economic Development and Social Opportunity* (1995); *India: Development and Participation* (New Delhi: Oxford University Press, 2002).

4 나는 이와 관련된 기본적 문제를 다음의 저서에서 다룬 바 있다. *Poverty and Famines: An Essay on Entitlement and Deprivation* (Oxford: Clarendon Press, 1981).

5 Osmani, 'Hunger in South Asia'. Osmani의 다음 글도 참고하길 권한다. 'Poverty and Nutrition in South Asia', First Abraham Horowitz Lecture, United Nations ACC/SNN, mimeographed, 1997.

6 V. Ramalingaswami, U. Jonssons, and J. Rohde, 'The Asian Engima', *The Progress of Nations 1996* (New York: UNICEF, 1996).

7 특히 다음의 글과 저서를 참고하기 권한다. D.J.P. Barker, 'Intrauterine Growth Retardation and Adult Disease', *Current Obstetrics and Gynaecology*, volume 3(1993); 'Foetal Origins of Coronary Heart Disease', *British Medical Journal*, volume 311(1995); *Mothers, Babies and Diseases in Later Life* (London: Churchill Livingstone, 1998). 다음의 글도 참고할 만 하다. N.S. Scrimshaw, 'Nutrition and Health from Womb to Tomb', *Nutrition Today*, volume 31(1996).

8 이 논의에 대해서는 내가 2001년 11월 13일에 네루 기념 강연(Nehru Lecture)에서 발표했던 '인도의 계층(Class in India)'을 바탕으로 삼고 있다. 다음도 참고하길 권한다. Amartya Sen, 'Class in India', *The Argumentative Indian: Writings on Indian History, Culture and Identity* (London: Allen Lane, 2005).

9 M.S. Swaminathan, 'Using the Food Mountain', *The Hindu*, 10 November 2001; 같은 날에 게재된 사설 '식량 수수께끼의 해소(Resolving the Food Riddle)'도 참고를 권한다.

출처: 이 에세이는 2001년 3월 트리니다드 섬에서의 카리브과학학회(Caribbean Academy of Sciences)와 서인도제도 대학(University of West Indies) 합동 회의 및 2001년 1월 뉴델리에서의 국제언론인협회(International Press Institute) 총회 기조연설에서 밝혔던 발언을 기반으로 삼아 쓰였다.
첫 게재, 『리틀 매거진 : 귀 기울이기』, 제3권 제3호(2002), 9~16쪽.

1   나는 다음의 논문에서도 이 부분에 대해 다룬 바 있다. 'Democracy as a Universal Value', *The Journal of Democracy*, volume 10, issue 3 (1999), pp. 3-17.

2   *Development as Freedom* (New York: Knopf; and Oxford: Oxford University Press, 1999).

출처: 첫 게재, 『리틀 매거진 : 성장(Growing Up)』, 제4권 제3호(2003), 8~15쪽.

1   다음을 참고 바란다. Peter Svedberg, 'Hunger in India: Facts and Challenges', *The Little Magazine: Hunger*, volume II, issue 6 (November. December 2001).

2   *Public Report on Basic Education in India* (New Delhi: Oxford University Press, 1999).

3   *Pratichi Education Report I: The Delivery of Primary Education, A Study in West Bengal* (Delhi: TLM Books, 2002).

4   이 내용과 관련 쟁점에 대해서는 다음을 참고하기 바란다. Jean Drèze and Amartya Sen, *India: Development and Participation* (New Delhi: Oxford University Press, 2002).

5   Salma Sobhan, *Legal Status of Women in Bangladesh* (Dhaka: Bangladesh Institute of Legal and International Affairs, 1978).

6 이 내용에 대해서는 내가 쓴 다음 두 편의 에세이에서도 다룬 바 있다. 'Gender and Cooperative Conflict', Irene Tinker(ed.), *Persistent Inequalities: Women and World Development* (Oxford University Press, 1990). 'Missing Women', *British Medical Journal*, number 304 (March 1992).

7 다음의 두 게재 글을 참고하기 바란다. Mamta Murthi, Anne-Catherine Guio, and Jean Drèze, 'Mortality, Fertility and Gender Bias in India', *Population and Development Review*, number 21(1995). Jean Drèze and Mamta Murthi, 'Fertility, Education and Development: Evidence from India', *Population and Development Review*, number 27 (2001).

8 이 문제에 대해서는 이 책에서도 실린 에세이 「편협함이 우리를 억누를 때」에서도 다뤘다.

≡ **일곱 번째 이야기** | 함께 세상을 살아간다는 것: 상호 의존과 세계 정의

출처: 이 에세이는 저자가 2004년 10월 29일에 UN 총회에서 발표한 연설을 토대로 쓰였다. 첫 게재,『리틀 매거진 : 세계화』, 제5권 제4호 및 제5호(2005), 6~11쪽.

1 이 부분에 대한 보다 상세한 내용이 궁금하다면 다음을 참고 바란다. *Development as Freedom* (New York: Knopf, 1999).

2 J.F. Nash, 'The Bargaining Problem', *Econometrica*, volume 18(1950).

≡ **여덟 번째 이야기** | 세상은 여전히 불평등하다: 장남의 나라, 인도

출처: 첫 게재,『리틀 매거진 : 교육과 비극』, 제6권 제1호 및 2호(2005), 7~17쪽.

1 Jean Drèze and Amartya Sen, *India: Development and Participation* (Delhi and Oxford: Oxford University Press, 2002).

2 다음에 실린 도표 2.8과 교육연구기술위원회(National Council of Educational Research and Training)의 관련 프레젠테이션을 참고하기 바란다. *Compendium* *of Educational Statistics* (*School Education*) (New Delhi, 2002).

3 비교 수치가 궁금하다면 다음 저서의 1~5장과 부록을 참고하기 바란다. Drèze and Sen, *India: Development and Participation* (2002).

4 이 내용에 대해서는 드레즈와 함께 쓴 다음의 저서에서, 비교적 최근의 국가표본조사국 정보(1995년 6월 기준)와 국가건강조사국 정보(1998년 9월 기준)를 비롯해 다양한 정보를 실어놓은 바 있다. *India: Development and Participation* (2002).

5 구체적 예를 알고 싶다면 다음을 참고하기 바란다. Salma Sobhan, *Legal Status of Women in Bangladesh* (Dhaka: Bangladesh Institute of Legal and International Affairs, 1978).

6 교육과 건강의 연관성은 링컨 첸(Lincoln Chen)이 이끄는 하버드대학의 국제평등연구소(Global Equity Center)에서 연구하는 한 주제이기도 하다.

7 다음의 두 편의 에세이를 참고하기 바란다. Mamta Murthi, Anne-Catherine Guio, and Jean Drèze, 'Mortality, Fertility and Gender Bias in India', *Population and Development Review*, volume 26 (December 1995). Drèze and Murthi, 'Fertility, Education and Development: Evidence from India', *Population and Development Review*, volume 27 (2001).

8 이 내용에 대해서는 특히 다음의 글을 참고하기 바란다. J.C. Caldwell, 'Routes to Low Mortality in Poor Countries', *Population and Development Review*, volume 12 (1986). J.R. Behrman and B.L. Wolfe, 'How Does Mother's Schooling Affect Family Health, Nutrition, Medical Care Usage and Household Sanitation', *Journal of Econometrics*, volume 36 (1987).

9 이와 같은 상호 의존성에 대해서는 내가 쓴 다음의 저서에서 다룬 바 있다. *Development as Freedom* (New York: Knopf; and Delhi and Oxford: Oxford University Press, 1999)

10 구체적 사례는 다음을 참고하기 바란다. *The Pratichi Education Report*, volume I (Delhi: TLM Books, 2002).

11 *Public Report on Basic Education in India* (New Delhi: Oxford University Press, 1999).

12 Adam Smith, *An Inquiry into the Nature and Causes of the Wealth of Nations* (1776), republished in R.H. Campbell and A.S. Skinner (eds), (Oxford: Clarendon Press, 1976), I.ii (p. 27) and V.i.f. (p. 785).

13 'Latest in Outsourcing: Homework', reprinted in the *International Herald Tribune*, 8 September 2005.

≣ **아홉 번째 이야기** | 빈곤 그리고 전쟁과 평화

출처: 이 에세이는 2007년 4월에 요하네스버그 소재 위트워터스랜드 대학 및 남아프리카공화국 케이프타운 대학에서 가졌던 나딘 고디머 기념 강연(Nadine Gordimer Lecture)의 연설문 원고임을 밝혀둔다.

첫 게재처: 「리틀 매거진 : 안보」, 제7권 제3호 및 제4호(2008), 6~16쪽.

1 Nadine Gordimer, *Living in Hope and History: Notes from the Century* (London: Bloomsbury, 1999), pp. 84-102.

2 나는 몇 년 전에 오가타 사다코 박사와 함께 인간안보위원회(Commission for Human Security)의 위원장을 맡는 특권을 얻게 되었다. 유엔 사무총장 코피 아난과 일본 총리(그의 정부에서 이 위원회의 설립에 앞장섰다)에게 보고를 했던 이 위원회의 활동을 하면서 우리는 인간 안보에 대한 관심이 전 세계적으로 아주 폭넓게 확산되어 있다는 사실을 확인하고 깊은 인상을 받았다. 우리 위원회가 만든 보고서는 일명 '인간 안보 – 지금(Human Security Now)'(UN Publications, 2003)이라는 이름으로 보고되었다.

3 이런 정보의 출처는 유엔에서 해마다 발표하는 「인간개발보고서(Human Development Report)」다. 하지만 인간 발달적 관점은 다른 체계적 정보원에도 영향을 미쳐왔다. 예를 들어 세계은행의 중요한 연례 발행물 「세계개발보고서(World Development Report)」가 그런 사례에 해당된다. 이 접근법에 내재된 논리적 근거가 알고 싶다면 다음을 참고하기 바란다. *Development as Freedom* (New York: Knopf; and

London and Delhi: Oxford University Press, 1999)

4   이 이론은 사람들 사이에서 널리 읽힌 새뮤얼 헌팅턴(Samuel Huntington)의 다음의 저서에서 가장 확실하게 나타나 있다. *The Clash of Civilization and the Remaking of World Order*(New York: Simon and Schuster, 1996).

5   인도에서의 최근 공동사회 간 충돌에 대해서는 다음의 저서에서 통찰력 있게 평가되어 있다. *The Clash Within*(Delhi: Permanent Black, 2007).

6   이 문제는 내가 쓴 다음의 저서에서 검토한 바 있다. *Identity and Violence: The Illusion of Destiny*(New York: W.W. Norton and Company, 2006; and London and Delhi: Penguin, 2007)

7   Nadin Gordimer, 'Zaabalawi: The Concealed Side', in *Writing and Being*(Cambridge, MA, USA: Harvard University Press, 1995), p.43.

8   이 수치는 다음에 소개된 자료에 바탕을 두었다. National Crime Record Bureau of India, *Crime in India 2005*(New Delhi: Government of India, 2007)

9   이 도시별 범죄율은 각각 국가나 시의 간행물에서 수집된 것이며, 이 자료 조사를 비롯해 관련 작업에서 조사가 효율적으로 이뤄지도록 도와준 점에 대해 페드로 라모스 핀토에게 아주 고맙게 생각한다.

10   다음의 유익한 내용의 에세이집도 참고하기 바란다. Per-Olof H. Wilkstrom and Robert J. Sampson(eds), *The Explanation of Crime: Context, Mechanisms and Development*(Cambridge, UK: Cambridge University Press, 2006).

11   이런 관계에 대해서는 영연방위원회의 보고서(*Civil Paths to Peace*, London: Marlborough House, 2007)에서 상세히 다뤄져 있다. 나는 예전에 영광스럽게도 이 위원회의 위원장을 맡아, 영연방 전역에서 뽑혀온 사회계 및 경제계의 사상가들이 모인 실력 출중한 그룹의 지원을 받으며 활동하기도 했다.

출처: 이 에세이는 2008년 8월 11일에 인도 국회의 센트럴 홀에서 열린 히렌 무케르지 교수 기념 연례 국회 강연에서 '사회정의에 대한 요구(Demands of Social Justice)' 라는 제목으로 발표했던 개회 연설문을 약간 단축하고 편집해놓은 글이다. 참고로 역사가이자 작가이자 흡인력 있는 웅변가이며, 1952년부터 1977년까지 인도의 공산당 대표를 맡은 국회의원 히렌드라나스 무케르지 교수는 인도 정치에서의 이데올로기적 파벌주의를 거부했던 자유주의 학자였다.

첫 게재처: 『리틀 매거진 : 소신 있게 말해라』, 제8권 제1호 및 제2호(2009), 8~15쪽.

1 Amartya Sen, *The Idea of Justice* (London: Allen Lane, 2009).

1 *The Essential Tagore*, Fakrul Alam and Radha Chakravarty(eds) (Harvard University Press, 2011).

2 'The "Foreign Reincarnation" of Rabindranath Tagore', by Nabaneeta Dev Sen, *Journal of Asian Studies*, volume 25(Cambridge University Press, 1966); *Counterpoints: Essays in Comparative Literature* (Calcutta: Prajna, 1985).

3 *Selected Letters of Rabindranath Tagore*, Krishna Dutta and Andrew Robinson (eds) (Cambridge: Cambridge University Press, 1997). 다음도 참고하기 바란다. *Rabindranath Tagore: The Myriad-Minded Man* (New York: St. Martin's Press, 1995), and *Rabindranath Tagore: An Anthology* (Picador, 1997).

출처: 이 에세이는 2014년 1월 17일에 자이푸르의 디기 팰리스 호텔에서 열린 지 자이푸르 문학 페스티벌(ZEE Jaipur Literature Festival)에서 발표한 연설문임을 밝혀둔다.

≡ **마지막 그러나 아직 끝나지 않은 이야기** | 날란다 대학의 부활을 축하하며

1 집행위원회 위원들의 이름을 소개하자면 다음과 같다. 조지 여(싱가포르), 왕 방웨이 교수(중국), 나카니시 스스무 교수(일본), 왕 경우(Wang Gungwu) 교수(싱가포르), 아사바비룰하카른 프라포드(Assavavirulhakarn Prapod) 교수(태국), 메그나드 데사이(Meghnad Desai) 교수(영국/인도), 수가타 보세(Sugata Bose) 교수(인도), N.K. 싱(N.K. Singh)(인도), 탄센 센(Tansen Sen) 교수(인도), 아닐 와드와(Anil Wadhwa)(비서), 고파 사바르왈 박사(부총장). 우리는 결정적으로 중요한 당시 인도 정부의 기획위원회(Planning Commission) 부위원장을 맡고 있던 몬테크 싱 알루왈리아(Montek Singh Ahluwalia)가 이끄는 날란다 모니터링위원회의 지원을 받기도 했다.

2 이 에피소드에 대해 더 자세한 얘기가 궁금하다면 곧 발행될 『뉴욕 리뷰 오브 북스』에 게재되는 에세이를 참고하기 바란다.

3 이런 간섭에는 종종 거짓 보도를 끼워 넣는 방법까지 동원되며, 대체로 언론을 통한 발언의 방법이 활용된다. 그런 조잡한 공격의 사례로서 한 저명한 BJP 대표의 공개적 발언이 크게 보도된 적이 있었는데, 이 발언에서는 날란다 총장이 (급여를 한 푼도 안 받는 것이 아니라) "연봉으로 5,000만 루피를 받는다"거나, "지금까지 300억 루피 정도"가 날란다 대학에 들어갔다는 등의 얘기가 나왔다(사실 대학을 세우기 시작한 때부터 2014-2015 회계연도까지 건축비를 포함해서 소요된 총 비용은 이 금액의 2퍼센트도 채 안 되는, 약 4억 6,000만 루피가량이다). 정부에 의해 잘못된 정보가 매스컴으로 유입되는 문제에 대해서는 날란다 집행위원회의 위원인 (그리고 인도 의회의 의원이기도 한) 수가타 보세의 뉴스 인터뷰를 참고하기 바란다. 2015년 4월 1일자「텔레그래프(The Telegraph)」에 실린 인터뷰 기사다.

4 이 주제에 대해서는 다음도 참조하기 바란다. William Dalrymple, 'The Great and Beautiful Lost Kingdoms', *New York Review of Books*, 21 May 2015.

5 이 주제와 관련해서는 내가 쓴 다음의 에세이를 참고하기 바란다. 'The Contemporary Relevance of Buddha', *Ethics and International Affairs*, volume 28, number 1(Carnegie Council for Ethics in International Affairs, 2014), pp. 15-27.

KI신서 6412

세상은 여전히 불평등하다

1판 1쇄 인쇄 2018년 2월 12일
1판 1쇄 발행 2018년 2월 20일

지은이 아마르티아 센 **옮긴이** 정미나
펴낸이 김영곤 **펴낸곳** (주)북이십일 21세기북스

정보개발본부장 정지은
정보개발1팀장 이남경 **책임편집** 김은찬
해외기획팀 임세은 채윤지 장수연
출판영업팀 이경희 이은혜 권오권
출판마케팅팀 김홍선 배상현 최성환 신혜진 김선영 나은경
홍보기획팀 이혜연 최수아 김미임 박혜림 문소라 전효은 염진아 김선아
표지 디자인 디자인 빅웨이브 **본문 디자인** 손혜정
제휴팀 류승은 **제작팀** 이영민

출판등록 2000년 5월 6일 제406-2003-061호
주소 (우 10881) 경기도 파주시 회동길 201(문발동)
대표전화 031-955-2100 팩스 031-955-2151 이메일 book21@book21.co.kr

(주)북이십일 경계를 허무는 콘텐츠 리더

21세기북스 채널에서 도서 정보와 다양한 영상자료, 이벤트를 만나세요!
페이스북 facebook.com/21cbooks 블로그 b.book21.com
인스타그램 instagram.com/21cbooks 홈페이지 www.book21.com
서울대 가지 않아도 들을 수 있는 명강의! 〈서가명강〉
네이버 오디오클립, 팟빵, 팟캐스트에서 '서가명강'을 검색해보세요!

ⓒ 아마르티아 센, 2015

ISBN 978-89-509-6359-0 03300